中国物流技术协会推荐教材

面向"十三五"物流专业工学结合规划系列教材

物流仓储管理

仓储的形成显然在于社会产品出现剩余时和产品流通的需要，
当产品不能被即时消耗掉，需要专门的场所存放时，就产生了静态的仓储。
而将物品存入仓库以及对于存放在仓库里的物品进行保管、控制、提供使用等的管理，便形成了动态仓储。
可以说仓储是对有形物品提供存放场所、物品存取过程和对存放物品的保管、控制的过程。

WULIU CANGCHU GUANLI

主　编　路建国　刘　颖
副主编　郑乃吉　楚贵艳
参　编　林玉妹　游　俊
莫小玲　文莉菲
杨　敏　唐　芳

中国商业出版社

图书在版编目(CIP)数据

物流仓储管理/路建国,刘颖主编. —北京:中国商业出版社, 2016.9

ISBN 978 - 7 - 5044 - 5977 - 0

Ⅰ.物… Ⅱ.①路…②刘… Ⅲ.物流 - 仓库管理 Ⅳ.F253.4

中国版本图书馆 CIP 数据核字(2007)第 098787 号

责任编辑:刘毕林

中国商业出版社出版发行

010 - 63180647 www.c - chook.com

(100053 北京广安门内报国寺 1 号)

新华书店总店北京发行所经销

涿州市华建印刷有限公司印刷

* * * * *

787×1092 毫米 开本:1/16 印张:15.5 字数:300 千字

2016 年 9 月第 2 版 2016 年 9 月第 1 次印刷

定价:39.80 元

* * * *

(如有印装质量问题可更换)

序

当前物流不仅在我国,就是在世界范围也已经成了经济活动的热点！因为随着市场国际化、采购全球化,生产布局也随市场采购一道全球化了,这就大大地加长了供应链。而电子信息网络技术的发展,已把供应链加长对商流、信息流和资金流造成的不利影响解决掉了,从而使物流的效率对整个生产与营销成本的影响突显出来,引起了大家的关注。中国已成为世界的加工厂,其物流需求极大,在国内物流企业快速发展的同时国外的物流企业也纷纷进入中国,物流市场竞争极为激烈,这就更加剧了我国物流人才短缺的状况。所以各院校纷纷设立物流专业,以满足市场对物流人才的迫切需求。在解决需求方面高端的如研究生,本科生等参与的单位很多,但在高职、中专方面关心的就少多了。这主要是由于人们对物流人才市场缺乏了解,加上我国的学生与家长们望子成龙的心太迫切,殊不知人才的需求也是综合的,犹如一架机器上的各个部件一样,是缺一不可的。为什么有些产品我们都喜欢原装的？这不是输入到中国的零部件有问题,主要是我们的操作人员在领会设计意图,理解操作规范和实际动手装配上,较之国外的企业有较大的差距。为此国家教育部特别强调在大、中专学生培养中一定要加强实操能力的培养与训练。在重视高层物流经营与管理人才培养的同时,也要特别关心物流职业技术教育,培养和造就一大批有一定的基础理论知识,又了解物流第一线生产实际状况,并具备岗位实操能力的物流人才。

为解决上述问题,中国物流技术协会与全国职业教育教学培训委员会商贸专业委员会合作进行了物流专业教师物流实践知识的培训,在海尔、昆船、红河、北京西南物流中心等国内著名企业里现场进行物流生产知识的讲授和参观、考察与研讨,丰富教师的物流生产实践知识;考察中教师们还对生产线进行了拍照和录像,带回学校作为课堂教学的素材,配合课堂讲解增强学生们对物流生产的感观认知度。在此基础上我们又做了大量的调研,分析了教学方面对教材的质量与专业性的要求,在兰州召开了"现代物流职业教育教材"编写研讨会,提出编写一套物流管理与实训相结合的系列教材。该系列教材共有 14 本,既系统地涵盖了目前物流专业教育的教学内容,又有针对性地培养学生的职业技能。

本系列教材在突出实用性技能的同时,也编进了一定量的物流领域新知识、新技术和新概念。除了可作学校教学使用外,也可作为企业人才培训和物流从业人员自我提高的辅导材料。

中国物流技术协会 牟惟仲

前　言

人类进入21世纪后，以新型流通方式为代表的连锁经营、物流配送、电子商务等产业发展迅速，加之经济全球化趋势明显增强，给世界各国经济发展带来了前所未有的机遇。被誉为“第三利润源泉”的现代物流产业，在国民经济建设与社会发展中发挥着愈来愈重要的作用。在原材料、设备、劳动力、成本的压缩空间趋于零后，对成本的控制将转为物流领域，因此，发展现代物流产业对优化资源配置、降低生产成本、提高经济效益，从而增强市场竞争力具有十分重要的意义。物流产业的发展，将成为衡量一个国家现代化程度和综合国力的重要标志之一，它又被称为经济发展的“加速器”。

我国加入WTO以后，物流业是最先对外开放的行业之一，实现物流一体化、发展第三方物流、与国际物流企业竞争，已引起各级政府部门和众多国内大企业的重视，如海尔公司、一汽大众公司等，率先组建自己的物流公司。但是由于我国对物流研究相对滞后，物流技术水平相对落后，使得培养出的人才参差不齐，与国外物流产业人才相比，主要体现在人员素质以及物流知识和技能与实践脱节，很难满足社会对物流人才的要求。在加强高层次物流经营与管理人才培养的同时，最好大力发展物流职业技术教育，培养和造就大批物流生产第一线技术操作和运作管理的应用型人才。

从总体上看，我国物流职业教育方面刚刚起步，还没有真正形成一个较完整的职业教育体系，在课程设置、教材选取、培养方向等方面缺乏规范性。物流业既是一个跨行业、跨部门的复合产业，又具有劳动密集型和技术密集型相结合的特征。在此情况下，由全国职业培训教学工作指导委员会商贸专业委员会组织编写了这套教材，该系列教材针对培养学生的职业技能，精练理论，并突出实用性技能，充分体现物流领域的新知识、新技术、新思想和新方法。

“现代物流管理”系列教材共14本，由经济管理出版社和中国商业出版社分别出版。《物流仓储管理》是该系列教材中的一本。

本书适合中、高职物流专业的教材和参考书，也可供企业管理人员及业务人员学习与参考，并可作为普及物流知识培训班和研讨会的培训教材。

本书是由徐州市技工教研室路建国主任、徐州技师学院刘颖老师任主编；福建经贸学校郑乃吉老师、徐州技师学院楚贵艳老师任副主编；参编有北京市商务科技学校莫小玲老师、甘肃农业职业技术学院文莉菲老师、福建经贸学校林玉妹老师、游俊老师；徐州机电高级技校唐芳老师、杨敏老师。

其中，第1章由刘颖老师编写；第2章由莫小玲老师编写；第3、8章由楚贵艳老师编写；第4章由文莉菲老师编写；第5章由郑乃吉、游俊老师编写；第6章由林玉姝老师编写；第7章由唐芳老师编写；第9章由杨敏老师编写；第10章由路建国老师编写。徐州市技工教研室路建国、徐州技师学院刘颖、楚贵艳负责全书大纲、结构的确定以及统稿工作。

本书编写过程中参考了大量的相关书籍、论文和国内外物流网站资料，并引用了其中的有关概念和论点，由于篇幅较多，这里不一一介绍，在此对所引用书籍、论文和网站资料的作者表示衷心的感谢。

由于时间仓促和水平所限，书中难免有不妥之处，敬请读者批评指正。

编者

2016年9月

目 录

第1章 物流仓储管理概述

＊本章主要内容

- 仓储的概述
- 仓储的功能
- 仓储的种类
- 仓储管理的任务
- 仓储在物流管理中的作用

＊引导案例

关于仓储管理系统 For－WMS 的成功案例

随着经济全球化进程的加快，国外知名物流公司的涌入，使得中国物流行业的竞争日趋激烈“仓储”作为物流大系统的一个子系统，是十分重要的环节，具有“物品银行”“物品转运站”及物品供应的作用。如何应用仓储信息化管理，帮助我们合理有效地利用仓库空间，以最快速、最正确、最低成本的方式为客户提供最好的服务，已经成为焦点。

中国物资储运总公司是国有储运系统中最大的国有储运企业，是中国最大的以提供仓储、分销、加工、配送、国际货运代理、进出口贸易以及相关服务为主的综合物流企业之一。在全国中心城市和重要港口设有子公司以及控股上市公司78家，分布在全国20多个大中城市，总资产60亿元，占地面积1300万平方米，货场面积450万平方米，库房面积200万平方米，铁路专用线129条，114公里，自备列车3列，起重设备900台，载重汽车400辆，年吞吐货物2500万吨，年平均库存300万吨。

2000年，时力科技承建了中国物资储运总公司仓储管理信息系统。在中国物资储运总公司的标准化储运业务规范流程基础上，兼收并蓄了中储系统各仓库的业务特色，为企业提供科学规范的业务管理、实时的生产监控调度、全面及时的统计分析、多层次的查询对账功能。仓储管理信息系统软件内容主要包括以仓储业务中的进出库管理为主线的各岗位功能模块，为客户专门设立的查询模块，为总部、事业部、仓库三级领导设立的综合查询模块，为总部进行大客户开发和信息开发的客户资源模块，以及为提高管理水平的标准化管理模块。

For－WMS仓储管理信息系统不仅满足了中国物资储运总公司生产管理、经营决策的要求，而且有力地支持了中国物资储运总公司开发客户，成为中国物资储运总公司营销和发展的利器。

1.1 仓储和仓储业

1.1.1 仓储的概述

仓储是物流系统不可缺少的部分，是生产者和消费者之间的重要纽带。近年来，仓储已经从公司物流系统的相对次要方面发展成为最重要的职能之一。

现代物流中所谓的仓储，是指物品离开生产过程但尚未进入消费过程的间隔时间内的物流停滞。实际上，仓储包含“仓库储存”的意思，在物流科学中，所谓储存就是指被保护、管理、贮藏物品。仓库是保管、储存物品的建筑物和场所的总称。

仓储的形成显然在于社会产品出现剩余时和产品流通的需要，当产品不能被即时消耗掉，需要专门的场所存放时，就产生了静态的仓储。而将物品存入仓库以及对于存放在仓库里的物品进行保管、控制、提供使用等的管理，便形成了动态仓储。可以说仓储是对有形物品提供存放场所、物品存取过程和对存放物品的保管、控制的过程。仓储的性质可以归结为：仓储是物质产品的生产持续过程，物质的仓储也创造着产品的价值；仓储既有静态的物品储存，也包含动态的物品存取、保管、控制的过程；仓储活动发生在仓库等特定的场所；仓储的对象既可以是生产资料，也可以是生活资料，但必须是实物动产。仓储是改变“物”的时间状态的活动，其目的是从克服产需之间的时间差异中使“物”获得更好的效用。

物流窗口 1－1

仓库与配送中心的区别

仓库存储所有的产品，配送中心则保持最低库存和高需求物品。仓库通过 4 个步骤处理大多数产品（接收、存储、装运和拣货），配送中心仅仅接收和装运大多数产品。仓库进行的是低附加值活动，配送中心进行的是高附加值活动，包括可能的最终装配。仓库成批地收集数据，配送中心实时地收集数据。仓库致力于使满足装运要求的运作成本最小化，配送中心则致力于使满足客户递送要求的利润最大化。

1.1.2 仓储的功能

仓储最明显的作用是存储产品，但也提供拆分、合并和信息服务。这些活动强调产品流动，而不是储藏。仓储的 3 个基本功能：移动、存储和信息传递。最近，移动功能受到最大的重视，因为组织将重点放在了提高库存周转率和加速从制造到最终递送的订购（**见图 1－1**）

随着现代经济的发展，物流在社会经济活动中扮演着越来越重要的角色。仓库的功能也从传统的存储功能中解放出来，并逐渐转变，增加了如发货、配送等功能，以此来提高物品周转效率。在现代物流系统中，库存是一个非常重要的构成要素，现代仓库在物流作业中发挥着重要作用，它不仅具有储存、保管等传统功能，甚至还包括拣货、配送、检验等作业，并具有配送功能以及重新包装等流通加工功能。仓储是商品流通的重要环节之一，它随着物资储存的产生而产生，又随着生产力的发展而发展，是物流活动的重要支柱。仓储的功能主要有以下几个方面：

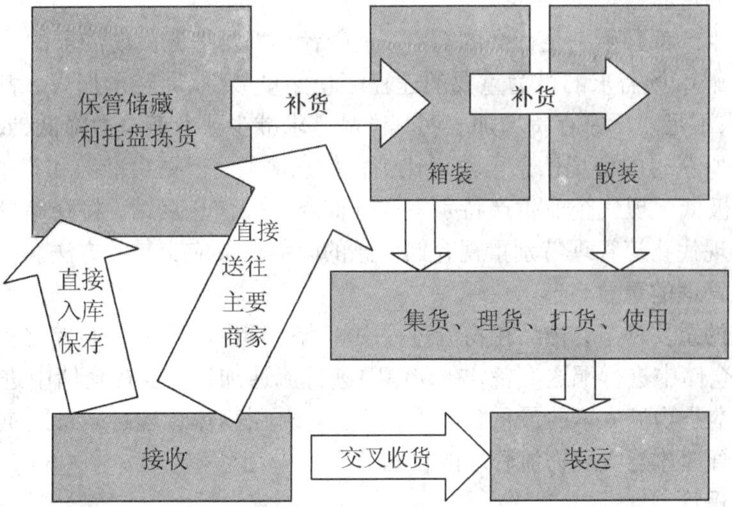

图1－1　典型的仓储功能及流动

1. 保证社会生产顺利进行

现代社会生产的一个重要的特征就是专业化和规模化生产，劳动生产率极高，产量巨大，绝大多数产品都不能被即时消费，需要经过仓储的手段进行储存，这样才能避免生产过程被堵塞，保证生产过程能够继续进行。另一方面，生产所使用的原料、材料等需要有合理的储备，才能保证及时供应，满足生产的需要。

仓储本身是由生产率的提高造成的，但同时仓储的发展又促进生产率的提高。良好的仓储条件确保生产规模的进一步扩大，促进专业化分工的进一步细化，劳动生产率进一步提高。

2. 调整生产和消费的时间差，维持市场稳定

人们的需求具有持续性与产品季节性，批量性生产与集中供给之间存在供需时差的矛盾，通过仓储将集中生产的产品进行储存，持续地向消费者提供，才能不断保证满足消费需求。

另一方面，集中生产的产品如果及时推向市场销售，必然造成市场短时期内产品供给远远大于需求，造成产品价格大幅降低，甚至无法消费而被废弃；相反，非供应季节，市场供应量少而价高，通过将产品仓储，均衡地向市场供给，才能稳定市场，有利于生产的持续进行。

3. 保存劳动产品价值

生产出的产品在消费之前必须保持其使用价值，否则将会被废弃。这项任务就需要由仓储来承担，在仓储过程中对产品进行保护、管理，防止损坏而丧失价值。

同时仓储是产品提供消费的最后一道作业环节，可以根据市场对产品消费的偏好，对产品进行最后加工改造和进行流通加工，提高产品的附加值，以促进产品的销售，甚至增加收益。

4. 衔接流通过程

产品从生产到消费，需要经过分散、集中、分散的过程，还可能需要经过不同运输工具的转换运输，为了有效率地利用各种运输工具，降低运输过程中的作业难度，实现经济运输，物品需要通过仓储进行候装、配载、包装、成组、分劈、疏散等。为了满足销售的需要，商品在仓储中进行整合、分类、拆除包装、配送等处理和存放。

存放在仓库里的商品，还可以提供给购买方进行查看，这是大多数现货批量交易的方法。因而仓储具有商品陈列的功能。

5. 市场信息的传感器

任何产品的生产都必须满足社会的需要，生产者都需要把握市场需求的动向。社会仓储产品的变化是了解市场需求的极为重要的途径。仓储量减少、周转量加大，表明社会需求旺盛;反之则为需求不足。厂家存货增加表明其产品需求减少或者竞争力降低、或者生产规模不合适。仓储环节所获得的市场信息虽然说比销售信息滞后，但更为准确和集中，信息反映快捷，且信息成本极低。现代企业生产特别重视仓储环节的信息反馈，将仓储量的变化作为决定生产的依据。现代物流管理特别重视仓储信息的收集和反应交易的方法。

6. 开展物流管理的重要环节

仓储是物流的重要环节，物品在物流过程中相当一部分时间处在仓储之中，在仓储中进行运输整合，在仓储中进行配送准备，在仓储中进行流通加工，也在仓储中进行市场供给调整，仓储中的成本是物流成本的最重要的组成部分。开展物流管理必须特别重视对仓储的管理，有效的仓储管理才能实现物流管理的目的。

7. 提供信用保证

在大批量货物的实物交易中，购买方必须检验货物、确定货物的存在和货物的品质，方可成交。购买方可以到仓库查验货物。由仓库保管人出具的货物仓单是实物交易的凭证，可以作为对购买方提供的保证。仓单本身就可作为融资工具，可以直接使用仓单进行质押。

8. 现货交易的场所

存货人要转让已在仓库存放的商品时，购买人可以到仓库查验商品，取样化验。双方可以在仓库进行转让交割。在国内众多的批发交易市场，就是既有商品存储功能的交易场所，又有商品交易功能的仓储。众多具有便利交易条件的仓储都提供交易活动服务，甚至部分形成有影响的交易市场。近年来我国大量发展的仓储式商店，就是仓储交易功能高度发展、仓储与商业密切结合的结果。

1.1.3 仓储的种类

虽然说仓储的本质都为物品储藏和保管，但由于经营主体的不同、仓储对象的不同、经营方式的不同、仓储功能的不同,使得不同的仓储活动具有不同的特性。正确划分仓储的种类，有利于正确认识仓储的任务，做好仓储管理工作。

1. 按仓储经营主体划分

(1)企业自营仓储

企业自营仓储包括生产企业和流通企业的自营仓储。生产企业自营仓储为生产企业使用自有的仓库设施对生产使用的原材料、生产的中间产品、最终产品实施储存保管的行为，其储存的对象较为单一，以满足生产为原则。流通企业自营仓储则为流通企业以其拥有的仓储设施对其经营的商品进行仓储保管的行为，仓储对象种类较多，其目的为支持销售。

企业自营仓储行为不具有独立性，仅仅是为企业的产品生产或商品经营活动服务。相对来说规模小，数量众多，专用性强，而仓储专业化程度低，设施简单。企业自营仓储为自用仓储，一般不开展商业性仓储经营。

(2)营业仓储

仓储经营人以其拥有的仓储设施，向社会提供商业性仓储服务的仓储行为。仓储经营人与存货人通过订立仓储合同的方式建立仓储关系，并且依据合同约定提供服务和收取仓储费。商业营业仓储的目的是为了在仓储活动中获得经济回报，实现经营利润最大化。包括采取提供货物仓储服务和提供仓储场地服务。

营业仓储面向社会，以经营为手段，实现经营利润最大化。与自用仓库相比，营业仓储的使用效率较高。

(3)公共仓储

公共仓储是公用事业的配套服务设施，为车站、码头提供仓储配套服务。其运作的主要目的是为了保证车站、码头的货物作业，具有内部服务的性质，处于从属地位。但对于存货人而言，公共仓储也适用营业仓储的关系，只是不独立订立仓储合同，而是将仓储关系列在作业合同之中。

(4)战略储备仓储

国家根据国防安全、社会稳定的需要，对战略物资实行储备而产生的仓储。战略储备由国家政府进行控制，通过立法、行政命令的方式进行。战略储备特别重视储备品的安全性，且储备时间较长。战略储备物质主要有粮食、油料、能源、有色金属、淡水等。

2. 按仓储对象划分

(1)普通物品仓储

普通物品仓储为不需要特殊保管条件的物品仓储。其设备和库房建造都比较简单，使用范围较广。一般的生产物质、生活用品、普通工具等杂货类物品，不需要针对货物设置特殊的保管条件，采取无特殊装备的通用仓库或货场存放货物。

(2)特殊物品仓储

特殊物品仓储是在保管中有特殊要求和需要满足特殊条件的物品的仓储。如危险物品仓储、冷库仓储、粮食仓储等。这类仓库必须配备有防火、防爆、防虫等专门设备，其建筑构造、安全设施都与一般仓库不同。特殊物品仓储一般为专用仓储，按照物品的物理、化学、生物特性，以及法规规定进行仓库建设和实施管理。

3. 按仓储功能划分

(1)储存仓储

储存仓储为物质较长时期存放的仓储。由于物质存放时间长，存储费用低廉就很有必要，储存仓储一般在较为偏远的地区进行。储存仓储的物质较为单一，品种少，但存量较大。由于物质存期长，储存仓储特别注重对物资的质量保管。

(2)物流中心仓储

物流中心仓储是以物流管理为目的的仓储活动，是为了实现有效的物流管理、对物流的过程、数量、方向进行控制的环节，为实现物流时间价值的环节。一般在一定经济地区的中心、交通较为便利、储存成本较低处进行。物流中心仓储品种较少，批量较大进库，一定批量分批出库，整体上吞吐能力强。

(3)配送仓储

配送仓储也称为配送中心仓储，是商品在配送交付消费者之前所进行的短期仓储，是商品在销售或者供生产使用前的最后储存，并在该环节进行销售或使用的前期处理。配送仓储一般在商品的消费经济区间内进行，能迅速地送达消费和销售。配送仓储物品品种繁多，批量少，需要一定量进货、分批少量出库操作，往往需要进行拆包、分拣、组配等作业，主要目的是为了支持销售，注重对物品存量的控制。

(4)运输转换仓储

衔接不同运输方式的运输转换的仓储。在不同运输方式的相接处进行，如港口、车站库场所进行的仓储，是为了保证不同运输方式的高效衔接，减少运输工具的装卸和停留时间。运输转换仓储具有大进大出的特性，货物存期短，注重货物的周转作业效率和周转率。

4. 按仓储物的处理方式划分

(1)保管式仓储

保管式仓储也称纯仓储，是以保管物原样保持不变的方式所进行的仓储。存货人将特定的物品交由保管人进行保管，到期保管人原物交还存货人。保管物除了所发生的自然损耗和自然减量外，数量、质量、件数不发生变化。保管式仓储又分为仓储物独立保管仓储和将同类仓储物混合在一起的混藏式仓储。

(2)加工式仓储

保管人在仓储期间根据存货人的要求对保管物进行一定加工的仓储方式。保管物在保管期间，保管人根据委托人的要求对保管物进行外观、形状、成分构成、尺度等进行加工，使仓储物发生委托人所希望的变化。

(3)消费式仓储

保管人在接受保管物时，同时接受保管物的所有权，保管人在仓储期间有权对仓储物行使所有权。在仓储期满，保管人将相同种类、品种和数量的替代物交还给委托人。消费式仓储特别适合于保管期较短如农产品、市场供应(价格)变化较大的商品的长期存放，具有一定的商品保值和增值功能，是仓储经营人利用仓储物开展经营的增值活动，已成为仓储经营的重要发展方向。

1.1.4 我国仓储业的发展方向

人类社会自从有剩余产品以来，就产生了储备的概念，即储存。我国的仓储具有悠久的历史，特别是在中华人民共和国成立以后得到了极大的发展，目前我国的仓储业已有较大的规模，且形成了各种专业化的门类齐全的仓储分工，在数量上已完全能满足我国经济发展的需要，但是在服务质量和效益上还存在着明显的不足。从现状上看，我国的仓储业具有以下特点:(1)条块分割，具有明显的部门仓储业特征。(2)仓库众多，但是布局不合理。(3)存量巨大，但管理水平较低。(4)仓库分散，技术水平差别极大。(5)仓储管理法规不够健全。

随着生产的发展和流通规模的扩大，我国一方面出现物流量的急剧增加，仓储业务量增大，再由于社会需求的变化，对仓储业务在时间上、质量上和服务水平上都提出了更高的要求,另一方面，我国传统的分散型、封闭式的仓储格局与社会化大生产、开放式的社会主义市场经济又很不协调，致使现有的仓储能力不能得到充分发挥，这是一对矛盾。要解决这个矛盾，必须具有高水平的、科学的、现代化的仓储管理。因物流市场供需变化，我国的仓储业正在向自动化、信息化、信息网络化、标准化、现代化的方向发展。仓储业将会随着物流行业的整体发展而进一步提升。

1. 仓储作业自动化

◆仓储集装化。建立储存和装卸设备的标准化体系，加强集装箱、托盘、集装袋等在仓储中的推广应用。通过商品集装化提高仓储质量和效率，降低物流成本。

◆仓库自动化。目前，人工智能技术的发展正推动自动化库房向智能自动化方向发展。

射频数据通信、条码技术、扫描技术和数据采集技术将更多地应用在仓库堆垛机、自动导引车和传送带等设备上，仓储中的物流必须伴随着并行的信息流。仓储商品的控制和管理实时、协调和一体化，信息技术成为仓储自动化技术的核心。自动化库房建设更加注重实用性和安全性，在满足仓储要求的条件下，将更多要求规模小、反应速度快、用途广的自动化库房。

◆仓储装卸搬运机械高效化。通过引入计算机、自动控制技术和人工智能等高新技术对仓储机械的技术改造，仓储机械的技术性能将有较大提高。载重量大、机动性强、操作方便、可维修性好的叉车、无人叉车、牵引车、托盘搬运车、码垛机、管道输送机、带状输送机、自动拣选机等先进的装卸搬运机械设备将广泛应用于仓储系统。随着时间的推移，智能化仓储设备将更多、更加趋于完善，仓储机械更安全、更可靠。

◆条码技术的推广使用。条码技术作为一种成熟的信息处理技术，由于具有信息采集速度快、信息量大、可靠性高等优点，已广泛应用于自动控制、质量跟踪、交通运输等领域。

2. 仓储信息化、信息网络化

随着计算机技术和通信技术的发展以及全球信息网络的建立，仓储的信息化趋势也将得到进一步发展，信息技术将用于处理仓储具体业务。建立仓储信息网络、对商品统一编码，通过电子数据交换（EDI）、电子订货系统（EOS）、电子经费传送（EFT）等形式实现无纸化作业，降低了仓储作业费用，提高了作业效率。

另外，仓储信息网络是一个利用现代信息技术、数学和管理科学方法对仓储信息进行收集、加工、存储、分析和交换的人机综合系统。仓储是物流的一个重要环节，为了更好地掌握商品的储存情况，必须取得及时、准确的仓储信息。仓储信息处理系统可以通过网络对仓储商品的动态进行实时跟踪调查，使得仓储更加透明，并可根据所需商品的种类、数量等情况，适当调整仓储物资储备，确定最佳决策。

3. 仓储标准化

仓储标准化是对产品、工作、工程和服务等活动制定统一的标准并贯彻和实施标准的整个过程。

为了使物流系统内部各环节有机地联系起来，并协调地运作，必须保证物流系统的统一和一致性，实现物流的标准化。仓储标准化是物流标准化的重要组成部分。仓储标准化不仅是为了实现仓储环节与其他环节的密切配合，同时也是仓储内部提高作业效率、充分利用仓储设施和设备的有效手段，是开展机械化、自动化、信息化仓储的前提条件。

仓储标准化内容很多。全国性通用标准（仓库种类与基本条件标准、仓库技术经济指标以及考核办法标准、仓储业标准体系、仓储业服务规范，仓库档案管理标准、仓库单证标准、仓储安全管理标准等），仓储技术通用标准（仓库建筑标准、货物出入库标准、储存货物保管标准、包装标准、货物装卸标准等），仓库设备标准，仓库信息管理标准和仓库人员标准等。

4. 仓储管理现代化

众多的仓储企业逐渐加大现代化改革的步伐，包括两个方面：

◆加大对仓库的硬件投入。包括库房建设和改造、购置新型货架、托盘、数码自动识别系统和分拣、加工、包装等新型物流设备，大幅度提升现有仓储自动化水平和物流运作效率，增加物流服务功能。

◆加大对仓库的软件投入，加强物流信息化建设。实现仓储管理、商品销售、开单结算、配送运输、信息查询、客户管理、货物跟踪查询等功能，为客户提供更为方便、可靠、快捷的物流服务。

物流窗口:1-2

《电子标签(RFID)现代仓库管理系统》的结构及主要功能

1. 电子标签(RFID)现代仓库管理系统的结构

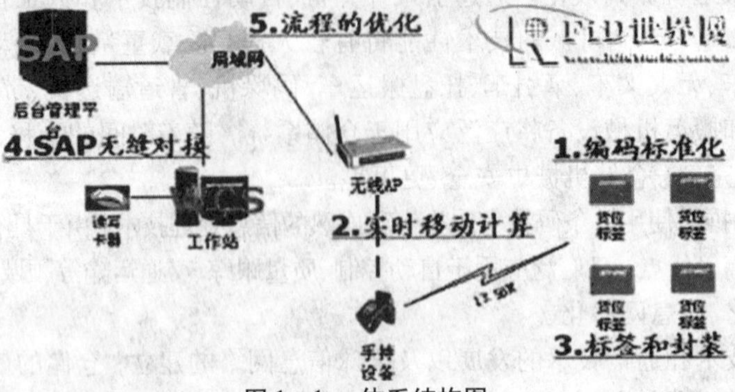

图1-1 体系结构图

2. 电子标签(RFID)现代仓库管理系统的主要特点

(1) 加强了仓库的可视性

由于在新增的仓库控制系统(WCS)基础上,采用实时移动计算技术,使仓库管理人员用PDA手持机,经无线局域网与WCS系统实时相连,随时可了解库存的情况。增强了仓库的可视性。

(2) 提升了管理的精度

简单地说,从过去仅管理到"库",现进而管到库内细分的"仓位"。在管理系统没有仓库管理模块(WMS)的情况下,只能管到"库"。也就是说,只知道某物品在库内(已入库)或不在库内(已出库),但不知道库内的物品所在精确位置(仓位),或从哪儿取某物品。

在新的系统中,将仓库细划成物理仓位和其中的逻辑仓位,并贴上相应的电子标签(称为"仓位标签");在每个仓位中存储的物品(规定单位)都贴有"货物标签",其中不仅存有案可查有关物品信息还包括其存放的位置(仓位)信息。

(3) 提高了工作效率

在盘点工作流程中,过去人工盘点后,大约要花同样多的时间去整理和输入数据。现在采用实时移动计算技术,随移随算,移完算完。整理和输入数据完全由WCS计算机系统自动完成,提高了工作效率。

(4)减少了出错率

过去只要在管理机终端上完成了"入库"或"出库"的登记手续后,管理系统就认为物品已入库或出库,实际物品的状况决定于人的执行情况。库存的错与对,只有在盘点时才能发现,而且是累计的情况。

现在在完成"入库"或"出库"的登记手续后,要继续用手持机完成WCS规定的相应流程,直到读写完货物标签为止。以入库为例,只有当物品放到规定的仓位,并更改了相应货物标签后,才算完成"入库"流程。此时,从WCS的库存映象和管理系统的对比中,即可知道是否存在误差。

另外,利用实时移动计算技术,随时随地允许抽查,而不必等到定期的盘点时"总算帐"。

总之,新系统既规范了人的操作,又提供了随时检查的可能,从而减少了出错率。

(5)数据的分布存储打下了物流管理现代化的基础。

(6)没用电子标签的系统,所有数据均存储于计算机系统中;新系统中,仓库内存放物品的基本信息不仅存储于计算机系统中,还分布存储于仓位标签和物品标签中。

1.2 仓储管理

1.2.1 仓储管理的概念与内容

1. 仓储管理的概念

仓储管理就是对仓库及仓库内的物质所进行的管理，是仓储机构为了充分利用所具有的仓储资源提供高效的仓储服务所进行的计划、组织、控制和协调过程。具体来说，仓储管理包括仓储资源的获得、经营决策、商务管理、作业管理、仓储保管、安全管理、人事劳动管理、经济管理等一系列管理工作。仓储管理的目标是实现储存合理化。

2. 仓储管理的内容

所谓仓储管理，是指服务于一切库存物资的经济技术方法与活动。很明显，“仓储管理”的定义指明了其所管理的对象是“一切库存物资”，管理的手段既有经济的，又有纯技术的，具体包括如下几个方面：

(1)仓库的选址与建筑问题

例如仓库的选址原则，仓库建筑面积的确定，库内运输道路与作业的布置等。

(2)仓库机械作业的选择与配置问题

例如，如何根据仓库作业特点和所储存物资的种类以及其理化特性，选择机械装备以及应配备的数量，如何对这些机械进行管理等。

(3)仓库的业务管理问题

例如，如何组织物资入库前的验收，如何存放入库物资，如何对在库物资进行保管保养、发放出库等。

(4)仓库的库存管理问题

例如，如何根据企业生产需求状况，储存合理数量的物资，既不致因为储存过少引起生产中断造成损失，又不致因为储存过多占用过多的流动资金等。

此外，仓库业务考核问题，新技术、新方法在仓库管理中的运用问题，仓库安全与消防问题等，都是仓储管理所涉及的内容。

1.2.2 仓储管理的任务

1. 利用市场经济的手段获得最大的仓储资源的配置

市场经济最主要的功能是通过市场的价格和供求关系调节经济资源的配置。市场配置资源是以实现资源最大效益为原则，这也是企业经营的目的。配置仓储资源也应依据所配置的资源能获得最大效益为原则。仓储管理就需要营造本仓储机构的局部效益空间，吸引资源的进入。具体任务包括：根据市场供求关系确定仓储的建设；依据竞争优势选择仓储地址；以生产差别产品决定仓储专业化分工和确定仓储功能；以所确定的功能决定仓储布局；根据设备利用率决定设备配置等。

2. 以高效率为原则组织管理机构

管理机构是开展有效仓储管理的基本条件，是一切管理活动的保证和依托。生产要素特别是人的要素只有在良好组织的基础上才能发挥其作用，实现整体的力量。仓储组织机构的确定需围绕着仓储经营的目标，以实现仓储经营的最终目标为原则，依据管理幅度、因事设岗、责权对等的原则，建立结构简单、分工明确、互相合作和促进的管理机构和管理队伍。

仓储管理机构因仓储机构的属性不同，分为独立仓储企业的管理组织、附属仓储机构的管理组织。一般都设有:内部行政管理机构、商务、库场管理、机械设备管理、安全保卫、财务以及其他必要的机构。仓储内部大都实行直线职能管理制度或者事业部制的管理组织结构。随着计算机网络的应用普及，管理机构趋向于向少层次的扁平化发展。

3. 不断满足社会需要为原则开展商务活动

商务工作是仓储对外的经济联系，包括市场定位、市场营销、交易和合同关系、客户服务、争议处理等。仓储商务是经营仓储生存和发展的关键工作，是经营收入和仓储资源充分利用的保证。从功能来说，商务管理是为了实现收益最大化，但是作为社会主义的仓储管理，必须遵循社会主义的不断满足社会生产和人民生活需要的生产原则，最大限度地提供仓储产品，满足市场需要。满足市场需要包括数量上满足和质量上满足的两个方面。仓储管理者还要不断掌握市场的变化发展，不断开展创新，提供适合经济发展的仓储产品。

4. 以高效率、低成本为原则组织仓储生产

仓储生产包括货物入仓、堆存、出仓的作业，仓储物验收、理货交接，在仓储期间的保管照料、质量维护、安全防护等。仓储生产的组织遵循高效、低耗的原则，充分利用机械设备、先进的保管技术、有效的管理手段，实现仓储快进、快出，提高仓储利用率，降低成本，不发生差、损、错事故，保持连续、稳定的生产。生产管理的核心在于充分使用先进的生产技术和手段，建立科学的生产作业制度和操作规程，实行严格的监督管理，采取有效的员工激励机制。特别是非独立经营的部门仓储管理的中心工作就是开展高效率、低成本的仓储生产管理，充分配合企业的生产和经营。

5. 以优质服务、讲信用建立企业形象

企业形象是指企业展现在社会公众面前的各种感性印象和总体评价的整合，包括企业及产品的知名度、社会的认可程度、美誉度、企业的忠诚度等方面。企业形象是企业的无形财富，良好的形象促进产品的销售，也为企业的发展提供良好的社会环境。作为产业服务的仓储业其企业形象所面向的对象主要是生产、流通经营者，其企业形象的建立主要通过服务质量、产品质量、诚信和友好合作获得，并通过一定的宣传手段在潜在客户中推广。在现代物流管理中，对服务质量的高度要求、对合作伙伴的充分信任促使作为物流环节仓储的企业形象建立极为必要，具有良好形象的仓储经营人才能在物流体系中占一席之地，适应现代物流的发展。

6. 通过制度化、科学化的先进手段不断提高管理水平

任何企业的管理都不可能一成不变，需要随着形势的发展不断发展，适应新的变化，仓储管理也要根据仓储企业的经营目的的改变、社会需求的变化而改变。管理也不可能一步到位，一开始就设计出一整套完善的管理制度实施于企业，这样，不仅教条，而且不可执行。仓储管理也要从简单管理到复杂管理、从直观管理到系统管理，在管理实践中不断补充、修正、完善，不断提高，实行动态的仓储管理。

仓储管理的动态化和管理变革，既可以促进管理的提高，提高仓储效益，也可能因为脱离实际、不同于人们的惯性思维或者形而上学，使管理的变革失败，甚至趋于倒退，不利于仓储的发展。因而仓储管理的变革需要有制度性的变革管理，通过科学的论证，广泛吸取先进的管理经验，针对本企业的客观实际进行管理。

7. 从技术到精神领域提高员工素质

没有高素质的员工队伍，就没有优秀的企业。企业的一切行为都是人的行为，是每一个员工履行职责的行为表现。员工的精神面貌表现了企业的形象和企业文化。仓储管理的一项重要工作就是不断提高员工的素质，根据企业形象建设的需要加强对员工的约束和激励。

员工的素质包括员工每个人的技术素质和精神素质。通过不断的、系统的培训，严格的考核，保证每个员工熟练掌握其从事劳动岗位应知、应会的操作，管理技术和理论知识，且要求精益求精，跟上技术和知识的发展并保持不断更新；明白岗位的工作制度、操作规程；明确岗位所承担的责任。

良好的精神面貌来自于企业和谐的氛围、有效的激励，对劳动成果的肯定以及针对性开展的精神文明教育。在仓储管理中重视员工的地位，而不能将员工仅仅看作是生产工具、一种等价交换的生产要素。在信赖中约束、在激励中规范，使员工形成人尽其才、劳有所得、人格被尊重的感受，形成热爱企业、自觉奉献、积极向上的精神面貌。

1.2.3 仓储管理的基本原则

1. 效率的原则

效率是指在一定劳动要素投入量时的产品产出量。只有较小的劳动要素投入和较高的产品产出量才能实现高效率。高效率就意味着劳动产出大，劳动要素利用率高，高效率是现代生产的基本要求。仓储的效率表现为仓容利用率、货物周转率、进出库时间、装卸车时间等指标上，表现出“快进、快出、多存储、保管好”的高效率仓储。

仓储生产管理的核心就是效率管理，实现最少的劳动量的投入，获得最大的产品产出。劳动量的投入包括生产工具、劳动力的数量以及他们的作业时间和使用时间。效率是仓储其他管理的基础，没有生产的效率，就不会有经营的效益，就无法开展优质的服务。

高效率的实现是管理艺术的体现，通过准确的核算、科学地组织、妥善地安排场所和空间、机械设备与人员合理配合，部门与部门、人员与人员、设备与设备、人员与设备之间默契配合，使生产作业过程有条不紊地进行。

高效率还需要有效管理过程的保证，包括现场的组织、督促，标准化、制度化的操作管理，严格的质量责任制的约束。现场作业混乱、操作随意、作业质量差甚至出现作业事故显然不可能有效率。

2. 经济效益的原则

厂商生产经营的目的是为了追求获得最大化利润，这是经济学的基本假设条件，也是社会现实的反映。利润是经济效益的表现。

利润＝经营收入－经营成本－税金

实现利润最大化则需要做到经营收入最大化和经营成本最小化。

社会主义企业经营也不能排除为了追求利润最大化的动机，作为参与市场经济活动主体之一的仓储业，也应围绕着获得最大经济效益的目的进行组织和经营。但也需要承担部分的社会责任，履行环境保护、维护社会安定的义务，满足社会不断增长的需要等社会义务，实现生产经营的社会效益。

3. 服务的原则

仓储活动本身就是向社会提供服务产品。服务是贯穿在仓储中的一条主线，从仓储的定位、仓储具体操作、对储存货物的控制都围绕着服务进行。仓储管理就需要围绕着服务定位，如何提供服务、改善服务、提高服务质量开展的管理，包括直接的服务管理和以服务为原则的生产管理。仓储的服务水平与仓储经营成本有着密切的相关性，两者互相对立。服务好，成本高，收费则高，仓储服务管理就是在降低成本和提高(保持)服务水平之间保持平衡。

1.3 仓储在物流管理中的作用

1.3.1 仓储在物流系统中的作用

物流系统是指在一定的时间和空间里，由所需转移的物资、包装设备、装卸搬运机械、运输工具、仓储设施、人员和通信联系等若干相互制约的动态要素构成的具有特定功能的有机整体。具体来讲，物流系统包括包装、运输、储存、装卸搬运、流通加工、配送、信息处理等活动。而仓储是物流系统中的一部分，其作用可表现在以下几个方面：

1. 运输整合和配载

基于运输的费用率具有随着运量的增大而减少的规模经济现象，尽可能大批量的运输是节省运费的有效手段。将连续不断产出的产品集中成大批量提交运输，或者将众多供应商提供的产品整合成一票运输等运输整合需要通过仓储来进行。在运输整合中还可以对商品进行成组、托盘化等作业，使运输作业效率提高。

2. 分拣和产品整合

仓储可以用来配合组织生产，进行产品整合。企业可以根据客户要求，在仓库中根据商品流向、时间的不同进行分拣、配套、组合、打包，分别配载到不同的运输工具，然后运给各地客户。

3. 流通加工

流通加工是将产品加工工序从生产环节转移到流通环节。由于仓储中物品处于停滞状态，适合于在仓储中进行流通加工，既不影响商品的流通速度，同时又能满足用户的需要。

4. 调节供应和需求

由于生产和消费之间或多或少存在时间或空间上的差异，仓储可以提高产品的时间效用，调整均衡生产和集中消费或均衡消费和集中生产在时间上的矛盾图 1－2 所示可以充分说明仓储在物流系统中的作用。

为了支持生产运营管理，仓库经常充当来自供应商原材料的入厂统一接收点，如图 1－2a 所示，企业从不同的供应商处订购原材料、零部件，供应商以整卡车(TL)或者整货车(CL)运到离工厂较近的仓库，这些物品再由仓库运到制造工厂。

从出货的方面来说，仓库可用于产品混合、出库联合和拆装或分拆。产品混合(见图 1－2b)常涉及从不同地点的工厂(例如工厂 A、工厂 B、工厂 C)运输产品(例如产品 A、B、C)到一个仓库中心，各工厂生产公司产品的一部分，产品通常是大批量地运往仓库中心，而客户对不同产品的订单可以集中一起运输。

当仓库用于出库联合(见图1－2c)时，它就是从几个制造地以整卡车运输(TL)或整货车运输(CL)运往一个仓库中心。仓库合并或集中来自不同工厂的产品运给客户。

拆装仓库(见图1－2d)是从制造工厂中接收大量产品运输的设施。几个客户订单结合起来，一次性从工厂运输到拆装仓库。当仓库接到货物后，将其分解成小的零担运输，并将货物送到由该仓库服务的客户手中。

因此，仓储在物流系统中起着举足轻重的作用，与企业其他经营活动相结合，实现尽可能最低成本下客户满意的服务水平。

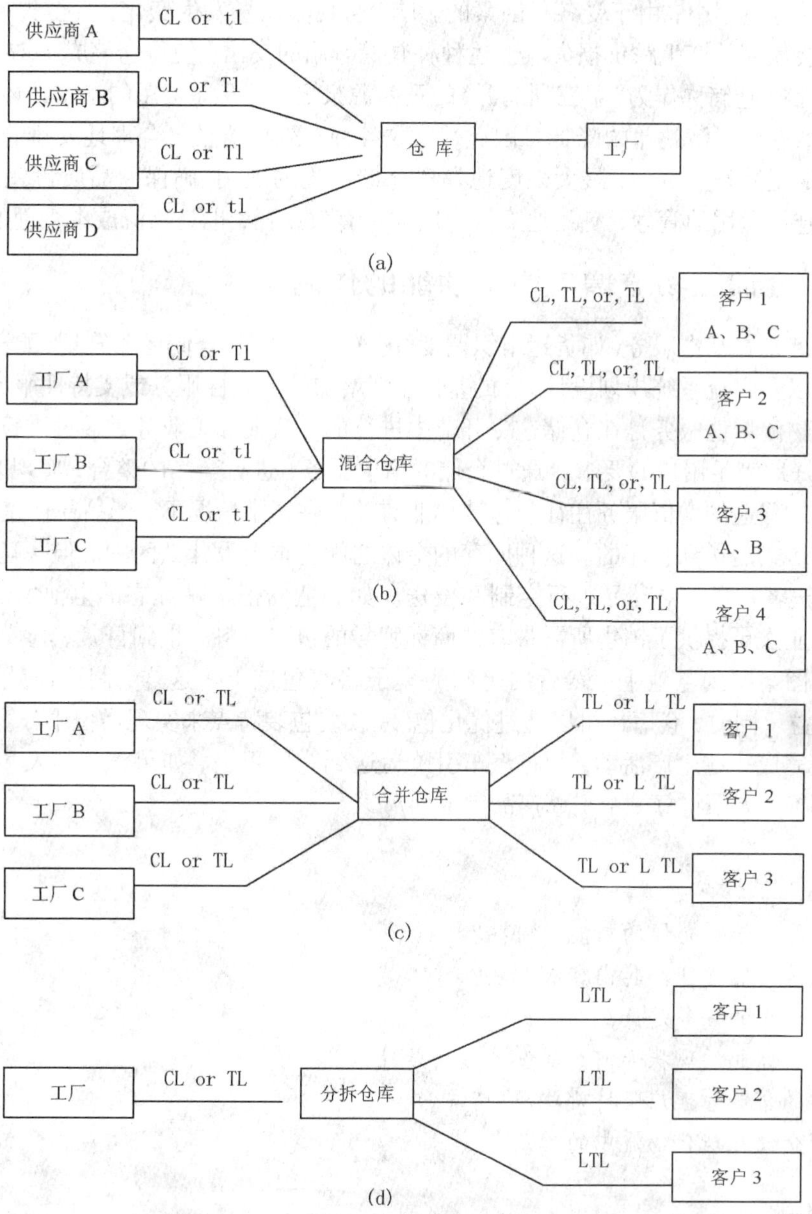

(a) 制造支持；(b)产品混合；(c)合并；(d)分拆

图1－2 仓储在实物供应及实物分销中的作用

1.3.2 仓储在物流成本管理中的作用

物流成本是指商品在实物运动过程中耗费的人力、财力和物力的总和。具体可分为仓储成本、运输成本、配送成本等。物流成本管理是以成本为手段的物流管理。

仓储是物流系统中的重要环节，在仓储活动中，储存商品会增加仓库建设、仓库管理、仓库工作人员工资与福利等项费用的开支，同时，储存的商品占用一定资金，又使企业产生一定的机会损失。近年来，为分摊风险，对储存商品投保而缴纳保险费的比例逐渐增加。此外，商品在储存过程中，由于受各种因素的影响，会使其质量发生变化，甚至失去使用价值，这样，无疑会使商品产生跌价损失。上述种种仓储费用的支出，使得仓储成本增加。

人们常常把仓储称作为"第三利润源"的重要源泉之一，仓储费用的增加，必然会冲减利润，从而导致企业经济效益的降低。因此，采取各种有效的方法，合理地安排仓储，减少装卸搬运环节，提高作业效率，最大限度地发挥仓储设施的效用、确保商品质量完好和数量准确，是加强仓储费用的管理，有效地降低仓储成本有效途径，也是物流成本管理的重要方面。

1.3.3 仓储在物流增值服务功能的作用

增值服务是在基本服务(如货运组织调度、配送中心管理、仓储运输管理、配送中心设计、信息流管理以及物流系统规划设计等)的基础上，增加的便利性服务或支持性服务。

大多数物流增值服务是在仓储这一环节中进行的。流通加工业务是通过进行商品的个性化服务，更好地满足用户的要求。通过仓储的增值服务，进行产品的整合，实现时间价值。

仓储中最普遍的增值服务往往与包装作业有关。在通常情况下，产品往往是以散装形式或无标签的形式运送到仓库的。这种库存的个体之间基本上没什么区别。但一旦收到客户的订单，就要按客户要求对产品进行定制和发送。如制造商把未贴标志的电池发送到仓库中，向仓库的作业人员提供了销售所需带有的商标牌号的包装材料。接到订货，仓库作业人员按要求将标志图案贴到电池上，然后用定制的盒子将其包装上。这样，制造商就可以降低库存，提高效益。同时，仓库还可以通过优化包装、改变包装特点来实现增值服务。有时，还可以在仓库里完成一些生产活动，如将汽车引擎运送到仓库里去，如果汽化器发生了问题，即可在仓库更换，无须将每一个引擎产品都退回厂家。

思考题：

1. 什么是仓储？仓储的功能有哪些？
2. 什么是仓储管理？其内容有哪些？
3. 仓储管理的任务是什么？
4. 我国仓储业的现状如何？其发展方向是什么？
5. 科学的仓储管理应坚持哪些原则？
6. 分析仓储在现代物流中的作用。

参考阅读材料：

1. 杨凤祥 :《仓储管理实务》,北京:电子工业出版社，2005
2. 李永生 郑文岭:《仓储与配送管理》,北京:机械工业出版社，2004

3.(美)兰伯特(Lambert,D),(美)斯托克(Stock,J),(美国)埃拉姆(ELLram,L.):《物流管理》,北京:电子工业出版社,2003

案例分析:

某大型食品企业仓储物流管理方案应用案例

项目背景

上海某食品(集团)有限公司,是一家综合性的大型食品集团,主要从事食品制造和服务贸易,拥有多个中国驰名商标和上海市著名商标,在上海建立了电子商务网络和由300多家便利连锁店构成的销售网点,是上海食品行业最具影响力的企业之一。随着销售网络的拓展,合理仓储及快速配送是该公司迫切需要理顺的难题。

面对上述诸多问题,该企业的领导紧紧地把握住问题关键点,通过信息化手段,从客户需求入手,合理地进行仓储管理,全程监控配送过程,全面提高仓储和物流的管理能力,进一步提升企业的经营业绩。

决策过程

随着网络的兴起与电子商务的发展,MRP、ERP等管理软件在企业中得到了广泛应用,对企业的发展起到了很大的助推作用。该公司在信息化建设方面也不遗余力,利用信息化来支持企业的实际业务和各项管理,在实际应用过程中,收到了良好的效果。

在仓储管理和物流管理方面,通过对众多产品进行比较,经过慎重的考虑,该公司选择了国通供应链以ASP方式提供的协同供应链管理平台系列产品。与其他同领域产品相比,国通供应链平台的优势在于其进入和退出成本较低,企业无需前期的服务器成本投入,而是在使用以后按照日常的业务流量付费,使IT基础建设的成本为零,用户不需要承担投资风险和管理风险。同时,以严格的商务合同条款为约束,以先进的安全技术为保障,保证了所有数据在使用过程中的安全和保密。同时,国通供应链的专业背景和该行业第一的地位,也让该企业的决策者相信,将业务放在国通供应链的平台上运行,无后顾之忧。

以ASP方式提供协同管理平台这种服务模式在国外已经处于相当成熟的阶段,在众多的大型跨国公司得到了很好的应用,如沃尔玛、宝洁等;而在国内,青岛啤酒、蒙牛、亲亲等国内优秀企业选择国通供应链提供的管理平台,应用到实际业务中,取得了良好效果。

实施范围及系统功能

项目的第一阶段,应用了国通供应链协同管理平台强大的库存管理和配送管理模块,整个项目历程如下表所示:

项目阶段	工作内容
项目准备阶段	需求详细调研、制订推广计划、培训
推广阶段	应用推广
整体应用	全方位深入应用

项目实施的组织范围包括该公司的销售、仓储、物流三个部门，主要针对上海地区的订单、库存和配送进行管理。自上线以来，该公司的订单导入、库存管理、产品配送的业务都在统一的国通供应链平台上进行管理。在项目的第二阶段，平台的功能将拓展到订单管理、业务员管理，管理深度将直达终端。具体流程如下图所示：

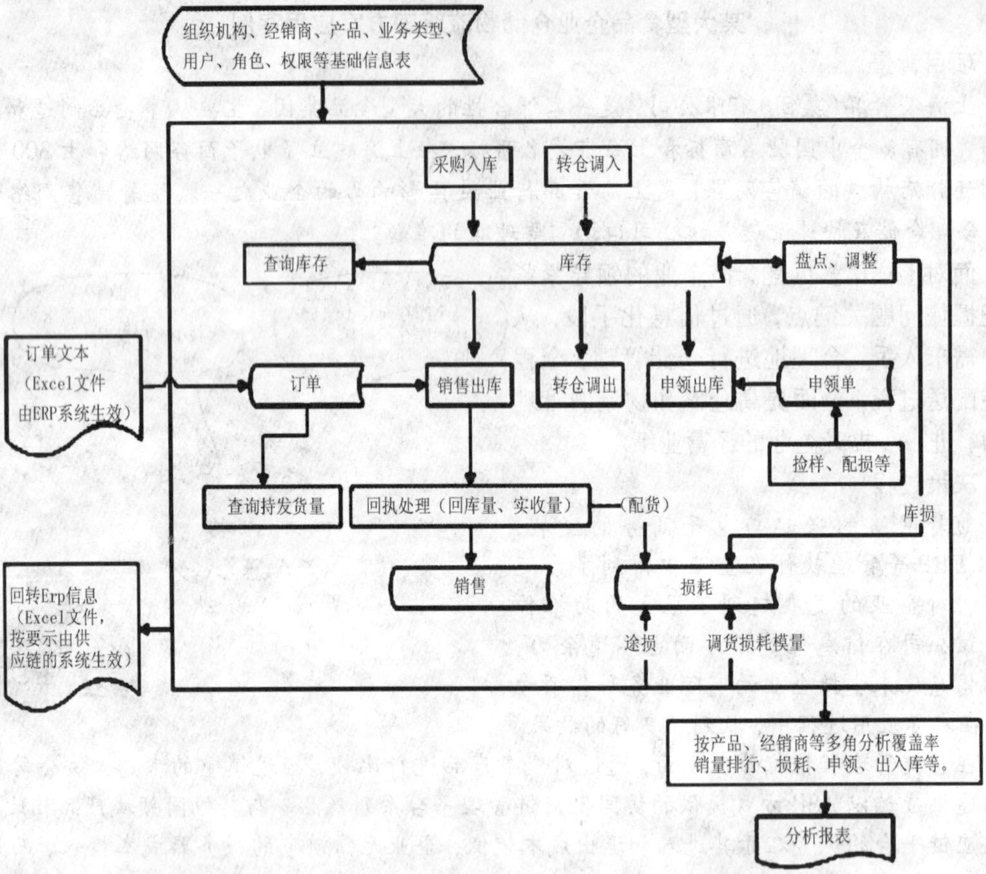

该公司借助国通供应链管理平台中库存管理和配送管理模块的强大功能，将订单导入、库存管理、配送管理、订单导出等业务通过计算机完整实现，把业务标准固化在软件系统中，从根本上杜绝了不规范的操作。经过平台上线前的流程梳理，还优化了原有的配送流程，真正实现了业务上从订单导入、仓库出货，到配送、配送回执、各类损耗的全程监控。利用系统提供的强大的数据分析模块，决策者能够更从容、更科学地作出各项决策，使企业的管理水平提升到一个新的高度。

效果分析

在平台投入使用后，该企业获得了非常良好的管理收益。通过对库存管理和配送管理模块的有效使用与业务标准的严格执行，有效地规范各仓库的产品管理行为，帮助仓储部门更好地管理仓库中的产品，杜绝临期、过期产品的现象发生，并通过快速及时处理终端的海量订单，使隔日配送变成当日配送或当日多次配送，从而提高整体的配送效率和降低配送成从而提高整体的配送效率和降低配送成本。

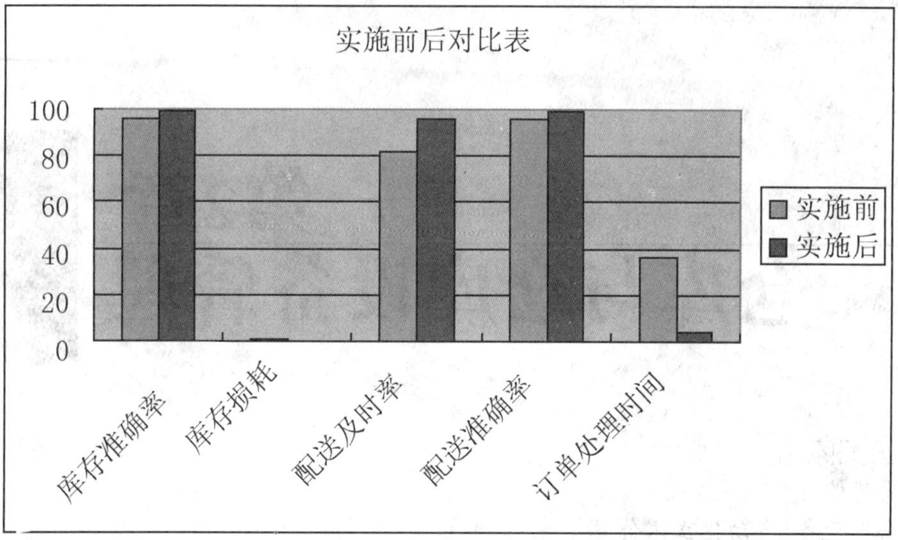

由于系统中的数据来源于真实的业务，省去二次输入的过程，因此可以保证信息的准确可靠。在过去，要做一张分析报表需要很长时间的准备，纸面单据的收集录入汇总工作非常繁琐，经常要花去大量的人力物力和时间，现在因为数据的集中化、电子化保存方式，使得决策者能够对业务进行及时的汇总分析，系统提供了多样的报表与图形帮助决策者更好地了解经营状况，便于作出更科学的判断。

	数据准确性	制作时间	决策支持
过去	手工收集统计数据，数据准确率不高	通常为15天左右	单一，财务报表为主
现在	直接来源于业务数据，电子化保存，准确率100%	即时生成报表	多样的数据查询方式和业务分析报表

第2章 仓库与仓库设备管理

二

* 本章主要内容

- 仓库概述
- 仓储设备、自动化立体仓库
- 仓库布局、选择装卸搬运机具的依据
- 自动化立体仓库的优缺点

* **引导案例**

北京西郊粮库占地面积16.8万平方米，仓库面积12.5万平方米，仓储总量为2.05亿公斤。为满足各类粮食存放，库内建有各类型的库房，如顶升库房32栋，制冷低温库房8栋，空调恒温库房3栋，山洞库1座，低温仓28个，砖桶仓27座，桶式钢板仓40座，简易仓1座。库内设1600米铁路专用线两条，1.6万平方米的铁路罩棚4座，大米加工生产线两条。

仓库是用于储存、保管货物的场所，它伴随着生产的产品剩余而产生。在人类早期的原始社会中，就已经出现了存放多余食物的场所，如西安的半坡文化遗址中就有存放多余猎物的茅屋，进入资本主义社会以后，随着商品生产物流业的快速发展才真正产生具有现代意义的仓库。

早期的仓库作业都是通过人工操作来完成的，由于缺乏“物流”的理念指导，仓库往往被看作是完成市场营销过程所必须的一种贮存设施，是材料与产品供应线上的一个静止单位。人们没有注意到仓储活动在物流系统中的作业潜力，更没有根据顾客的需求对仓库的产品进行分类，忽视了仓库所具有的储存效率和搬运效率。尽管存在上述缺点，但早期的仓库毕竟在生产与消费之间架起了相互沟通的桥梁。

第二次世界大战以后，随着预测技术和生产技术的提高，广泛建立仓库的需要减少了，随着制造过程中延误时间的递减，生产也越来越容易调整，尽管季节性的生产仍然需要仓储，但支持制造过程所需的仓储总量已经减少。而销售环境的变化，又使得批发商必须储存愈来愈多的产品，导致仓库成了批发商向零售商提供适时而又经济的存货分类场所。这样，通过批发商和一体化的零售商的努力，仓储作业的工艺流程和技术水平得到很大的提高。在这个时期，对于那些经营日益庞大的企业来讲，如何提高仓库的使用效率，如何在多个地点进行原材料和产品的储存和配送，如何降低仓库的存储水平和产品的运输成本，已成为企业所经常考虑的问题。

在20世纪60年代到70年代，仓储的注意力主要集中在新技术的应用上，在寻求更好的方法来代替传统的手工操作。该时期出现了许多新的储存和搬运技术、工艺，而伴随着技术水平的提高又影响到了仓储管理的每一个环节。在80年代到90年代，由于工业化水平的提高，仓储系统搬运技术的机械化、自动化得到很大发展。90年代后，由于计算机技术和网络技术的发展，全球化信息网和全球化市场的逐步形成，仓库成为企业现代化和流通现代化的重要组成部分。当人类社会跨入21世纪，自动识别技术、自动化技术及其装备的高质、低价的迅速发展，有力地推动了仓储业的自动化与网络化，物流仓储正在发生巨大变革，成为追求第三利润的重要来源。

2.1 仓库概述

2.1.1 仓库功能分类

仓库作为储存商品的设施，它不仅具有储存、保管等传统功能，而且还具有配送、中转、流通加工、检验、信息传递等多重功能。所以从不同的角度观察，有不同的分类方式：

1. 按仓库的储存条件分类

(1)库房

库房是储存货物的建筑。用于储存受气候条件影响大的货物，包括化工原材料及产品、家用电器、生产零部件等必须储存在库内的货物。

(2)货棚

货棚是储存货物的设施，用于储存受气候条件影响不大的货物，包括汽车、桶装液体化工货物、有色锭材等。活动货棚因其密封性比普通货棚强，储存条件好，造价低于库房，在北方气候干燥地区应用较广。

(3)货场

货场是储存货物的堆场，用于储存大型钢材、水泥制品及集装箱等。在库房有限的情况下，一般货物也可储存在货场，但必须进行严密苫垫。

2. 按仓库保管货物的特性分类

(1)原料仓库

保管生产中使用的原材料仓库。这类仓库一般规模较大，设有大型的货场。

(2)产品仓库

保管完成生产但尚未进入流通领域的产品。一般这类仓库附属于产品制造企业。

(3)冷藏仓库

保管需要冷藏储存的货物，一般多为农副产品、药品等。

(4)恒温仓库

为保持货物存储质量，将库内温度控制在某一范围的仓库。这种仓库规模不大，可以存放精密仪器等商品。

(5)危险品仓库

专门用于保管易燃、易爆和有毒的货物。对于这类货物的保管有特殊的要求。

(6)水面仓库

利用货物的特性以及宽阔的水面来保存货物的仓库。例如，利用水面保管圆木、竹排等。

3. 按仓库的作业方式分类

(1)人力仓库

人力仓库指一般储存电子原器件、工具、备品备件的货物的仓库。这种仓库规模较小，采用人工作业方式，无装卸机械设备。

(2)半机械化仓库

半机械化仓库是指入库采用机械作业如叉车等，出库采用人工作业方式。一般适合批量入库、零星出库的情况。

(3)机械化仓库

机械化仓库指入库和出库均采用机械作业如行车、叉车、输送机等，适合整批入库和出库、长大笨重的货物储存的情况。一般机械化仓库配备高层货架，有利于提高仓库空间利用率。

(4)半自动化仓库

半自动化仓库是自动化仓库的过渡形式。它配备高层货架及输送系统，采用人工操作巷道堆垛机的方式，多见于备件仓库。

(5)自动化仓库

自动化仓库是指以高层货架为主体，配备自动巷道作业设备和输送系统的无人仓库，如青岛海尔、红塔卷烟集团等自动化仓库。

4. 按仓库的功能分类

(1)储存仓储

储存仓储为存放很长时间的物品提供仓储。由于物品存放时间长，就要求存储费用较低廉。为降低仓储费用，储存仓储的地点一般都设在较偏远的地方。储存仓储的物品较为单一，品种少，但存量较大。由于物品存期长，储存仓储特别注重对物品的质量保管。

(2)物流中心仓储

物流中心仓储是以物流管理为目的的仓储活动，是为了实现有效的物流管理，对物流的数量、过程、方向进行严格的控制，是实现物流的时间价值的环节。一般在一定经济地区中心、交通较为便利、储存成本较低处开展。物流中心仓储品种较少，进库批量较大，按照一定批次分批出库，整体上周转能力强。

(3)配送仓储

配送仓储也称为配送中心仓储，是商品在交付消费者之前所进行的短期仓储，是商品在销售或者进行生产使用前的最后储存，并在该环节进行销售或使用的前期处理。配送仓储一般在商品的最终消费地区内进行，以便迅速地将商品送达消费者和销售者。配送仓储物品种类繁多、批量小，需要大量进货、分批少量出库操作，往往需要进行分拣、拆包、组配等作业，主要目的是为了支持销售。配送仓储注重对物品存量的控制。

(4)转换运输仓储

转换运输仓储指衔接不同交通方式运输转换的仓储。在不同运输方式转换地进行的仓储(如港口、车站)，是为了保证不同运输方式的高效衔接，减少运输途中装卸和停留时间。转换运输仓储具有大进大出，货物存期短，注重货物的周转作业。

5. 按仓库建筑结构分类

(1)平房仓库

一般构造简单，建筑费用便宜，人工操作比较方便，在我国县城以下的广大地区都是这种仓库。

(2)楼房仓库

是指两层楼以上的仓库，近年来，在我国大、中城市这种仓库建筑较多。它可以减少土地占用面积，进出库作业则采用机械化或半机械化。

(3)高层货架仓库

它是当前世界工业发达国家比较普遍采用的一种先进仓库，我国也建有少数这样的仓库。在作业方面，主要使用电子计算机控制，能实现机械化和自动化操作。

(4)罐式仓库

它的构造特殊，成球形或柱形，看去像一个大罐子(如油罐)，主要是用来储存石油、天然气和液体化工品等，大部分都建在城郊比较隐蔽的地方。

(5)简易仓库

它的构造简单，造价低廉，一般是在仓库不足而又不能及时建库的情况下，采用的临时代用办法，包括一些固定或活动的简易仓棚等。

(6)露天仓库

即露天料场，以露天储存为主。

2.1.2 仓库结构与布局设计

1. 仓库结构

一个仓库通常由生产作业区、辅助生产区和行政生活区三大部分组成。

(1)生产作业区

它是仓库的主体部分，是商品储运活动的场所，主要包括储货区、铁路专用线、道路、装卸台、货棚、货场等。

储货区是储存保管的场所，具体分为库房、货棚、货场。货场不仅可存放商品，同时还起着货位的周转和调剂作用。铁路专用线、道路是库内外的商品运输通道，商品的进出库、库内商品的搬运，都通过这些运输线路。铁路专用线应与库内其他道路相同，保证畅通。装卸站台是供火车或汽车装卸商品的平台，有单独站台和库边站台两种，其高度和宽度应根据运输工具和作业方式而定。

货棚是一种简易的仓库，为半封闭式建筑，根据其围墙建筑情况，可以分成敞棚(仅有支柱和棚顶构成)和半敞棚(有一面、二面和三面墙之分)。货棚是用来储存受气候条件影响不大的货物，如桶装液体货物、机械设备等。货棚的布置，应紧靠库房，除储存部分货物外，还可以作为卸货待检、出库待运的场所，尤其是站台库房，货棚应与库房连接，以起到防雨的作用。

货场用来储存基本不受气候条件影响的货物，如大型钢材、水泥制品等，货场同时还起着货位的周转和调剂作用。货场布置应充分考虑铁路专用线的走向。铁路专用线应尽量贯穿货场，同时，应尽量利用行车的跨度，实行跨线作业，以减少装卸作业环节。

(2)辅助生产区

辅助生产区是为商品储运保管工作服务的辅助车间或服务站，包括车库、变电室、油库、维修车间等。

(3)行政生活区

行政生活区是仓库行政管理机构和生活区域。一般设在仓库入库口附近，便于业务接洽和管理，行政生活区与生产作业区应分开，并保持一定距离，以保证仓库的安全及行政办公和居民生活的安静。

2. 布局设计

(1)仓库平面布局

仓库的平面布局设计是根据库址的自然条件和仓库的使用特点进行的设计。在满足防火间距的原则下，做到布局紧凑合理，交通运输路线短捷，物资出入方便，以创造一个尽可能安全、经济、合理的仓储作业环境。

在进行仓库总平面布置设计时为了达到安全、经济、合理的要求，必须按照以下原则进行布置设计。第一，库区的划分以及建筑物、构筑物平面位置的确定，应满足仓储功能要求，节约用地；第二，交通运输线路的组织与布置，应做到符合仓储作业工艺，尽可能减少不同运输路线的交叉和干扰；第三，库区自然条件的适应和利用，应结合地形、地质、水文、气象等条件因地制宜，力求在工程技术上经济合理；第四，库区安全防护设计，应满足防火、防爆、卫生、防震、隐蔽等安全方面的要求，严格执行有关部门颁发的设计规范；第五，库区的绿化和环境保护，应充分利用各种树木、草坪改善库区小气候、净化空气、降温防噪，使工作人员对环境有良好的适应性。下面的2－1图是一般仓库的平面设计图。

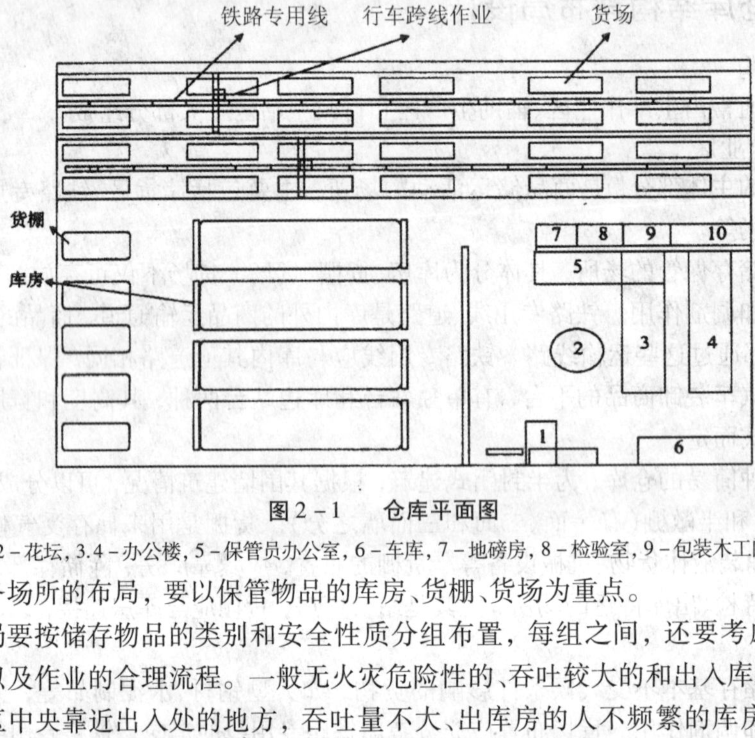

图2－1　仓库平面图

注:1－门卫，2－花坛，3.4－办公楼，5－保管员办公室，6－车库，7－地磅房，8－检验室，9－包装木工间，10－机修车间。

主要业务场所的布局，要以保管物品的库房、货棚、货场为重点。

仓库布局要按储存物品的类别和安全性质分组布置，每组之间，还要考虑到业务性质、吞吐量大小以及作业的合理流程。一般无火灾危险性的、吞吐较大的和出入库频繁的库房组，要布置在库区中央靠近出入处的地方，吞吐量不大、出库房的人不频繁的库房组，布置在库区的两翼和后部；有火灾危险的库房组，宜布置在库区的下风侧面。

库房的面积取决于计划储存物品的总量、种类及其结构。一个单独库房的面积，则视业务情况和技术条件而定。一般情况是，无大型机械设备的小型通风仓库，一间以500～700平方米为宜。库房的外廓，在面积一定的情况下，库房的长度和宽度应有适当的比例。一般是长度大于或等于装卸长度，宽度为长度的1/8～1/3。小型库，其宽一般为10～13米；中型库，其宽为20～25米为宜。库房高度，在库房外廓一定的情况下，库房自地坪至梁架下弦的高度，应视堆码高度和机械化操作程度而定。储存物资不宜堆高或机械化作业水平较低的平库，其高度一般以5米为宜；使用货架储存并有堆码机械设备的平库，高度可在5米以上。对于楼库，一般底层为4～5米，上层应为3.5～4米。库房朝向，应视地形的日照方向和日常风向考虑。长方形库房应是短边东西向，长边朝南北，以免库墙大面积受日晒时间过长。

装卸站台通常是以其一侧纵边面向铁路，另一侧面向汽车线路或卸货场。站台的高度和宽度，以物资搬运方式和运输工具而不同。用汽车运输时，根据汽车的一般类型，站台应高出道路路面0.9～1.2米。用火车运输时，站台的高度应与车厢底板相平。

辅助业务场所的布局是为主要业务场所服务的。它的设置地点，应靠近主要业务场所。所存放包装物料的场所，应调在包装场所附近，以便于材料的领用；保管苫垫用品的场所，应设在出入方便，距离物品保管场所较近的地方。

生活区的布局，一般应与库区各业务场所隔开，并设置单独的出入口，以保证仓库的安全及行政办公和居民生活的安静。

在完成仓库平面布局后，再来考虑仓库竖向布局，即确定仓库建筑场上的标高界限。仓库基建时，应因地制宜地将场地上自然起伏的地形加以适当改造，使之满足库区各建筑物、库房和货场之间的装卸运输要求，并合理解决场地排水问题。

库房地坪标高与库区路面标高的关系，决定于仓储作业机械化程度和叉车作业的情况。由于机械在载重作业时爬坡能力受到限制，如库房地坪与路面之间的高度相差较大时，会影响叉车作业效率。最好使仓库的地坪和库区路面在标高上相等；不得已时，可使两者之间有不超过4%的纵向坡度。

货场由于多数是跨在铁路专用线两侧，所以在标高上，除确保铁路线有专门的规定外，货场标高可适当略高或略低于铁路线。

(2)库房内部货区布局

库房内部货区布局的设计应适应仓储作业的要求，便于仓储业务的开展，要以最便捷的搬运方式、最优的货物进出渠道为目标。货区平面布局的形式有横列式、纵列式、纵横式及倾斜式等。

横列式布局是指货垛或货架的长度方向与仓库的侧墙互相垂直，这种布局方式的主要优点是：主要通道长且宽，副通道短，有利于货物的取存、检查；通风和采光条件好；有利于机械化作业，便于主通道业务的正常展开，其主要缺点是：主通道占用面积多，仓库面积的利用率会受到影响。如图2－2所示。

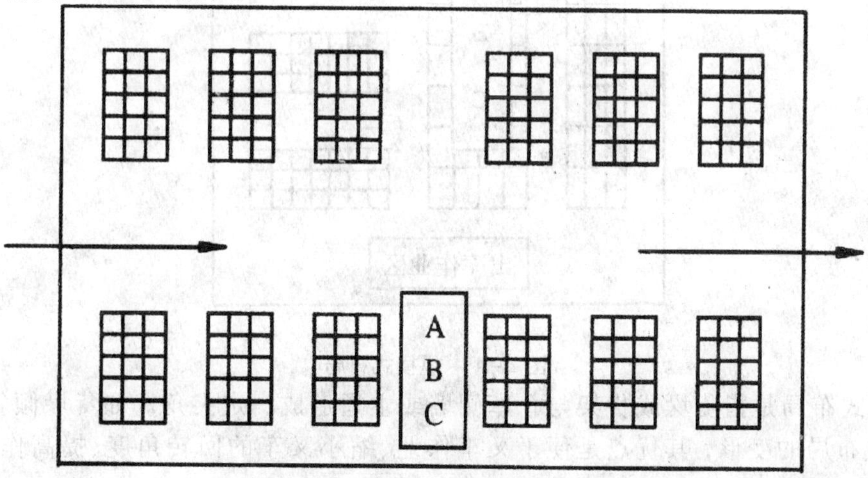

图2－2　横列式布局

纵列式布局是指货垛或货架的长度方向与仓库侧墙平行。其主要优点是仓库平面利用率较高。其缺点是:存取货物不方便，对于通风采光不利。如图 2－3 所示。

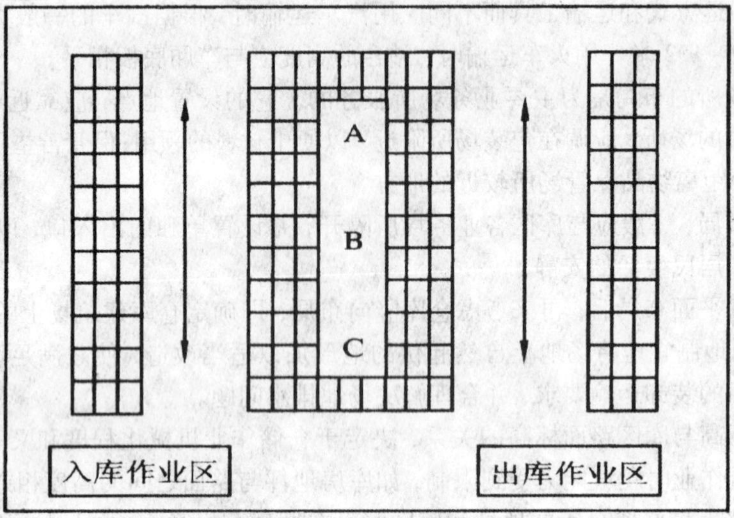

图 2－3　纵列式布局

纵横式布局是指在同一保管场所内，横列式布局和纵列式布局兼而有之，可以综合利用两种布局的优点。如图 2－4 所示。

图 2－4　纵横式布局

倾斜式布局是指货垛或货架与仓库侧墙或主通道成一定夹角。如货垛倾斜式布局是横列式布局的变形，其优点是便于叉车作业、缩小叉车的回转角度、提高作业效率。如图 2－5 所示。

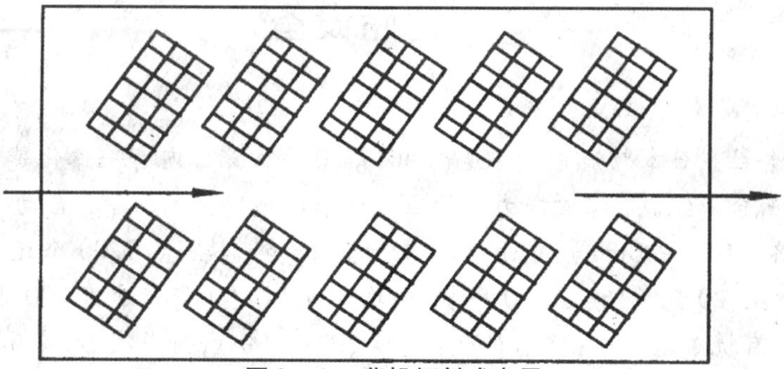

图 2－5　货垛倾斜式布局

(3)仓库内部非货区布局

非货区面积包括通道、墙间距、收发货区、库内办公地点等，仓库应尽量扩大货区面积，缩小非货区面积。

a. 通道

库房内的通道是保证库内作业的畅顺的基本条件，分为运输通道(主通道)、作业通道(副通道)和检查通道。运输通道供装卸搬运设备在库内走行，其宽度主要取决于装卸搬运设备的外形尺寸和单元装载的大小。运输通道的宽度一般为 1.5～3 米。作业通道是供作业人员存取搬运物品的走行通道。其宽度取决于作业方式和货物的大小，如果使用手动叉车进入作业通道作业，则通道宽度应视手动叉车的宽度和作业特点而定。一般情况下，作业通道的宽度为 1 米左右。检查通道是供仓库管理人员检查库存物品的数量及质量而走行的通道，其宽度只要能使检查人员自由通过即可，一般为 0.5 米左右。

b. 墙间距

一方面是使货垛和货架与库墙保持一定的距离，避免物品受潮，同时也可作为检查通道或作业通道。墙间距一般宽度为 0.5 米左右，当兼作作业通道时，其宽度需增加一倍。墙间距兼作作业通道是比较有利的，它可以使库内通道形成网络，方便作业。

c. 天花板高度

仓库天花板的高度要有利于机械的操作，使用叉车的时候，标准提升高度是 3 米；而使用多段式高门架的时候要达到 6 米，所以，一般仓库的天花板高度应在 6 米以上。

d. 收发货区

收发货区是指供收货、发货时临时存放物品的作业场地，可分为收货区和发货区，也可以划定一个收发货区收货、发货共用。

收发货区的位置应靠近库门和运输通道，可设在库房的两端或适中的位置，并要考虑到收货、发货互不干扰。对靠近专用线的仓库，收货区应设在专用线的一侧，发货区应设在靠近公路的一侧。如果专用线进入库房，收货区应设在专用线的两侧。

e. 库内办公地点

仓库管理人员需要一定的办公地点，可设在库内也可设在库外。最好设在库外，另建办公室，使仓库能存放更多的物品。

2.2 仓储设备

引导案例：

宝酒造株式会社东日本物流中心占地面积17780平方米，内有一体化建筑仓库，它由自动仓库和三层平面仓库组成，保管能力总计23000个托盘货位。其中，自动仓库：15800个托盘货位（托盘规格1100×900mm）；平面仓库：位于二楼和三楼，共7200个托盘货位。库内配有的主要设备：货架：20列×16层×50个货位；堆垛机：10台（行走速度200米/分，提升速度100米/分）；无人有轨搬运台车：23台（行走速度200米/分）；输送线：入库6条，出库10条；层面分拆装置3套，堆码垛机器人1套。

仓储设备是指仓储业务中所需使用的装置和机具，它可分成存储设备和装卸搬运设备。

2.2.1 存储设施

仓库储存设备是用来保护并存放商品的设备，主要包括托盘、货架等，它们是实现仓储行为的必备设备。存储设备的配备必须综合考虑存储能力、单元装载单位、储位数量、出入库数量、通道的宽度和数量、投资的成本等相关要素。

1. 托盘

托盘是现代物流业生产、运输、储存及包装的很重要的一种工具，是与搬运装卸机械配套使用的重要的集装器具。它具有自重量小，返空、装盘容易，组合量大等优点。常用的托盘有平托盘、柱式托盘、箱式托盘、网箱托盘和轮式托盘等。

（1）平托盘

由双层板或单层板另加底脚支撑构成，无上层装置，在承载面和支撑面间夹以纵梁，构成可集装物料，可使用叉车或搬运车等进行作业。其结构种类如图2-6所示。

图2-6　常用平托盘

（2）柱式托盘

柱式托盘是在平托盘的基础上发展起来的，其特点是在不压货物的情况下可进行码垛（一般为4层）。多用于包装物料、管材等的集装。柱形托盘还可进一步分成固定式和可拆装式两类，使用方便。其结构种类如图2-7所示。

图2-7　柱式托盘

（3）箱式托盘

箱式托盘是在平托盘的基础上发展起来的，它是以平托盘为底，上面有箱形装置，四壁围有网眼板或普通板，顶部可以有盖或无盖。可用于存放形状不规则的物料。其结构种类如图 2 – 8 所示。

图 2 – 8　箱式托盘

(4)网箱托盘

网箱托盘用于存放形状不规则的物料。可使用托盘搬运车、叉车、起重机等作业;可相互堆叠 4 层;空箱可折叠。其结构种类如图 2 – 9 所示。

图 2 – 9 网箱托盘

(5)轮式托盘

轮式托盘也称物流台车，是在箱式托盘、柱式托盘或网箱托盘的底部装上脚轮而成。运输、装卸省时、省力。适用于企业工序间的物流搬运;也可在工厂或配送中心装上货物运到商店，直接作为商品货架的一部分。轮式托盘的形式如图 2 – 10 所示。

图 2 – 10　轮式托盘

2. 货架

货架是由立柱片、横梁和斜撑等构件组成，是用于存放货物的结构件。随着物流行业的不断发展壮大，货架的需求有了显著增加，货架在仓储中的使用范围也越来越广泛。根据货架的使用范围不同，货架大致可分为:托盘式货架、轻型货架、屏挂式货架、重力式货架、悬臂式货架、旋转式货架、阁楼式货架、组合式货架、贯通(驰入)式货架、滑动式货架、自动货柜、移动货架、图书货架和超市货架等。

(1)托盘式货架

托盘式货架又称工业货架,一般采用叉车等装卸设备作业,是以托盘单元方式来保管货物的货架,是机械化、自动化货架仓库的主要组成部分。这种货架多是装配式结构,即立柱、主柱片、横梁等之间采用螺栓或插接组成,具有刚性好、自重轻、层高可自由调节的特点。适合规模化生产,且成本低、运输和安装便利。目前已是工业企业各类货架仓库的主流。采用这种货架存取方便,拣取效率高,但储存密度较低,需要较多的通道。托盘式货架的形式如图 2-11 所示。

图 2-11　托盘式货架

(2)轻型货架

轻型货架是相对于"托盘货架"而言的,一般采用人力(不用叉车等)直接将货物(不采用托盘单元)存取于货架内,因此货物的高度、深度较小,货架每层的载重量较轻。其特点是结构简洁、自重轻、装配方便,广泛应用于工厂企业、商店、办公室和厨房等。轻型货架的形式如图 2-12 所示。

图 2-12 轻型货架

(3)屏挂式货架

屏挂式货架的特点是:适用于多品种或多规格的各种小型零件的贮存。如图 2-13 所示。

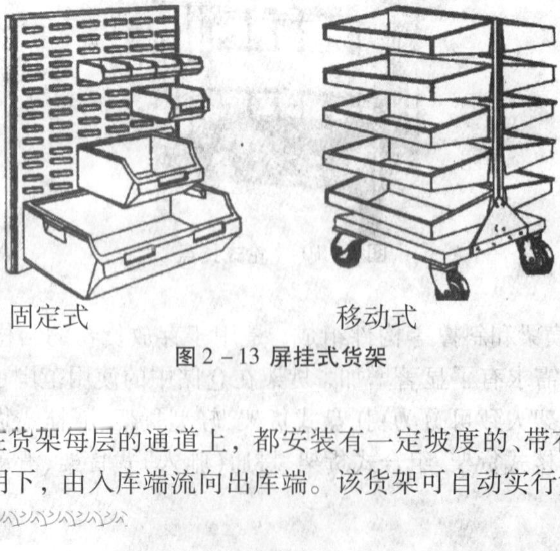

图 2-13 屏挂式货架

(4)重力式货架

重力式货架是指在货架每层的通道上,都安装有一定坡度的、带有轨道的导轨,入库的单元货物在重力的作用下,由入库端流向出库端。该货架可自动实行货物的先进先出,适用于储存数量多、品种少、周转快的货物。

使用该货架的仓库，在排与排之间没有作业通道，大大提高了仓库面积利用率。但使用时应注意，同一排、同一层上的货物最好为相同的货物或一次同时入库和出库的货物。此外，当通道较长时，在导轨上应设置制动滚道，以防止终端加速度太大。重力式货架如图2－14所示。

图2－14　重力式货架

(5)悬臂式货架

悬臂式货架是指货架前端没有立柱，货物被存放在固定于后立柱的悬臂梁上。适用于管材、型钢、铝型材、塑钢材等长条状物品的存放。一般与具有长大货物侧向装卸功能的侧面叉车、巷道堆垛机等配套使用。悬臂式货架如图2－15所示。

图2－15　悬臂式货架

(6)旋转式货架

货架设有电力驱动装置。当要存入货物时，计算机快速检索并寻找储位，货格自动以最近的距离旋转到拣货点停止，将货物存入货格。要取货时，把货物所在的货格编号输入计算机，该货格自动旋转到拣货点停止，将货物从货格中取出。如图2－16所示。

图2－16　旋转式货架

(7)阁楼式货架

阁楼式货架的底层货架不但是保管物品的场所，而且是上层建筑承重梁的支撑(柱)，使承重梁的跨距大大减小，建筑费用也大大降低。适用于现有旧仓库的技术改造，提高仓库的空间利用率。其显著特点是可充分利用仓库的高度空间。阁楼式货架如图 2 – 17 所示。

图 2 – 17　阁楼式货架

(8)组合式货架

组合式货架可根据货物的大小而调整货架的尺寸。如图 2 – 18 所示。

图 2 – 18　组合式货架

(9)驰入式货架

这是一种不以通道分割的、连续性的整栋式货架，在支撑导轨上，托盘按深度方向存放，一个紧接着一个，这使得高密度存储成为可能。驰入式货架同一通道内的货物品种必须相同或同一通道内的货物必须一次完成出入库作业。平衡重力式及前移式叉车可方便地驶入货架中间存取货物。该货架适合少品种大批量储存，不易做到先进先出管理，不宜太长太重的物品存储。驰入式货架如图 2 – 19 所示。

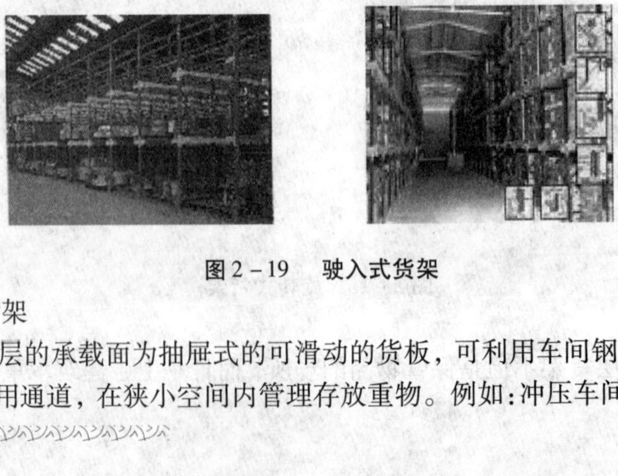

图 2 – 19　驰入式货架

(10)滑动式货架

滑动式货架各层的承载面为抽屉式的可滑动的货板，可利用车间钢绳起重机等将重物吊进吊出，省去叉车用通道，在狭小空间内管理存放重物。例如：冲压车间存放模具，加工车间存放机床动力头等，也可存放长大物料。滑动式货架如图 2 – 20 所示。

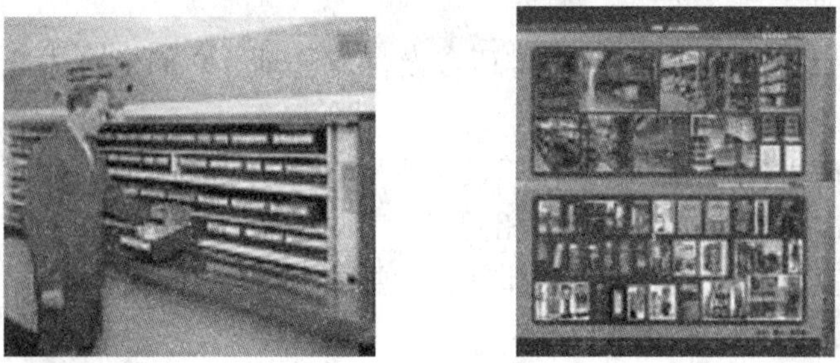

图 2 – 20　滑动式货架

(11)自动货柜

存储货架是全封闭的，保护所存储货物不受光线、灰尘侵害，同时可以做到防尘、防静电等多项要求。广泛应用于工业及办公场所。例如：可存放电子元器件、刀具、零备件、加工件、工具、手术器械、药品、资料和档案等。全自动化操作，充分利用空间，大大节省了时间。自动货柜如图 2 – 21 所示。

图 2 – 21　自动货柜

(12)移动货架

移动货架是指在货架的底部安装有运行车轮，可在地面上运行的货架。适用于库存品种多，出入库频率较低的仓库；或库存频率较高，但可按巷道顺序出入库的仓库。因为只需要一个作业通道，可大大提高仓库面积的利用率。广泛应用于办公室存放文档，图书馆存放档案文献，金融部门存放票据，工厂车间、仓库存放工具、物料等。按驱动方式不同可分为人力推动式、摇把驱动式和电动式。移动货架如图 2 – 22 所示。

图 2 – 22　移动货架

2.2.2 装卸搬运设备

这类设备用于商品的出入库、库内堆码以及翻垛作业，它们对改进仓储管理，减轻劳动强度，提高收发货效率具有重要作用。

目前，我国仓库中所使用的装卸搬运设备主要有吊车、叉车和堆垛机等，不同的货物，不同的仓库，所需要的装卸搬运设备不尽相同，合理配备装卸搬运机械，无论在降低仓库运营费用上，还是在提高装卸搬运效率上，都有着重要的意义。

1. 吊车

吊车是从物品上部通过吊钩吊装吊卸的一类起重机械的总称。这种机具以装卸为主要功能，搬运的性能较差，大部分吊车车体移动困难，属于物流仓储的固定设备。吊车种类很多，在物流仓储中，主要吊车种类有：龙门式吊车、桥式吊车、桅杆式吊车、悬臂式吊车等。

(1)龙门起重机

俗称龙门吊，它是仓库使用最广泛的一种起重设备，多用在货场和跨越铁路专用线上，进行多种物资的装卸、堆码作业。近年来，也发展到库房内使用。在双跨库房内，可制成转跨式龙门起重机，即通过一个转跨机构，使一台龙门吊可以由一跨区转入另一跨区进行作业，以提高库内龙门吊的利用率。龙门起重机如图 2－23 所示。

图 2－23　龙门起重机

(2)桥式起重机

桥式起重机在构造和用途方面与龙门吊基本相似，其主要区别在于桥架部分。桥式起重机必须在固定桥墩的轨道上运行。因此，这种起重机多用于库房内，通常称为“天车”或“行车”。桥式起重机如图 2－24 所示。

图 2－24　桥式起重机

(3)旋转式起重机

这种起重机是依靠臂架或整个起重机的旋转来起重和移动货物的，它与其他起重机不同之处在于其取物装置是装在可伸缩的臂架上，除具有提升货物的作用外，还能进行旋转。

旋转式起重机分为固定式和运行式两种，后者运行不需要固定轨道，其工作地点不受限制。因此，运行式旋转起重机(如汽车吊、轮胎吊、履带吊等)在仓库中经常使用。旋转式起重机如图2－25所示。

图2－25　旋转式起重机

(4)巷道式堆垛起重机

相当于一个可沿轨道移动的活动电梯。对于多品种、多规格、出入库频繁的仓库来说，可采用高层货架配备巷道式堆垛起重机。其特点是堆垛高、通道小、库容利用率高、出入库速度快，有利于实现仓库管理的自动化。巷道式堆垛起重机如图2－26所示。

图2－26　巷道式堆垛起重机

2. 叉车

叉车又称铲车，它是一种兼有起重和运输功能的机械，是物流领域最常用的机具。叉车有很强的通用性，在物流的几乎所有领域都有所应用，和托盘配合其通用性更强，适用于能装上托盘的各种货物的装卸搬运，作业效率高，既可以用于堆场垂直作业，又可以用于水平运输，机动性强，造价不高，因此，它在仓库作业中占重要地位。

(1)平衡重式叉车

在平衡重式叉车前方有叉和门架，而在车体尾部设有平衡重的装卸作业车辆。平衡重式叉车是叉车中应用最广泛的一种，约占叉车总数的80%。它的特点是货叉伸出在车身的正前方，货物重心落在车轮轮廓之外。为了平衡货物重量产生的倾覆力矩，保持叉车的纵向稳定性，在车体尾部配有平衡重。平衡重式叉车前后移动才能装卸货物。平衡重式叉车如图2－27所示。

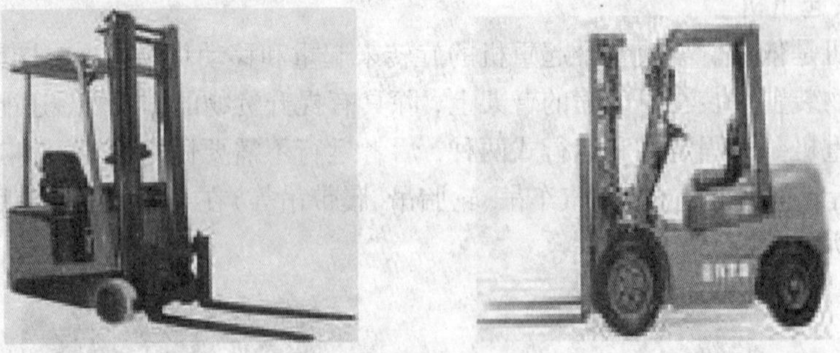

图 2－27　平衡重式叉车

(2)插腿式叉车

插腿式叉车在叉车前方带有小轮子的支腿能与货叉一起伸入货板叉货，然后由货叉提升货物。由于货物重心位于前后轮所包围的底面积之内，叉车的稳定性好，一般采用蓄电池作能源，起重量在 2 吨以下。插腿式叉车适合在狭窄的通道和室内堆垛、搬运，但速度低，行走轮直径小，对地面要求较高。插腿式叉车如图 2－28 所示。

图 2－28　插腿式叉车

(3)前移式叉车

前移式叉车的货叉可沿叉车纵向前后移动。取货时，货叉伸出，叉卸货物后或带货移动时，货叉又退回接近车体的位置，因此叉车行驶时的稳定性好。前移式叉车分门架前移式和货叉前移式两种。一般由蓄电池作动力，起重量在 3 吨以下。其优点是车身小、重量轻、转弯半径小、机动性好、不需在货堆间留出空处。但行驶速度低，主要用于室内搬运作业。前移式叉车如图 2－29 所示。

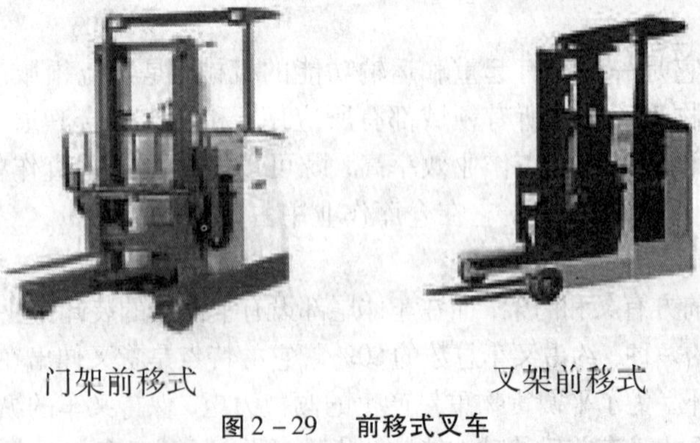

门架前移式　　　　叉架前移式

图 2－29　前移式叉车

(4)侧面式叉车

侧面式叉车主要用于搬运长大件货物。门架和货叉位于车体中部的一侧，不仅可以上下运动，还可以前后伸缩。叉货时，先将千斤顶顶着地，门架向外推出，叉取货物后，货叉升起，门架后退，然后下降货叉，货物即自动放置在叉车一侧的前后车台上。将千斤顶收起后，叉车即可行驶。

由于货物沿叉车纵向放置，可减少长大货物对道路宽度的要求。同时，货物重心位于车轮支承底面之内，叉车行驶时稳定性好、速度高。侧面式叉车多以柴油机驱动，起重量为 2.5 ~54.5 吨。侧面式叉车如图 2 – 30 所示。

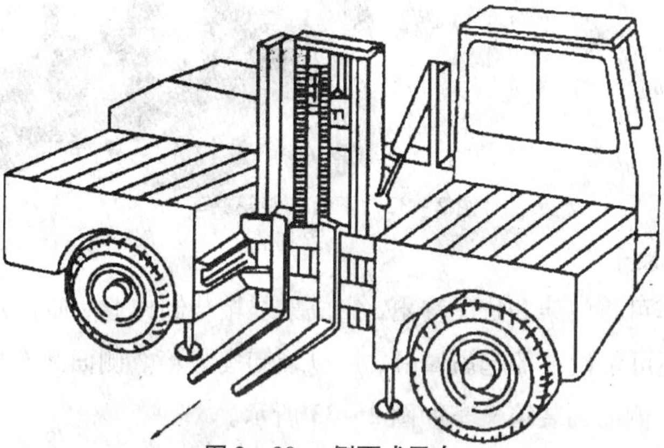

图 2 – 30　侧面式叉车

(5)三节门架叉车

普通叉车的门架是由内外门架两节组成的。当要求叉车的起升高度很大时，可采用三节门架叉车。其特点是：当门架全伸时，起升高度比两节门架的大，适用于高层货物的装卸堆垛作业，起升高度可达 7 ~8 米。如图 2 – 31 所示。

(6)正面集装箱叉车

正面集装箱叉车是集装箱码头和堆场常用的一种装卸机械，既可采用货叉插入集装箱底部叉槽内举升搬运集装箱，也可在门架上装设一个顶吊架，借助旋锁件与集装箱连接，从顶部起吊集装箱。

由于使用正面集装箱叉车通道宽度需超过集装箱的长度，占用通道的面积大，且集装箱只能成两列堆放，影响场地利用。因此，该种集装箱主要用作堆垛空集装箱等辅助性作业，也可在集装箱吞吐量不大并进行短距离搬运作业的综合性码头和堆场进行装卸。正面集装箱叉车如图 2 – 32 所示。

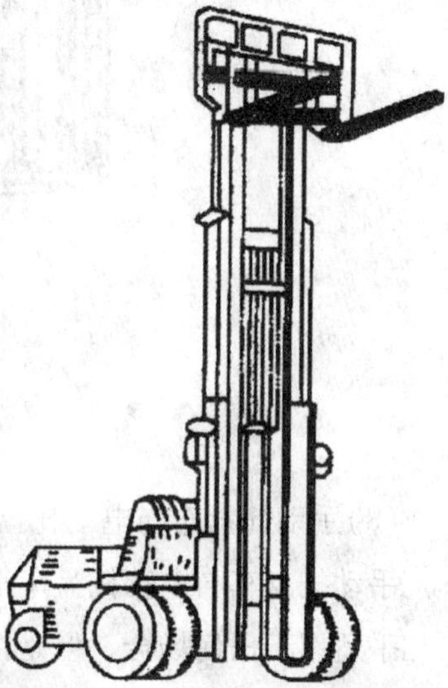

图 2 – 31　三节门架叉车

图 2－32　正面集装箱叉车

(7)侧面集装箱叉车

侧面集装箱叉车可将门架和货叉移出，完成集装箱装卸作业后收回。集装箱既可放置在货台上进行搬运，还可装设顶部起吊属具，用以装卸集装箱。侧面叉车要求的通道宽度比正面叉车的要小得多。侧面集装箱叉车如图 2－33 所示。

图 2－33　侧面集装箱叉车

(8)手动托盘车与电动托盘车

手动托盘车与电动托盘车都是用于平面点到点搬运的工具。小巧灵活的体型使手动托盘车几乎适用于任何场合。但是由于是人工操作，当搬运 2 吨或以上重量的物品相对比较吃力，所以通常用于15 米左右的短距离频繁作业，尤其是装卸货区域。手动托盘车与电动托盘车如图 2－34 所示。

图2－34　手动托盘车与步行式电动托盘车

(9)踏板式电动托盘车

踏板式电动托盘车行驶速度通过手柄上的无级变速开关控制，跟随操作人员步行速度的快慢，在降低人员疲劳度的同时，保证了操作的安全性。踏板式电动托盘车如图2－35所示。

图2－35　踏板式电动托盘车

2.2.3 辅助性设施

仓库除了配有储存设施和装卸设备外，还有一些辅助性设施，主要有通风设施、照明设施、取暖设施、提升设施(电梯等)、地磅(车辆衡、轨道衡)以及避雷设施等。

1. 通风设施

通风设施是使库内空气清洁，防止高温和不良气体影响的设施。根据通风的方式的不同，我们可以采用自然通风和人工通风两种。

(1)自然通风:靠库内外温湿度的差异来实现空气交换，自然通风可利用库房墙壁的空隙、库门和库窗来实现。

(2)人工通风:利用专门设置的通风装置，强迫库内库外进行空气交换。

2. 照明设施

为便于库房内作业以及夜间作业，仓库应设置照明设施。仓库的照明设施可以分为天然照明和人工照明两种。

(1)天然照明:通过库门和库窗采光,来实现库内照明的需要。我国建筑规程规定,仓库内的天然照明一般取 30 –36 烛光/m^2。

(2)人工照明:采用电气方式实现仓库的照明。为了提高作业的安全性和工作效率,仓库内人工照明应做到照度均匀,避免有阴影和炫目的光影。

2.3 自动化立体仓库

引导案例:

立体仓库提高了海尔库存利用率

建立现代物流系统之前,海尔占用50多万平方米仓库,费用开支很大,土地利用率低。为了配合强大的物流流程,海尔改变了传统仓库的功能,建立了两座中国规模最大、自动化水平最高的立体仓库,仓库面积只有7200平方米,但它的吞吐量却相当于一个3.0×10^5平方米的仓库,利用率提高了几十倍。

2.3.1 自动化立体仓库的含义

自动化立体仓库作为现代物流系统的重要组成部分,是一种多层存放货物的高架仓库系统,由自动控制与管理系统、高位货架、巷道堆垛机、自动入库和出库等部分组成。通过出入库输送系统将货物送至仓储货架前,由巷道堆垛机实现自动入库和出库,整个过程通过计算机网络化管理和自动控制系统完成。

自动化立体仓库的库房是由一些货架组成,货架之间留有巷道,巷道的多少视需要而定。一般入库和出库布置在巷道的某一端,有时也由巷道的两端入库和出库。每个巷道都有自己专有的堆垛起重机。堆垛机可采用有轨和无轨方式,巷道的长度货架的高度视厂房高度和需求而定,货架通常由一些尺寸一致的货格组成。进入高仓位的零件通常先装入标准的货箱内,然后再将货箱装入高仓位的货格中。

2.3.2 自动化立体仓库的优缺点

1. 优点

(1)储存量大、占地面积小

一个自动化立体仓库的货架一般高度都在15米左右,最高可达50米,拥有货位数可多达30万个,可储存30万个托盘,以平均每托盘货物重1吨计算,则一个自动存取系统可同时储存30万吨货物,是普通仓库储存量的5~10倍。由于使用高层货架存储货物,存储区可以大幅度地向高空发展,充分利用仓库地面和空间,因此节省了库存占地面积,提高了空间利用率。

(2)设备先进、工作效率高

使用机械和自动化设备,运行和处理速度快,提高了工作效率,如采用巷道堆垛机,它沿着廊道上的轨道运行,不会与货架碰撞,也无其他障碍物,因此,行驶速度较快,一般可达80~120米/分钟,升降速度为15~25米/分钟,货叉取货速度一般为15米/分钟。如果借助于计算机控制,可以准确无误地完成货物库内搬运工作。货物的搬运效率远比一般仓库高。

(3)功能齐全、适用范围广

采用自动化立体仓库后，能较好地适应黑暗、低温、污染、有毒、易爆等特殊环境的需要。如国内已有的冷冻物品自动化仓库和存储胶片的自动化仓库，在低温和完全黑暗的库房内，由计算机自动控制，实现货物的出入库作业。从而改善了工作环境，保证了安全操作，促进文明生产。

(4)自动存取、减轻劳动强度

自动化立体仓库的出入库及库内搬运作业全部实现由计算机控制的机电一体化即自动化，大大减轻了工人的劳动强度，据统计，自动化立体仓库可节省劳力70%。在意大利*Benetton*公司拥有30万个货位的自动存取系统中，每天的作业只需8个管理人员，他们主要负责货物存取系统的操作、监控、维护等，只要操作员给系统以出库拣选、入库分拣、包装、组配、储存等作业指令，该系统就会调用巷道堆垛机、自动分拣机、自动导向车及其配套的周边搬运设备协同动作，完全自动地完成各种作业。

(5)计算机控制、便于管理

计算机能够始终不知疲倦并且准确无误地对各种信息进行存储和管理，因此能减少货物处理和信息处理过程中的差错，保证货物实现先进先出，防止货物的自然老化、变质、生锈或发霉。同时借助于计算机管理还能有效地利用仓库储存能力，便于清点和盘库，合理减少库存，加快储备资金周转，节约流动资金，提高仓库的管理水平。由于仓储信息管理及时准确，企业领导可随时掌握库存情况，并根据生产及市场情况及时对企业规划做出调整，提高了生产的应变能力和决策能力。

2. 缺点

(1)设备配置要求高、投资量大

自动化立体仓库的结构复杂、配套设备多，货架安装精度要求高，需要投入大量资金，所有建设自动化立体仓库和对原有仓库进行自动化改造前都需要进行各种评估，保证有较大的仓储周转量才能分摊投资成本，否则会造成资源的严重浪费，导致经营困难。

(2)存放货物限制多，操作技术要求高

立体仓库对储存货物的品种、大小等都有一定的要求，对长、大、笨重货物以及要求特殊保管条件的货物，必须单独设立储存系统。仓库管理人员和技术人员必须经过专门培训才能上岗。

(3)储存货位固定，应变能力弱

立体仓库货位弹性较小，难以应付储存高峰的要求，流通业在实际运作时，常常会有淡旺季或高低峰以及客户紧急的需求，而自动化设备数目固定，运行速度可调整范围不大。

(4)设备维护需依赖供应商

自动化立体仓库的高架吊车、自动控制系统等都是先进的技术性设备，必须注意这些设备的保管保养，一旦出现问题，由于设备维护要求高，必须依赖供应商，所以企业必须与提供商保持长久联系，以便在系统出现故障时能提供及时的技术援助。

2.3.3 自动化立体仓库的功能类型

1. 按照货架的结构形式分：

(1)整体式自动化立体仓库

这种自动化立体仓库的货架与建筑物结构为一体，货架既是储存货物的构件，又是仓库屋顶和墙体支撑的结构体系。因此，货架除承受储存品的负荷外，还必须承受库顶重量，以及风力、地震等外力所产生的应力。一般认为，这种形式适宜于货架高度较高（15 米以上）的情况。采用这种机构形式比较经济，缺点是建成以后，很难改变和扩展。

（2）分离式自动化立体仓库

这种自动化立体仓库的货架设置在库房建筑之内，货架结构与库房建筑是分离的结构体。其优点是简单灵活，便于改变和扩建。分离式自动化立体仓库高度以 15 米以下较为经济，否则对地面承载力要求高而需进行加固。

2. 按照储存物品性能分：

（1）常温自动化立体仓库

用于一般工业品、生产资料的存取。

（2）低温自动化立体仓库

用于对温湿度有特殊要求的商品的存取。

（3）防爆危险品自动化立体仓库

用于易挥发、产生尘爆的化学危险品的存取。

（4）无尘自动化立体仓库

用于计算机芯片、磁带、录像带等物品的存取。

3. 按照储存物品作用分：

（1）生产型立体仓库

存放原材料、零部件的成品仓库。这类仓库的特点是存储货种较多，出入库作业频繁。仓库的规模一般较大，可以有上万个货位，仓库需要配备大量的搬运装卸设备。

（2）流通型立体仓库

商品配送、批发、检验、分拣、加工等仓库。这类仓库所存货物的数量较多，服务性强，货物的存储时间与季节和经济的波动有关。流通型功能的立体仓库是目前立体仓库主要的发展趋势。

4. 按照立体仓库的高度分：

（1）低层立体仓库

低层立体仓库高度在 5 米以下，主要是在原来老仓库的基础上进行改建的，是提高原有仓库技术水平的手段。

（2）中层立体仓库

中层立体仓库高度在 5 ~ 15 米之间，由于中层立体仓库对建筑以及仓储机械设备的要求不高，造价合理，是目前应用最多的一种仓库。

（3）高层立体仓库

高层立体仓库的高度在 15 米以上，由于对建筑以及仓储机械设备的要求太高，安装难度大，应用较少。

5. 按照货架结构进行分：

（1）货格式立体仓库

货格式立体仓库是应用较普遍的立体仓库，它的特点是每一层货架都由同一尺寸的货格组成，货格开口面向货架之间的通道，堆垛机械在货架之间的通道内行驶，以完成货物的存取。

(2)贯通式立体仓库

它又称为流动式货架仓库，这种仓库的货架之间没有间隔，不设通道，货架组合成一个整体。货架纵向贯通，贯通的通道具有一定的坡度，在每一层货架底部安装滑道、辊道等装置，使货物在自重的作用下，沿着滑道或辊道从高处向低处运动。

(3)自动化柜式立体仓库

自动化柜式立体仓库是小型的可以移动的封闭立体仓库，由柜外壳、控制装置、操作盘、储物箱和传动装置组成，其主要特点是封闭性强、小型化和智能化，有很强的保密性。

(4)条形货架立体仓库

条形货架立体仓库是专门用于存放条形和筒形的货物的立体仓库。

2.3.4 自动化立体仓库的构成

1. 高层货架和托盘

高层货架是自动化立体仓库的主体结构部分。一般是使用钢结构，采用焊接或组装而成。每排货架分若干列、层单元货格，每个货格中一般存放1~3个托盘。一个货位的地址由其所在的货架的排数、列数及层数来惟一确定，自动出入库系统据此对所有货位进行管理。

目前国内制造的高层货架一般在20米以下，以10~15米居多，焊接式货架多采用热轧型钢，组装式货架多采用薄型冷轧型钢。焊接式结构牢固、耐用，但笨重。组装式外形美观，拆装性能好，运输方便。因为冷轧型钢重量轻，成本低，所以应用潜力大，是高层货架的发展方向。

2. 堆垛起重机

堆垛起重机是自动化立体仓库中存取货物作业的主要执行设备。它在货架的巷道中可以承载货物水平运行、升降，完成出入库、倒库等各种作业功能。为使堆垛机认址准确，水平、垂直伸叉运动均应设置正常运行速度和慢速两种速度(或采用变频无级调速)，以减少停车时的冲击，并能准确到位。堆垛机还设置有货位和载货台虚实检测装置，防止由于控制失误，在货位已经被占用的情况下重复入库造成事故。此外，堆垛机还设置运行、起止的终端限速、限位开关，并在最终端设机械车挡，防止堆垛机各机构运行超过极限位置。为了确保带司机室的堆垛机司机和货物的安全，载货台设有断绳保护装置或限速防坠装置。目前堆垛机的运行速度为:水平运行80米/分钟;升降10~16米/分钟;货叉8~15米/分钟。

3. 出入库分配系统

在自动控制的立体仓库中，出入库分配系统按照计算机指令将入库货物分配至某一巷道口，再由该巷道堆垛机按照指令将入库货物送到指定的排、列、层货位。出库时按照相反方向输出。在货位的入口处可以设置称重装置，超高、超宽尺寸检测装置，使入库的货物不会出现超载超重，引发事故。目前输送货物大多数根据实际情况，确定使用辊式或链式输送机，输送货物的交叉口往往使用升降机解决高差问题。另外，应设一个输送通道，使重量、尺寸不合格的货物输送到指定的地点整理后再进入库区。

4. 自控系统

库区全部可运行设备，如堆垛机、输送机、升降机、分配车、转轨车等，以及这些设备的运行保障系统，均应由计算机统一程序控制。控制系统有对机、电以及其他故障的报警及诊断显示功能，并对某些报警可以自行处理。各设备运行实现自动衔接，一般选用高质量的可编程控制器。

5. 计算机管理系统

计算机管理系统应能对全部货位和全部库存货物完成以下主要管理功能：

(1)按照要求实现货物的先进先出、巷道优先、均匀分布等管理功能，进行出入库货位管理；

(2)按照货位和货物品种盘库、查询；

(3)打印各种统计报表；

(4)库存情况分析；

(5)修改数据文件各项内容。

思考题：

1. 仓储的功能主要有哪些？
2. 仓库平面布置的要求是什么？
3. 仓库的种类有哪些？
4. 仓库内都应设置哪些功能区？布置中应注意哪些事项？
5. 如何正确选择搬运方式？
6. 选择装卸搬运机具的依据是什么？
7. 仓储设施最明显的功能是什么？
8. 自动化立体仓库有哪些优缺点？

参考阅读材料

1.《仓库保管员》，翟光明主编，中国劳动社会保障出版社
2.《现代仓储物流技术与装备》，张晓川编著，化学工业出版社
3.《仓储与物料管控》，李广泰编著，海天出版社
4.《仓储作业实务》，刘毅主编，机械工业出版社

案例分析：

案例1：中储物流运作模式

现代物流的主体功能是运输和仓储，其他功能如加工、配送、装卸、包装、信息服务、货运代理等是在这个主体功能上发展深化的。因此，储运业有着向现代物流发展的先天条件和业务继承性。发达国家的许多现代物流企业是在原有仓储运输企业的基础上，经过功能扩张而成长起来的。如果拥有便利的交通条件、较大的占地面积、库房、货场、水电气设施、铁路专用线及运输装卸设备等，与新建物流企业相比，将获得较大的成本竞争优势。

传统储运企业经过多年的实践，已建立起自己独有的客户群。不断满足客户多元化、个性化的需要，提高服务档次，开发新的客户群，将加快向现代物流企业转变的步伐。

在我国由计划经济向市场经济转轨过程中，储运企业虽分属不同行业和部门，但在经营上较早地打破了行业和部门的界限，经营品种、服务对象和服务功能发生了巨大的变化，企业管理水平也有较大提高。这些实践是现代物流企业重要的管理基础。我们同时也应看到，

传统储运向现代物流企业转变有许多障碍，如服务意识较差，人员素质偏低，设施设备陈旧，技术手段落后，服务功能单一等。这些问题如不能尽快解决，传统储运企业将难以在日益激烈的市场竞争中立足。

中储早在几年前就借鉴国外发达国家的经验，提出了从传统储运企业向现代物流企业转变的发展战略。这是因为中储具有发展现代物流的综合优势。

1. 硬件优势

(1) 规模收益

中储占地面积 1300 万平方米，货场 450 万平方米，库房 200 万平方米，仓储面积总量居全国同类企业之首。与新建物流企业相比，中储的成本极其低廉，具有大批量中转和多批次、小批量配送的先天优势，具备将仓库转变成大型物流中心的条件。便于各类企业物流业务的集中管理，形成规模效益，降低成本。

(2) 经济便利的铁路专用线

中储的各物流中心共有铁路专用线 129 条，总长 144 公里，与全国各铁路车站可对发货物。存放在中储仓库，无论从产地出货，还是在消费地进货，客户都能获得铁路运输直接入库的经济、安全和便利。这是形成中储全国物流与区域配送相结合的服务特色的重要基础。

(3) 机械化作业程度高

中储的库房、货场都有龙门吊和行车覆盖，大大提高了作业效率和安全系数，降低了人工成本。

2. 全国的网络优势

中储在推行现代企业制度的过程中，建立了以资产为纽带的母子公司体制，理顺了产权关系，形成了集团公司的框架。中储所属 64 个仓库分布在全国各大经济圈中心和港口，形成了覆盖全国、紧密相连的庞大网络。中储利用这一网络，不仅提供仓储运输等物流服务，还有效地整合商流资源，成为金属材料、纸制品、化肥等生产企业的代理分销商。物流重在网络，没有网络，就没有统一的服务标准、单证和结算体系，就不能真正做到门到门服务。中储有一个天然的网络，这是跻身市场、建立现代物流配送中心的基础。

3. 较强的增值服务功能

在现代市场竞争中，传统的储运功能和硬件设施优势逐渐被市场物流资源的整合力和增值服务能力所取代。增值服务主要包括能简化客户手续，带来便利性的服务；通过物流中间加工，创造价值的服务；合理组织，降低物流总成本的服务等。中储目前的增值服务主要包括：

(1) 现货交易及市场行情即时发布

中储的 20 多个仓库根据区域经济的需要，成为前店后库式的商品交易市场。包括：金属材料、汽车、建材、木材、塑料、机电产品、纸制品、农副产品、蔬菜水果、日用百货等市场，并在中储网站上发布全国各大生产资料市场的实时行情。

(2) 物流的中间加工

中储的各大金属材料配送中心都配有剪切加工设备，如在天津与上海宝钢、日本三菱商社合资兴建的天津宝钢储菱物资配送有限公司，总投资 1. 3 亿元人民币，从日本引进具有国际先进水平的钢材横剪、纵剪生产线，年加工能力 10 ~ 12 万吨。

(3) 全过程物流组织

中储凭藉40年的储运经验和专业的物流管理队伍，运用现代信息技术，为用户设计经济、合理的物流方案，整合内外部资源，包括：不同运输方式的整合、仓储资源和运输资源的整合、跨地区资源整合等，组织全程代理和门到门服务，实现全过程物流的总成本最低。

(4)形式多样的配送服务

①生产配送

作为生产企业的产成品配送基地，为生产企业提供产前、产中、产后的原材料及产成品配送到生产线及全国市场的配送服务。如中储的天津唐家口仓库、陕西咸阳仓库等为周边的彩电生产厂提供配送服务。

②销售配送

生产企业在产品出厂到销往全国市场途中，中储担当其地区配送中心的角色。生产企业将产品大批量运至中储各地的物流中心，由中储提供保管及其众多销售网点的配送服务。如海尔、澳柯玛、长虹等产品已通过中储各地的物流中心销往全国市场。

③连锁店配送

为超级市场和连锁商店提供上千种商品的分拣、配送服务。如上海沪南公司为正大集团易初莲花超市提供随叫随到的配送服务。

④加工配送

中储的许多物流中心为用户提供交易、仓储、加工、配送及信息服务的一条龙服务。

4. 中储的客户

中储近年紧贴市场，根据不同客户对物流的需求，适时调整经营策略，大力发展全程物流代理、现货交易市场及行情实时发布、国际货运代理、配送等业务，取得了可喜的成果。

中储现有的客户主要有四大类：第一类是生产资料的生产和经销企业；第二类是大型国家重点工程建设项目；第三类是生活资料生产企业；第四类是生活资料的零售企业。

第一类客户，包括金属材料、建筑材料、汽车、木材、机电产品、塑料、纸制品、化肥等生产及批发商，以金属材料为主。由于生产资料流通体制的改革和买方市场的形成，从90年代初开始，许多仓库变为前店后库式的生产资料交易市场，有大中型金属材料市场近10个。客户包括：宝钢、首钢、鞍钢、武钢、邯钢、包钢、攀钢、浦项制铁、晨鸣纸业、一汽、二汽、天津汽车厂等。提供交易、仓储、加工、配送、信息等一条龙服务。中储目前在华北、东北、西北、华东等各大地区金属材料市场的年交易额达300亿元。

第二类客户主要是国家大型重点工程项目，已承接黄河小浪底水利枢纽、北京首都机场改扩建、来宾电厂等数十个国家重点工程大型设备的国际货运代理业务。服务内容包括：揽货、订仓、报关、报验、保险、接运，集装箱拼、装、拆箱，分拨、仓储及配送服务。对部分建设工程项目. 实施生产资料配套采购及配送服务。

第三类客户主要是生活资料生产企业。最典型的是家电生产企业，如海尔、长虹、康佳、厦华、澳柯玛、*LG*、美的、厦新、爱立信、百威、青岛啤酒等。这部分新客户是中国市场经济的飞速发展给中储带来的，主要提供生产和销售配送。如中储南京仓库成为长虹在江苏地区的配送中心，海尔将天津南一仓库和石家庄东三教仓库做为其华北地区的配送中心。目前这类业务的发展很快。为提高服务质量，中储为客户及时提供在库及在途信息。

第四类客户是商业批发和零售企业。提供仓储、分拣及配送服务。

5. 运用现代物流技术，实现从传统储运向现代物流业跨越面对新经济给传统产业带来的严峻挑战和物流市场发展的巨大潜力，传统储运业务将退居从属地位，具备现代物流组织管理和实现内部信息化管理的新兴物流企业将成为行业的首脑。中储的目标是充分发挥中储股份的龙头作用，利用国内外两个资源及中储的内部资源，采取收购、兼并等手段，实现全国合理布局，建成一批与现代物流需求相适应的物流中心，进而推动中储整体向现代物流企业转变的步伐，与国际接轨，再造中储，建成服务一流的现代物流企业。为此，中储总公司加快了系统信息化建设，投资成立"中储物流在线有限公司"，目的是将虚拟的电子网络和有形的物流网络有机结合，整合国内外资源，提升传统业务。在实施过程中，充分发挥自身的优势，首先完成系统内部物流网建设，包括数据源、单证和业务流程的标准化，再造业务流程，通过对传统企业的电子化改造，使之成为能够满足现代物流需求的数码仓库。实现以电子化配送中心、仓库、运输网络为基础，以数码仓库完备的现代物流组织为纽带，以中储电子商务物流平台为核心，横向联合运输网络系统、纵向连接行业分销系统，建立布局合理、运转高效的现代物流配送和分销电子商务网络体系。

案例2:重力式自动系统在成品仓库的运用

当企业产能达到一定程度，原来的成品仓库及其运作方式成为发展瓶颈时，企业的管理者必须对现有成品仓库进行突破性改造。

企业经常遇到的问题是：

1. 场地不足:物流外包及外租仓库增加了管理难度建设新仓受用地及资金等多项约束。

2. 高密度堆放使货物流动难上加难，导致员工加班,卡车等待提货。

以下从深圳理光公司的完成成品仓库改造方法介绍重力式自动系统(*FIOAS*)的设计及应用。

概述

1. 完成品仓库730平方米(27*m*×27*m*)净高8.8*m*，分别从一楼和二楼(夹层)接收生产线成品，共4个接货口。

2. 产成品全部以托盘形式打包,托盘从750*mm*×1100*mm*到1150*mm*×1300*mm*有多种规格，货物高度1950*mm*。

3. 如果按平面两层堆放，可储存约300个托盘;如果按三层货架加叉车，可储存约350个托盘，均无法满足物流需求。

***FIOAS*的硬件配置**

1. 重力式货架

以16*m*×17*m*空间配置重力式货架.共三层，分30个储货巷道，可储存约450个托盘。

重力式货架分进货端和出货端，货物从进货端进入由滚筒组成的倾斜滚道，因重力作用，货物自动滑向出货端。到达出货端时自动停止，等待叉车取货;

为配合叉车取货方便，出货端第一托盘与第二托盘间设有安全分离器，保证出货端两托盘间留有300*mm*以上间隔。

为控制托盘在货架中下滑速度，滚道每隔一定距离设有自动阻力滚筒，使货物下滑速度小于0.3*m/s*。

2. 进货台

进货台用于接收生产线完成品，共设4台。

生产线货物打包后交由仓库人员，仓库人员为每托盘加上一个托盘标签。通过扫描将托盘标签与货物信息对应关系保存于 *ERP* 服务器。

仓库人员将托盘搬至固定台，采用 *FIOAS* 入库终端扫描托盘编号后堆垛机自动从进货台取货。

3. 堆垛机

堆垛机是 *FIOAS* 系统的主要机械。

4 个进货台(进货终端)收到的托盘信息保存于 *WMS* 服务器中，服务器依据预先设定的逻辑关系为每个托盘选择进货滚道号。

FIOAS 的工控电脑判断进货台扫描完毕时，自动向服务器请求进货巷道号信息，将进货台编号和进货滚道号生成指令发送至 *PLC* 控制器。

PLC 输出动力信号使堆垛机各驱动装置工作:从指定的固定台接收托盘;移至指定的滚道位置;将托盘送入滚道;执行下一指令。

托盘进入滚道后自动下滑。

4. 待检品货架

3 层共 36 个储位，用于暂时储存不良品或质检结果未确定的货物。

由于生产速度远大于质检速度(抽样测试)，所有产成品进仓时处于待检状态。质检完毕后 *ERP* 以托盘编号为标识将结果传送到 *WMS*。

因重力式货架采用绝对的先进先出操作模式，出货时如果出货托盘的前端存在非合格品，*WMS* 将提示将非合格品移至待检品货架，等待进一步处理。

5. 平面储存区

平面储存区约 130 平方米。

如果重力货架区满货，堆垛机将托盘送至平面区出口。

如果属全批同时出库货物，仓库人员指定堆垛机将托盘送至平面区出口。

托盘拆包后零散货物暂存于平面区，出货时优先处理。

实施效果

1. 重力式货架使仓库利用率达到最高水平。

2. 确保先进先出原则。

3. 待检区货架考虑了快流货物出货流程及速度。

4. 设置平面区保证了托盘拆包运作，既降低工程总成本又确保了运作顺畅。

5. 使用自动堆垛机代替了传统叉车作业方式，从源头上阻止了人为失误导致的库存货位与实际货位不一致的错误。

6. 以深圳理光公司为例，使用 *FIOAS* 系统，满足了 2006 年产量比 2005 年增加一倍的运作要求，每天出货量超过十个货柜，未见仓库人员明显的加班工作。相比之下材料仓库则进行扩建来适应产能扩张。

7. 经实践，*FIOAS* 适用于电子，食品等行业成品库运作，其主要特点是大流量，快移动，多品种，先进先出。

(资料来源:《物流技术与应用》，2006. 10)

讨论问题：

1. 中储物流是通过什么样的运作模式来满足客户需求的？

2. 中储物流是怎样提升传统业务水平的？

3. 在重力式自动系统在成品仓库的运用案例中，分析了企业遇到的问题，介绍了企业完成成品仓库改造的方法，请你尝试分析身边一个实际仓库，描述其设备状况，提出改进思路。

4. 实地调研：通过参观一些仓库直接了解

(1)仓库设施条件

(2)仓库设备条件

(3)仓库区域条件

(4)仓库的类型

(5)仓库的使用状况与规划

第3章 仓储作业管理

三

＊本章主要内容

●货物入库作业管理
●商品验收
●货物在库作业管理
●仓储货位编码
●货物出库作业管理
●盘点对账

＊引导案例

小天鹅和科龙原有的仓储系统管理比较凌乱，主要体现在租用仓库分散不均匀，租用面积利用率低，仓库信息化程度低，仓库存货不合理。安泰达和快步公司整合仓储系统，建立一套物流中心、物流基地选址模式，根据两家企业的实际情况，分析规划、优化物流中心的分布。同时利用仓库存储模型，对仓库的高效利用、最佳库存量的确定、库存时间的确定、自动补货的设置等进行了科学规划，主要方面包括商品订货量的确定、盘点（循环盘点、总盘点），商品转库、调拨，脱销、断档商品分析，超过最大、小于最小库存预警，商品保质期预警等。

仓库保管作业过程是从仓库接受仓储任务开始，在仓库准备、接收货物、堆存、保管、交付的全过程中，仓库所要处理的事务，承办的工作和承担的责任。仓库作业过程既有装卸搬运、堆垛等劳动作业过程，也有货位安排、理货检验、保管、货物记账、统计报表等管理过程，还有收货交接、交货交接、残损处理等商务作业。如图 3－1 所示。

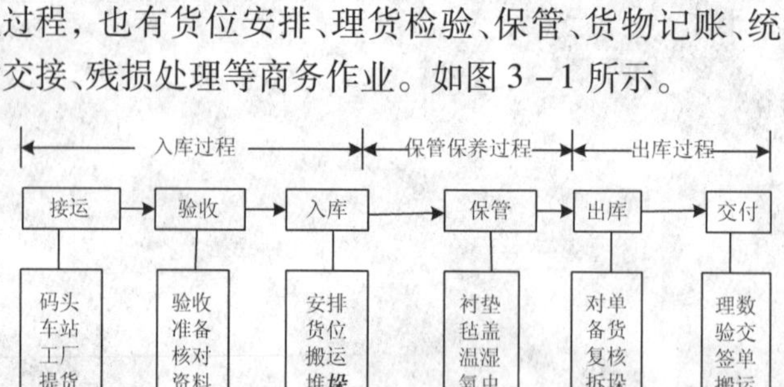

图 3－1

3.1 货物入库作业管理

3.1.1 入库作业流程

1. 入库流程

货物入库工作，必须经过货物的接运、装卸搬运、检验、办理手续等一系列的操作过程。这一过程，要求在一定的时间内，迅速地、准确地完成。除了要切实做好货物入库前的各项准备工作之外，还必须按照一定的合理的具体操作程序来组织入库作业。

(1)接到货物入库通知单

按入库通知单中的货物的品种、性能、数量、存放时间等，结合货物的堆码分区保管要求，核算占用仓位的面积，以及进行必要的腾仓、清场、打扫、消毒、准备好验收的场地等。

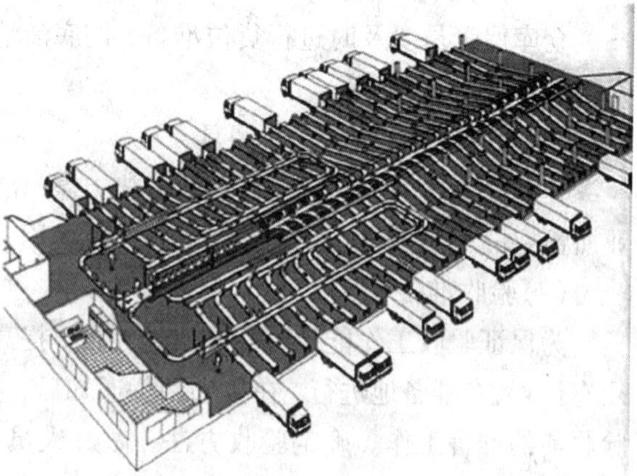

(2)货物接运

货物接运人员，要熟悉交通运输部门以及有关供货单位的制度和要求，根据不同的接运方案，处理接运中的各种问题。

(3)货物储存货位的确定

仓库对入库的货物存放位置要根据库场的布局、货物的性质两方面因素，并遵守最近、最捷、最廉、最适的原则来确定。

(4)装卸搬运

组织好设备、人员对货物进行装卸搬运，提高装卸搬运机械化、自动化。节省时间，降低货物的残损率。

(5)检查验收

仓库要对入库的货物做全面的认真细致的验收，包括开箱、拆包、检验货物的质量和数量。

(6)办理入库手续

货物验收后，由保管员根据验收结果，在商品入库单上签收。同时办理货物入库手续，主要包括:登账、立卡、建档。

2. 货物入库准备

(1)熟悉入库货物

仓库仓管人员应认真查阅入库货物资料，必要时向存货人询问，掌握入库货物的品种、规格、数量、包装状态、单件体积、到库确切时间、货物存期、货物的理化特性、保管的要等。据此进行精确和妥善的库场安排、准备。

(2)掌握仓库情况

了解在货物入库期间、保管期间仓库的库容、设备、人员的变动情况。以便安排工作，必要时对仓库进行清查、清理、归位以便腾出仓容。如有必要使用重型设备操作的货物，一定要确保货位使用设备。

(3)制定仓储计划

仓库业务部门根据货物、仓库、设备、指定仓储计划，并将任务下达到各相应的作业单位和管理部门。

(4)妥善安排货位

仓库部门根据入库货物的性能、数量、类别，结合仓库分区分类保管的要求，核算货位大小。根据货位使用原则，妥善安排货位、验收场地，确定堆垛方法、苫垫方案。

(5)做好货位准备

仓库保管员要及时进行货位准备，彻底清洁货位，清除残留物，清理排水管道，必要时安排消毒除虫、铺地等。

(6)准备苫垫材料、作业用具

在货物入库前，根据所确定的苫垫方案，准备相应的材料，并组织苫垫铺设作业，对作业所需要的用具要准备妥当，以便能及时使用。

(7)验收准备

为保证验收工作能及时而准确地完成，提高验收效率，减少劳动消耗，仓库验收工作必须有计划、有准备地进行，在接到到货通知后，应根据货物的性质和仓库管理制度，提前做好验收前的准备工作。确定验收方法，做好人员、资料、器具、货位、设备的准备工作。对放射品、腐蚀品等特殊货物的验收，还要准备相应的防护用具，并会同有关检验部门验收。

(8)装卸搬运方案设定

根据货物、货位、设备条件和人员等情况，合理科学地制定卸车搬运的方案，保证作业效率。大批量货物的入库，必须要有装卸搬运机械的配合，要提前做好设备的申请调用。

(9)文件单证准备

仓库保管员应准备货物入库所需要的各种报表、单证、记录簿等，如入库记录、理货检验单、料卡、残损单等，并预填妥善，以备使用。

由于仓库、货物的性质不同，入库准备工作会有所差别，应根据实际要求和仓库制度做好充分准备。

3. 货物接运

货物经过铁路、公路、水运、空运等运输方式运至仓库，经过交通运输部门转运的货物，均需要经过仓库接运后，才能进行入库验收，因此，接运是入库业务流程的第一道作业环节。

接运的主要任务是及时准确地从交通运输部门提取货物，在运输过程中或者在运输之前，可能会发生货物损坏和某种差错。为了防止这些损坏和差错带入仓库，减少或避免经济损失，并给货物的验收和保管创造良好的空间，应该做好货物交接工作。不同的入库方式，其交接方式有所不同。

托运入库方式下的货物交接

(1)车站、码头提货

①了解货物情况，做好各项准备

提货人员应了解提取货物的品名、型号、特性和一般保管知识、装卸搬运注意事项等。在提货前应做好接运的准备工作，安排好相应的吊装运输设备、人力和储存货物的货位等。

②提货时，认真核对各种资料

提货人员应对所提取货物认真进行核对、查验。根据提单、运单及有关资料，在承运单位现场详细核对所提货物的品名、规格、型号、数量等，并要注意外观，查看包装、封印、标志以及有无受潮、玷污、水渍等异状。若有短缺、损坏、货票不符等问题，必须当场要求查验确认，并做好相应记录。

③短途转运中，注意货物安全

提货人员在转运货物过程中，要做到不混不乱，避免碰坏损失。对于腐蚀性货物、易燃货物、易碎货物和放射性货物等应严格按有关搬运规定办理，精密仪器表、贵重货物、怕潮货物、怕冻货物不宜在露天卸货。若受条件所限必须露天卸货，要采取必要的防护措施并严加管理。

④货物到库，办理货物的内部交接手续

货物到库后，提货人员要将货物逐一清点交给保管员，并配合作好卸货工作，确保货物不受损。尽量做到提货、运输、验收、入库、堆码一条龙作业，缩短入库验收时间，并办理内部交接手续。如发生数量、质量方面的问题，提货人应当签名作证，不得拒签。

(2)专用线接车

专用线的接车是仓库直接与铁路部门在库内发生货物交接的一种方式，要作好下列几个方面的工作：

①作好接车卸货准备工作

接到专用线到货通知后，应立刻确定卸货的位置，力求缩短场内搬运距离，组织好卸车所需要的机械和人员以及有关资料，做好准备，确保能够按时完成卸货作业。

②车皮到达后的检查

检查实物状况，把好货物入库第一关，检查的主要内容包括：

◆车皮封闭情况是否良好，车卡、车窗、铅封、苫盖等有无异状。

◆根据铁路运单和有关凭证核对到货品名、规格型号和标志，并仔细点清件数，查看外观质量和包装捆扎情况。

◆查看到货有无进水、受潮、污染、弯曲等损坏现象。

◆检查中发现问题时应会同铁路司检人员当场复查确认，当场编制有关记录，留作处理问题时的依据。

③遵循“安全、快速、准确、方便”的装卸原则

做到：车号、货物品名、规格型号不混不乱；不碰坏、不压伤货物；保证包装及捆扎完整；做好临时下垫上盖；在限定时间内卸完到货，不压车压线。

④填写到货账目，办理内部交接

接运收货台账是专用线接运情况的原始记录。要准确记明到货品名、规格型号、数量到货日期、货物发站、发货单位、送货车皮号、货物有无异状、有无记录等。

⑤货物卸完后的“排空”工作

整车运输员要及时向车站排空，等待“排空”，并将报空时间和铁路接报时间记录下来备查。整车运输员要及时准确地做好受卸货物标记，在实物上写明车皮号、件数和卸货日期，以便验收时识别。

(3)仓库接货

仓库自行接货是指仓库受货主委托直接到供货单位提货或供货单位将货物直接送货入库的接货方式。

①仓库接受货主委托直接到供货单位提货时，仓库应根据提货通知，了解所提货物的性能、规格，准备好提货所需的机械、工具、人员，配备保管员在供方当场检验质量、清点数量，并做好验收记录，接货与验收合并一次完成。

②库内接货

存货单位或供货单位将货物直接运送到仓库储存时，应由保管员或验收人员直接与送货人员办理交接手续，当面验收并做好记录。

从仓库角度看，货物入库作业包括接收准备、货物接收与验收、搬运入位、办理交接手续等环节。

ⅰ、接收准备：根据进货通知，安排货车停车位置和货物存放位置，准备卸车工具。

ⅱ、货物接收：

接收单据：保管员从接运员手中接收货物运单、货单。

卸车搬运：将货物安全地卸下并搬运到验收区（对批量小、验收资料齐全的货物可边卸车边验收，直接搬运到保管区）。

检查包装：保管员应检查货物包装的标志及包装是否完好，货物有否受潮、残损。

核对实物：保管员对照货单核对货物的品名、规格、型号、花色、等级，并按照货物运输包装大数点收货物的数量。

签收：保管员核对、检查无误后，在接运员的货运登记本上或者在运单上签收货物的数量。

4. 装卸搬运

货物进库后，组织相关人员，合理选用装卸搬运机械，按照装卸搬运计划迅速将货物转

移到规定的货位存放。装卸搬运过程中要强调一些原则如下：

(1)搬运的时效性

遵守装卸搬运计划的规定，按时按量、准确及时地实施搬运。

(2)搬运质量

装卸搬运过程中要确保被搬运货物的质量不能降低，如不能损坏、物品变质等。

(3)搬运安全

装卸搬运过程中要确保人员、设备、货物不发生事故，如人身安全意外、设备损坏、货物丢失等。

3.1.2 商品验收

由于到货的来源复杂、渠道繁多，产地和厂家不同，又都经过不同的运输方式和运输环节的装卸搬运等原因，有可能使到货在数量上、质量上发生变化，这就决定了对到货进行检验的必要性，因此进入仓库储存的物品必须经过检验，只有检验合格的货物，方可入库保管。

入库货物的检验可分为数量检查和质量检验，货物数量检验包括毛重、净重的确定，件数理算、体积丈量等。质量检验则是对货物外表、内容的质量进行判定。检验的主要任务就是查明到货的数量和质量状态，为入库和保管打基础，防止仓库和货主遭受不必要的经济损失，同时对供货单位的产品质量和承运部门的服务质量进行监督。

1. 检查验收的作用

通过检验不仅可以防止企业遭受经济损失，而且可以起到监督供货单位和承运人的作用，同时也可指导保管的使用。

(1)检查验收为货物保管和使用提供可靠依据

货物到库的形式虽然各有不同但都要经过运输。特别对于经过多次装卸的货物来说，容易发生包装损坏，散失、破损、受潮等情况，这种情况必将影响到货物的保管和使用。所以，必须在货物入库时，将货物的实际状态调查清楚，并予以记录，这样既能避免不合格货物进入流通和生产领域，又能在保管中有的放矢地采取措施，为用户提供完好的货物。

(2)检验记录是货主退货、换货和索赔的依据

货物验收过程中，若发现货物数量不足，或发现规格不符，或质量不合格时，仓库检验人员应做出详细的检验记录，并依据通知相关部门向供货单位提出退货、换货或向承运责任方提出索赔等要求。若货物入库时未进行严格的检验，或没有做出严格的检验记录，而在保管过程中，甚至在发货时才发现问题，就会使责任不清，丧失索赔权等，带来不必要的经济损失。

(3)检验是避免货物积压，减少经济损失的重要手段

保管不合格，是一种无效的劳动。如果入库一批不合格货物，必然造成仓容浪费和货物积压；对于记重货物，如果不进行检斤记数，就按有关单据的供货数量付款，当实际数量不足时，就会造成经济损失。

(4)检验有利于维护国家利益

加入 *WTO* 之后，我国经济与世界经济的联系更加紧密，进口物品的数量和品种不断增

加，进口物品的产地和等级更为复杂，因此，必须依据进口货物检验工作的程序与制度，严格认真地做好检验工作。否则，数量与质量方面的问题就不能得到及时发现，若超过索赔期，即使发现问题，也难于交涉，这就会给国家经济造成重大损失。

2. 检查验收的要求

货物检验工作是一项技术要求高、组织严密的工作，关系到整个仓储业务能否顺利进行，所以必须做到准确、及时、严格和经济。

(1)准确。严格按照合同规定的标准和方法进行检验。

认真校正和合理使用检验工具。

(2)及时。及时检验有利于加快商品周转，不误索赔期。为加快检验，可采取以下措施：先小批，后大批；先易后难；先本地到货，后外地到货；检验结束及时签收。

(3)严格。检验人员应明确每批货物验收的要求和方法，并严格按仓库验收入库的作业和操作程序办事。

(4)经济。在检验的多数情况下，不但需要检验设备和验收人员，而且需要装卸搬运机具和设备以及各工种工人的配合。这就需要各工种密切协作，合理组织调配人员与设备，以节省作业费用。此外，检验工作中，尽可能保护原包装，减少或避免破坏性试验，也是提高作业经济性的有效手段。

3. 检查验收的内容

检验的内容是：检验准备、核对资料凭证、确定检验比例、实物检验。

(1)检验准备

检验准备是货物入库的第一道程序，包括货位、验收、设备及人员的准备等，具体有五个方面的准备工作。

◆收集、整理并熟悉各项验收凭证、资料和有关验收要求。

◆准备所需的计量器具、卡量工具和检测仪器表等，检验设备要准确可靠。

◆落实入库货物的存放地点，选择合理的堆码垛型和保管方法。

◆准备所需的苫垫堆码物料、装卸机械、操作机具和担任验收作业的人力。

◆进口货物或存货单位要求对货物进行质量检验时，要预先通知商检部门到库进行检验或质量检测。

(2)核对资料凭证

◆审核验收依据，包括业务主管部门或货主提供的货单、商品验收单(入库通知单)、订货合同、协议书等。

◆核对供货单位提供的验收凭证，包括质量保证书、说明书、装箱单和保修卡及合格证等。

◆核对承运单位提供的运输单证，包括提货通知单和货物残损情况的货运记录、普通记录和公路运输交接单等。

表 3－1　**商品档案说明书**

商品货号		海关编号	
中文名称			
英文名称			
中文规格			
英文规格			
每箱数量(中)			
每箱数量(英)			
包装重量	毛重： 净重：		
包装尺寸	长： 宽： 高： 体积：		
备注			
商品照片			

表 3－2　**装箱单**

装箱单

PACKINGLIT

(1)收件人：
Consignee：……………………

(2)运单号：
Airbill No. ……………………

公司名称：
Company Name：……………………

承运人：
Carrier：……………………

地址：
Address：……………………

重量：
Weight：……………………

城市/地区号：
Town/Area Code：……………………

体积：
Dimensions：……………………

州名/国家：
State/Country：……………………

电话/传真：
Phone/Fax No. ……………………

(3)详细的商品名称 Full Description Goods	(4)生产厂商 Manufacturer	5)数量 No. of Items

(6)本人认为以上提供的资料属实和正确，货物原产地是……………………

I declare that above information is true and correct to be best of my knowledge andthat the goods are of ……………… origin.

(7)出口理由

Reason for Export

签名：
Signature：

公章：
Stamp：

表 3－3　**商品入库验收单**

发货单位：

发货单号数：

合同编号：　　　　　　　　年　月　日　　　　存放仓库：

商品编号	品名	规格型号	包装细数	单位	单价	应收		实收	
						数量	金额	数量	金额
合　　计									

会计：　　　　记账：　　　　验收：　　　　制单：

表 3－4　**商品溢余短缺报告单**

仓库：　　　　　　年　月　日　　　　　　*No.*

商品编号	品　名	规格型号	包装细数	单位	单价	应收	实收	溢余	短缺	余额
溢余（短缺）原因										
处理意见										

仓库主管：　　　　保管：　　　　复核：　　　　制单：

表 3－5　　商品残损变质报告单

仓库：　　　　年　月　日　　　　No.

商品编号	品　名	规格型号	包装细数	单位	数量	原来单价	原来金额	重估单价	重估金额	原因
审核意见						领导批示				

仓库主管：　　　　　　　　　　　　制单：

表 3－1 是商品档案说明书样本，表 3－2 是装箱单样本，表 3－3 是商品入库验收单，表 3－4 是商品溢余短缺报告单，表 3－5 是商品残损变质报告单，表 3－6 公路运输交接单的样本。

表 3－6　　公路运输交接单

表码：

编码：

收货单位				送货地点	
运输单位				运输车号	
货物明细	品名		规格	数量	单价
服务质量	满意	较满意	不满意	批评与建议	
				备注：不填意见，视同满意	

制单：　　　　　　　收货人：　　　　　　　年　月　日

在整理、核实、查对以上凭证时，如果发现证件不齐全或不符等情况，要与货主、供货单位、承运单位和有关业务部门及时联系解决。

(3)确定验收比例

由于受仓库条件和人力的限制，对某些批量大在短时间内难以全部验收，或全部打开包装会影响商品质量的货物，可采用抽验方法。抽验比例应首先以合同规定为准，合同没有规定时，确定抽验的比例一般应考虑以下因素。

◆商品价值。商品价值高的，抽验比例大，反之则小，有些价值特别大的商品应全部检验，比如精密仪表。

◆商品的性质。商品性质不稳定的或质量变化，验收比例大，反之则小。

◆气候条件。在雨季或黄梅季节，怕潮商品抽验比例大，在冬季怕冻商品抽验比例大。

◆运输方式和运输工具。对采用容易影响商品质量的运输方式和运输工具的商品，抽验比例大，反之则小。

◆厂商信誉，厂商信誉好，抽验比例小，反之则大。

◆生产技术。生产技术水平高或流水线生产的商品，产品质量较为稳定，抽验比例小，反之则大。

◆储存时间。入库前，储存时间长的商品，抽验比例大，反之则小。

按此比例抽验时，若发现商品变质、短缺、残损等情况，应考虑适当扩大验收比例，直至全验，彻底查清商品的情况。

(4)实物验收

当商品入库交接后，应将商品置于待验区域，仓库管理员及时进行质量、数量验收，并进行质量送检。

◆数量检验

数量检验是保证物品数量准确与否的重要步骤，按物品性质和包装情况，数量检验主要有记件、检斤等形式。在进行数量检验时，必须注意同供货方采用相同的计量方法。采取何种方式记数要在验收记录中做出记载，出库时也按同样的计量方法，避免出现误差。

◆质量检验

仓库对到库物品进行的质量检验是根据仓储合同约定来施行的。合同没有约定的，按照物品的特性和惯例确定。由于新产品的不断出现，不同物品具有不同的质量标准，仓库应认真研究各种检验方法，必要时要求客户、货主提供检验方法和标准，或者要求收货人共同参与检验。

4. 检查验收的方法

仓库常用的检验方法主要有：

(1)视觉检验

在充足的光线下，利用视力观察货物的状态、颜色、结构等表面状况，检查有无变形、破损、脱落、变色、结块等损害情况，以判定质量。同时检验物品标签、标志是否完整、清晰，标签、标志与物品内容是否一致等。

(2)视觉检验

通过摇动、搬运操作、轻度敲击。听取声音，判定质量。

(3)触觉检验

通过利用手感鉴定货物的细度、光滑度、黏度、柔软程度等，判定质量。

(4)嗅觉、味觉检验

通过货物所特定的气味、滋味测定、判定质量。

(5)测试仪器检验

利用各种专用测试仪器进行货物性质测定。如含水量、容重、黏度、成分、光谱等测试。

(6)运行检验

通过对货物运行操作，如电器、车辆等，检查造作功能是否正常。对于需要对外索赔的货物，未经商检局检验出证的，或经检验提出退货或换货的出证应妥善保管，并保留好货物原包装，供商检局复验。

3.1.3 入库手续办理

1. 办理交接手续

交接手续是指仓库对收到的货物向送货人进行的确认，表示已接收货物。办理完交接手续，意味着划清了运输、送货部门和仓库的责任。完整的交接手续包括：

(1)接收货物

仓库以送货单(如表3-7)为依据，通过理货、查验货物，将不良的货物剔出、退回，并编制残损单明确责任，确定收到货物的确切数量、货物表面状态等。

表3-7 **送货单**

No.

单位： 日期： 年 月 日

品名	规格	单位	数量	单价	金额	备注

收货单位:(盖章) 制单： 送货单位:(盖章) 经手人：

(2)接收文件

接收送货人送交的货物资料、运输的货运记录、普通记录等，以及随货的相关文件，如图纸、准运证等。

(3)签署单证

仓库与送货人或承运人共同在送货人交来的送货单、交接清单上签署和批注，并留存相应单证，提供相应的入库、查验、理货、残损单损、事故报告。(如表3-8)

表3-8 **交接单**

收货人	发站	发货人	物资名称	标志标记	单位	件数	数量	货物存放处	车号	运单号	提料单号
备注：											

提货人： 经办人： 接收人：

2. 登账

货物查验中，仓库根据查验情况制作入库单（表3-9）或货物明细账（表3-10）。详细记录入库货物的实际情况。对短少、破损等在备注栏填写和说明。

表3-9　　入库单

送货单位：　　　入库日期：　　　年　月　日　　　入货仓库：

物资编号	品名	规格	单位	数量	检验	实收数量	备注

会计：　　　　　　仓库收货人：　　　　　　制单人：

3. 立卡

货物入库或上架后，将货物名称、规格、数量或出入状态等内容填在货卡上，称为立卡。货卡又称为料卡、货牌，插放在货物下方的货架支架上或摆放在货垛正面的明显位置（表3-11）。

表3-10　　货物明细账

货物入库明细账									卡号	
									货主名称	
									货位	
品名		规格型号								
计量单位		供应商名称								
应收数量		送货单位								
实收数量		包装情况								
年			入库数量		出库数量		结存数量		备注	货物验收情况
月　日	收发凭证号	摘要	件数		件数		件数			

表3－11 **货　卡**

物资名称：　　　　规格：　　　　单位：　　　　单价：

年		摘要	收入数量	发出数量	结存数量
月	日				

经手人：

除此之外，还有用于表明货物所处业务状态或阶段的货物状态卡。可分别设置待检、合格、不合格等状态标识(表3－12)。

4. 建档

仓库应对接收的货物和委托人建立存货档案和客户档案，以便于货物管理和保持联系，也为将来可能发生的争议保留凭证。同时有助于总结和积累保管经验，研究仓储管理规律。

存货档案应一货一档设置，将该货物入库、保管、交付的相应单证、报表、记录、作业安排、材料等的原件或者复制件存档。

(1)存货档案的内容

存货档案的内容包括：

①货物的各种技术资料、合格证、装箱单、质量标准、送货单和发货单等。

②货物运输单据、普通记录、货运记录、残损记录和装载图等。

③入库通知单、验收记录、磅码单和技术检验报告等。

④保管期间的检查、保养作业、通风除湿、翻仓、事故等直接操作记录；存货期间的温度、湿度、特殊天气的记录等。

⑤出库凭证、交接签单、送出货单、检查报告等。

⑥回收的仓单、货垛牌、仓储合同、存货计划、收费存根等。

⑦其他有关该货物仓储保管的特别文件和报告记录。

(2)存货档案的保管

货物档案应统一编号、妥善保管。在货物保管期间，可根据仓库情况，由业务机构统一管理或直接由保管员管理。某种货物全部出库后，除必要的技术证件必须随货同行不能抄发外，其余均应留在原档案内，并将货物出库证件、动态记录等整理好一并归档。货物档案部门资料的保管期限，应根据实际情况酌定。其中有些材料，如库存气候资料、货物储存保管的试验资料等，应长期保存。

表 3－12　　不同形式的货物状态卡

待　　检	合　　格	不　合　格
供应商名称	供应商名称	供应商名称
图号	图号	图号
名称	名称	名称
进货日期/批号/生产日期	进货日期/批号/生产日期	进货日期/批号/生产日期
标记人	标记人	标记人
备注	备注	备注

3.2 货物在库作业管理

3.2.1 存储场所的分区确定

1. 分区分位

分区分位就是指库房分区和货区分位。库房分区，就是根据库房的建筑形式、面积大小、库房楼层或固定通道的分布和设施设备状况，考虑存放商品的种类、保管特性、周转量、重量、体积等因素，将库房分为待检区、待处理区、隔离区与若干个货区，如图 3－2 所示。

货区分位，就是考虑存放商品的周转量，将各货区分为若干个货位。货区由货位、主通道、巷道组成。

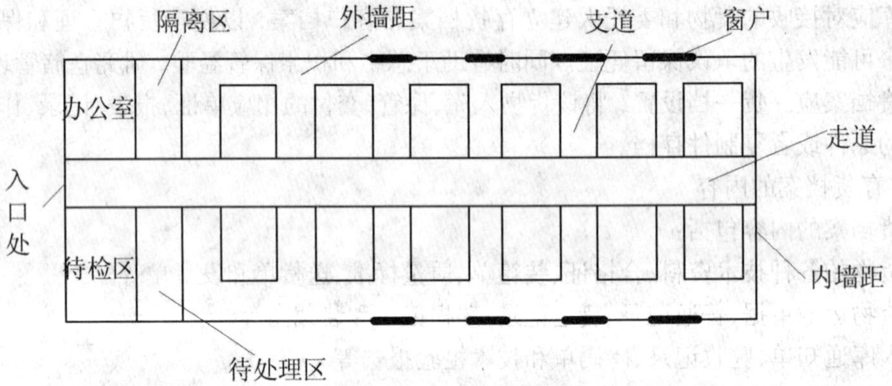

图 3－2　库房分区图

2. 仓库分区分位的作用

(1) 为存取商品提供准确位置，方便商品的入库、上架、查询、出库，节省重复找寻商品的时间，提高工作效率；

(2) 利于合理使用仓库空间；

(3) 便于商品养护和检查盘点；

(4) 便于管理人员掌握商品进出库活动规律，熟悉商品性能，提高保管技术水平；

(5) 利于掌握和控制商品存量；

(6) 避免商品乱堆乱放使过期而报废，并可有效掌握存货而降低库存量；

(7) 利于合理配置和使用机械设备，便于用电脑管理，提高机械化、自动化操作程度。

3. 分区分位的要求

(1)按照仓储作业的功能特点和国际质量体系认证的要求，仓库分为待检区、待处理区、不合格品隔离区、合格品储存区；

(2)仓库分区要符合“三个一致”的原则：商品性能一致、商品养护措施一致、消防方法一致；

(3)分区要便于商品分类集中保管；

(4)充分利用仓容空间，有利于合理存放商品。将楼梯、办公室、清扫工具室等非储存空间设置角落，在不影响进出库情况下，减少通道面积，相对就增加保管面积，货位按方形设置；

(5)结合商品的保管特性与种类来分区分位；

(6)货区分位要适度。若分得过细，遇到某种商品数量增加较多时，造成预留的货位不够，若分得过粗，容易浪费库容，或者出现在一个货位混存多种商品的情况，造成管理上的混乱；

(7)有利于提高仓库的经济效益，有利于保证安全生产和文明生产。

4. 货物存储货位的确定

仓库货位是仓库内具体存放货物的位置，库场内除了通道、机动作业场地，就剩下存货的货位。为了使仓库管理有序、操作规范，存货位置能准确表示，人们根据仓库的结构、功能、货物的性质等因素按照最近、最捷、最廉、最适的“四最”原则将仓库存货位置进行分块分位，形成货位，每一个货位都用一个编号进行标识，货位确定并进行标识后，一般不随意改变，货位可大可小，有大至几千平方米的散货货位，有小至零点几平方米的橱架货位，根据所存货物的情况确定。货位分为场地货位、货架货位，有的相临货位可以串通合并使用，有的预先已经安装地坪，无须垫垛。

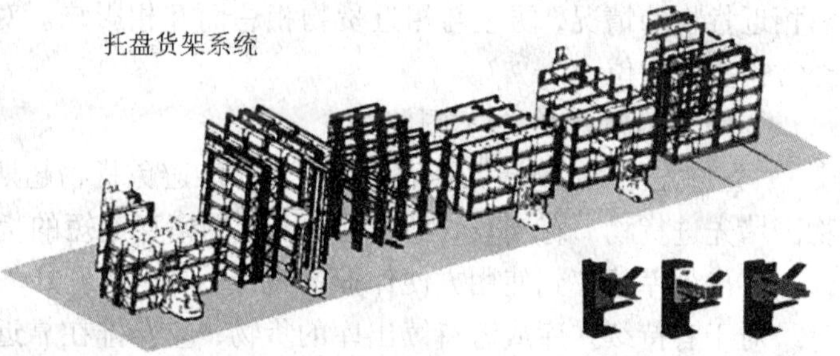

(1)货位的使用方式

仓库货位的使用有三种方式。

①固定货物的货位

固定货物是指只用于存放确定的货物，使用时要严格区分，决不能混用、串用。长期货源的计划库存、配送中心等大都采用固定方式。固定货位便于拣选、查找货物，但是仓容利用率低。由于货物固定，可以对货位进行有针对性的装备，有利于提高货物保管质量。

②不固定货物的货位

不固定货物是指货物任意存放在有空的货位，不加分类。不固定货物货位有利于提高仓容利用率，但是仓库内显得混乱，不便于查找和管理。对于周转极快的专业流通仓库，货物保管时间较短，大都采用不固定方式。不固定货位的货位储藏，在计算机配合管理下，能实现充分利用仓容，方便查找的长处。采用不固定货位的方式，仍然要遵循仓储的分类安全原则。

③分类固定货物的货位

对货位进行分区、分片，同一区内只存放一类货物，但在同一区内的货位则采用不固定使用的方式。这种方式有利于货物保管，也较为方便查找货物，仓容利用率可以提高。大多数储存仓库都使用这种方式。

(2)选择和确定货位的原则

上面说到，选择确定货位必须按照最近、最捷、最廉、最适的“四最”原则，结合货物的性质和存储现场的布局进行。

“四最”原则的含义是：

◆最近：使用距离最近，搬运距离最短；

◆最捷：存取最快捷，最方便，没有无效过程；

◆最廉：确保最少的投入，最大的收获；

◆最适：最适合各种类别的货物“居住”。

在实际的货物存储货位的选择中，要把上述“四最”原则拓展并具体化。一般的拓展内容包括：

①根据货物的尺寸、数量、特性、保管要求选择货位

货位的通风、光照、温度、排水等条件要满足货物保管的需要；货位尺寸要与货物尺寸匹配，特别是大件、长件货物要能存入所选择的货位；货位的容量与数量接近；选择货位时要考虑相近货物的情况，防止与相近货物相忌而互相影响。对需要经常检查的货物，存放在方便经常检查的货位。

②保证先进先出、缓不围急

“先进先出”是仓储保管的重要原则，能避免货物超期变质。在货位安排时要避免后进货物围堵先进货物。存期较长的货物，不能围堵存期短的货物。

③出入库频率到使用方便作业的货位

对于有持续入库或者持续出库的货物，应安排在靠近出口的货位，方便出入。流动性差的货物，可以离出入口较远。同样，存期短的货物安排在出入口附近。

④小票集中、大不围小、重近轻远

多种小批量货物，应合用一个货位或者集中在一个货位区，避免夹存在大批量货物的货位中，以便查找。重货应离装卸作业区最近，以减少搬运作业量或者可以直接用装卸设备进行堆垛作业。使用货架时，重货放在货架下层，需要人力搬运的重货，存放在腰部高度的位置。

⑤方便操作

所安排的货位能保证搬运、堆垛、上架的作业方便，有足够的机动作业场地，能使用机械进行直达作业。

⑥作业分布均匀

尽可能避免仓库内或者同条线路上多项作业同时进行，相互妨碍。

(3)货位存储量的确定

货位存储量是计算所选用的货位，能堆存拟安排货物的总数量。

$Q = P \times S$

式中：Q——某货位的储存能力(t)；

P——某类货物的仓容定额(t/m^2)；

S——该类货物所存放货位的有效占用面积m^2。

其中，P 可以通过库场单位面积技术定额 $P_{库}$ 和货物单位面积堆存额 $P_{货}$ 两指标来确定。$P_{库}$ 是指库场地面设计和建造所达到的强度。$P_{货}$ 则是货物本身的包装及其本身强度所确定的堆高限定。

如某电冰箱注明限高 4 层，每箱底面积为 $0.8m \times 0.8m$，每箱重 $80kg$，则该电冰箱的 $P_{货}$ 为：

$$P_{货} = \frac{80 \times 1}{0.8 \times 0.8 \times 1000} = 0.125t/m^2$$

$P_{货}$ 则要使用较小的数值，这样才能同时保证库场地面不会损坏、货物本身不会被压坏。即：

如果 $P_{库} < P_{货}$，则 $P = P_{库}$；若 $P_{库} > P_{货}$，则 $P = P_{货}$。

如上题中 $P_{库} > P_{货}$，则 $P = P_{货} = 0.125t/m^2$。

3.2.2 货位编码与货物编码

1. 货位规划

货区规划主要做好货位规划和货位编号工作。

货位规划，就是根据商品运输包装的形状、大小，考虑堆垛、苫垫的方法与操作要求，结合仓库场地的地形，规划好各货位的分布或货架的位置。

货位规划的原则：货位布置要紧凑，利于提高仓容利用率；便于收货、发货、检查、包装及装卸车、灵活合理；便于稳固堆垛，安全操作；通道宽度适当，搬运工具通行便利，行走距离短。

货位布置方式一般有横列式、纵列式和混合式三种。所谓横列式，就是货垛或货架与库房的长度垂直。若货垛或货架与库房的宽平行排列，就是纵列式。两者皆有，就是混合式。

2. 货位编号

为了正确、快速识别商品存放位置，提高商品存取速度，应对企业所有仓库的全部货位进行统 编号方法。

(1)地址法：用字母和数字按仓库——货区、货位进行地址式的统一编号，这是一种广泛使用的货位编号方法。

①商品在货架存放时，用六号定位法对货位编号，具体表示如下：

第一位：仓库号，用字母表示；第二位：货区号，用字母表示；第三位：货架号，用数字表示；第四位：架层号，用数字表示；第五位：货格号，用数字表示。

例如：$A-C-5-3-6$ 表示 A 仓库 C 货区第 5 号货架第 3 层的第 6 格。

②商品在地面排列堆放时，用六号定位法对货位编号，具体表示如下：

第一位：仓库号，用字母表示；第二位：货区号，用字母表示；第三位：排列号，用数字表示。

例如：$A-C-5$ 表示 A 仓库 C 货区第 5 排。

(2)品类群法：先把一些相关性强的商品经过集合后，分成若干个品类群；再对每个品类群进行编号。它适用于相关性强但品牌差异大的商品，如服装类、五金类群、食品类群等。

编好货位号后，要在货位的明显处标明货位编号，并在仓库入口处贴挂区位、货位平面图。

3.2.3 搬运输送设备的配置

1. 装卸搬运子系统

装卸是指在指定地点以人力或机械装入运输设备或卸下货物的作业过程。搬运是指在同一场所内，对货物进行水平移动为主的作业过程。在整个物流过程中，装卸搬运是不断出现和反复进行的活动，它的出现频率高于其他各种物流活动，同时每次装卸搬运都要占用很多的时间和消耗很多的劳动。在仓库管理中物品装卸搬运是一项重要的活动。物品必须有人接收、分拣、组装，以满足顾客的订货需要。

2. 装卸搬运的特点

(1)装卸搬运是附属性、伴生性的活动

装卸搬运是物流每一项活动开始及结束时必然发生的活动，因而有时常被人忽视，装卸搬运是其他操作活动不可缺少的组成部分。例如，一般而言的“汽车运输”，就包含了相随的装卸搬运，仓库中泛指的保管活动，也含有装卸搬运活动。

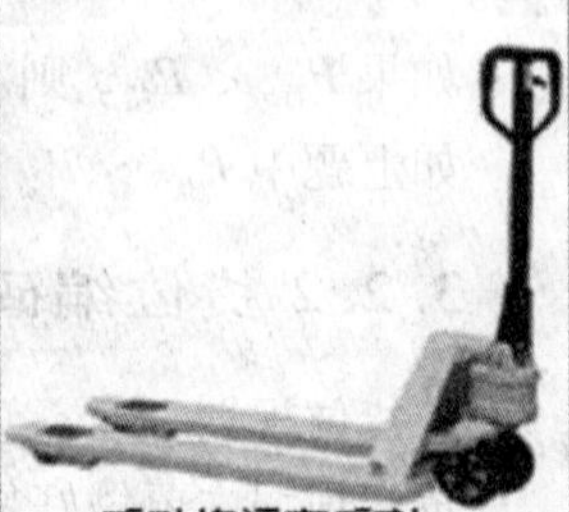
手动搬运车系列

(2)装卸搬运是支持、保障性活动

装卸搬运的附属性不能理解成被动的活动，实际上，装卸搬运对其他物流活动有一定的决定性。装卸搬运会影响其他物流活动的质量和速度,例如，装车不当，会引起运输过程中的损失;卸放不当，会引起货物转换的困难。只有在有效的装卸搬运支持下，物流活动才能实现高水平管理。

全电动搬运车系列

(3)装卸搬运是衔接性的活动

在物流活动中的各个环节都是以装卸搬运来衔接的，因而装卸搬运往往成为整个物流的“瓶颈”，是物流各功能之间能否形成有机联系和紧密衔接的关键。

3. 装卸搬运输送设备的合理配备

装卸搬运作业不仅是繁重的工作，而且也是仓储物残损的高发环节。做好装卸搬运作业管理，不仅有利于降低仓储成本，也能大幅度降低仓储风险。装卸搬运合理化是装卸搬运的基本原则，装卸搬运合理化表现在以下几个方面：

(1)装卸搬运次数最少

尽量减少装卸搬运次数，在作业前做好准备，制定合理的作业方案，避免货物多次搬运，使作业尽量一次到位。

(2)装卸搬运移动距离最短

选择最短的路线完成这一活动，就可避免超无效劳动。尽可能使运载车辆、搬运工具接近货物存放的位置，或装卸作业设备能直接进行作业的位置，尽可能消除完全采用人力的水平搬运。

(3)装卸搬运作业衔接流畅

装卸搬运是伴随着进行的，如果装卸搬运脱节，会使作业量大幅增加。比如，搬运到装车场地的货物，先要卸下，在地面堆放，然后再从地面装上，这就意味着增加了一次落地和离地的作业，相反，直接从车辆、船舶卸到搬运设备上，运到堆场堆垛，装卸作业量就会减小。

(4)机械化作业

装卸搬运是高强度、大负荷的作业，采用人力作业不仅效率低下，而且容易产生差损。利用装卸搬运设备能提高仓库作业机械化、自动化程度，能降低劳动强度、节省人力物力，降低仓储成本，提高劳动生产率，在仓库中得到广泛的使用。

(5)托盘化、集成化等成组作业

托盘化作业是指将货物直接堆放在托盘上，进行必要的固定，连同托盘一起进行装卸搬运和堆垛的仓库作业方式，托盘化就是为了使用机械进行高效率的作业。成组化作业不仅提高效率，还减少货物在作业中的耗损和损失。在成组作业时要注意使用标准化和成组设备。

(6)省力化作业

在装卸作业中尽可能地利用重力作用，如采用滑板、自上向下作业滚运作业等；避免重物提升，重货放在货架下层的齐腰高度，建造与车厢同样高度的车辆作业平台等。

(7)系统化作业

装卸搬运作业是仓库作业的必然过程，不可缺少，同时又是提高仓库效率、仓储质量的重要环节，必须把装卸搬运与仓储经营、仓库管理合并成一个完整的系统来处理。通过系统化全局化的组织和协调，实现仓储装卸搬运的合理化。

3.2.4 盘点对账

1. 商品盘点的目的

(1)查清库存商品的实际数量，修正物账不符产生的误差，做到“三一致”:账、物、卡一致。

产生误差的原因有:库存资料记录不确实，如多记、误记、漏记等;库存数量有误，如损坏、遗失、验收与出货清点有误;盘点方法选择不恰当，如误盘、重盘、漏盘等。

(2)检查库存商品的溢余、短少、缺损情况及其原因，以利改进库存管理。

(3)查明库存商品的质量、保质期和适销状况。

为计算企业损益，考核仓库管理绩效提供数据。通过盘点、结合购进、销售资料。可以计算企业经营效益。结合仓库商品的进出量，计算存货周转率。

2. 商品盘点方法分类

(1)按盘点商品的全面性，分为全面盘点和局部盘点。

全面盘点:对仓库中的所有商品都进行盘点。

局部盘点:只对仓库中的部分商品进行盘点。动态盘点是一种局部盘点，即对每天动过、碰过、发出过的商品在发货后随即盘点。其特点是花费时间少、发现差错快，能及时解决问题、挽回损失。

(2)按盘点时间的固定性，分为定期盘点和临时盘点。

定期盘点:固定在每月或每季的某一时间所进行的盘点;

临时盘点:根据需要临时进行的突击性盘点。

(3)按盘点是否到现地，分为账面盘点和现货盘点。

账面盘点:是根据初期商品实际库存资料和本期商品入库、出库、损益的记录，推算出末期商品的库存量。

现货盘点又叫实地盘点，是到实地对库存现货进行盘点。

3. 常用的盘点方法

月末盘点:在月末，对全部库存商品进行逐品、逐垛、逐架的清点，并与实物账核对。

循环盘点:在每天、每周，分批对部分商品进行盘点，到月末才完成全部商品的盘点，周而复始，分批循环进行盘点。其中一些重要商品可以盘点多次。

月末账盘、季末实盘:在每季前两个月的月末对库存商品进行账面盘点推算月末库存，到季末才进行实地盘点。

4. 盘点后的处理工作

(1)盘点表单的制作、分送与记账。

①根据盘点的结果填写好盘点表，如果商品有损益、残损、变质，还要填写商品损益报告单、商品残损变质报告单，经过审核无误后，由参与盘点的人员和保管员共同签名盖章。

②核对账与货、账与账、货与卡是否相符。

③将盘点表单分送财务、业务、统计部门。

④根据审批后的盘点表单，调整货卡、实物账。

(2)处理盘点中发现的问题

①对盘点结果发现盘盈、盘亏、毁损、变质、报废、久储、滞销等商品，查明原因，报业务部门处理。

②积极采取措施，处理过期、变质、残损、生锈的商品，尽可能减少损失。

(3)进行盘点差异因素分析

①分析造成账实不符的原因

盘点方法不当，存在漏盘、重盘和错盘情况。

由于计量、检验方面的问题造成的数量或质量上的差错。

由于保管不善或工作人员失职造成的物资的损坏、霉烂、变质或短缺等。

因气候影响发生腐蚀、硬化、结块、变色、锈烂、生霉、变形以及受虫鼠啃食等，致使物资发生数量减少或无法继续使用。

由于自然灾害造成的非常损失和非常事故发生的毁损。

原始单据丢失，保存不齐全;登账不及时，有未达账项;存在计算错误、漏登、重登和错登情况。

由于贪污、盗窃、徇私舞弊等造成的物资损失。

由于供方装箱装桶时，每箱每桶数量有多有少，而在验收时无法每箱每桶进行核对，所造成的短缺或盈余。

由于使用的度量衡器具有欠准确，或使用方法错误，而造成数量有差异。或由于整进零发所发生的磅差。

由于用作样品，而又未开单，造成数量短缺。

②提出预防、解决账实不符的方法、措施。

3.3 货物出库作业管理

3.3.1 出库作业程序

1. 商品出库前的准备

商品出库前的准备工作分为两方面:一方面是计划工作，就是根据提货方提出的出库计划或要求，事先做好商品出库的安排，包括货场货位、机械搬运设备、工具和作业人员等的计划、组织;另一方面要做出库商品的包装和涂写标志工作，出库发运外地的商品，包装要符合运输部门的规定和适合商品的特点，大小和形状适宜、牢固，便于搬运装卸。出库商品大多数是原件分发的，由于经过运输，多次中转装卸，堆码及翻仓倒垛或拆件验收，部分物品包装不能再适应运输的要求，所以仓库必须根据事先整理加固或改换包装。

由于出库作业比较细致复杂，工作量较大，事先对出库作业合理组织，安排好作业人力，保证各个环节的紧密衔接，也是十分必要的。

2. 催提

仓库要有良好的计划性，只有确定以后空余货位，才能接受存货人的仓储委托，空余货位包括已经提空的货位和将要到期提空的货位。对将要到期的仓储物，要做好催提工作，以免到期货物影响新到货物的储存。

(1)在合理期限期限内发出

到期催提应在到期日的前一段时间进行。合同有规定的，在约定期通知，如原合同订有有续期条款，在续期日前通知。合同没有约定通知期的，仓库应在合理的提前时间内催提，以便提货人有足够的准备时间。

(2)向已知的提货人发出提货通知

催提是直接向已知的提货人发出提货通知，可以用信件、传真、电话等方式。

(3)向存货人发出提货通知

当不知道确切提货人时，可以向存货人催提。

另外对于在仓储期间发生损害、变质的货物，保质期就要到期的货物，或者剩余的少量残货，也应进行催提，以免占用仓库仓容，同时减小或避免存货人的损失。

3. 商品出库的作业流程

商品出库应严格按照程序办理，其作业流程主要是:审核出库凭证、备货及理货、复核、包装、登账结算和点交、清理等工作。如图3-2所示。

(1)审核出库凭证

商品出库凭证，不论是领料单或调拨单，均应有主管业务部门签字。出库凭证的内容主要有:收货单位名称、发货方式、商品名称、规格、数量、单价、总价、用途、有关部门和人员的签章、付款方式和账号。

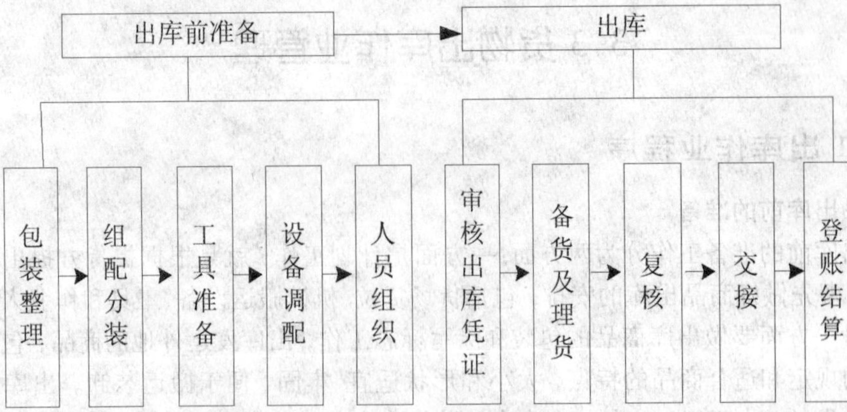

图3－2　出库作业流程

仓库接到出库凭证后，由业务部门审核证件的印签是否齐全相符，有无涂改。审核无误后，按照出库单证上所列的商品品种规格、数量与仓库货账再做全面核对。无误后，在货账上填写预拨数后，将出库凭证移交给仓库保管员。保管员复核货卡无误后，即可做商品的出库准备，包括准备随货出库的商品技术证件、合格证、使用说明书、质量检验书等。凡在证件核对中，有商品名称、规格型号不对的，印签不齐全的 、数量有涂改的、手续不符合要求的，均不能发货出库。

(2)理货及备货

仓库接到提货通知后，仓库保管员应及时进行备货工作，以保证提货人可以按时完整提货。在部分货物出库时，应按照先进先出、易坏先出、不利保管先出的原则，安排出库。已损害的货物应动员提货人先行提货，然后根据与提货人达成的协商安排出货。没有协商安排的，暂不出货。

备货工作有：

①核对。保管员根据货场场地的大小、车辆到库的班次，对到场货物按照车辆配载、地区到站编配分堆，然后对场地分堆的货物进行单货核对，核对工作必须逐车逐批进行，以确保单货数量、去向完全相符。

②包装整理、标志重刷。包装是为了使商品在运输途中免受损坏，对商品的包装一般需要符合以下要求:根据商品的外形特点，选择适宜的包装材料，包装尺寸要便于商品的装卸和搬运;要符合商品运输的要求。

包装完毕后，要在包装上写明收货单位、到站、发货号、本批商品的总包装件数、发货单位等，字迹要清晰，书写要准确，并在相应位置印刷或粘贴条码标签。利用旧包装时，应彻底清除原有标识，以免造成标识混乱，导致差错。

③零星货物组合。为了作业方便，对零星货物进行配装，使用托盘等单元化容器，保证装卸搬运和运输质量。

④备货区待运。装车时，原则上司机不能进库作业，由仓库作业人员自行装车。

(3)全面复核查对

为避免和防止进出库商品出错，货物备好后应进行复核，复核是对出库商品的再次确认，一般由专人复核，也可由非出货的保管员复核。复核的内容包括:货物名称、规格、型号、批次、数量、单价等项目是否同出库凭证所列内容一致，机械设备等配件是否齐全，所附证件是否齐备，外观质量、包装是否完好等。

复核人员复核无误后，应在提货单上签字，以示负责。

(4)出库交接

备货出库商品，经过全面复核无误之后，即可办理清点交接手续。如果是用户自提方式，即将货物和证件向提货人当面点清，办理交接手续。

如果是代运方式，则应办理内部交接手续。即由货物保管人员向运输人员或包装部门的人员点清交接，由接收人签收，以划清责任。

(5)登账结算

承运单位同意承运后，运输人应及时组织力量，将货物从仓库安全无误地点交给承运单位，并办理结算手续。运输人员应向承运部门提供发货凭证样本、装箱单，以便和运单一起交付收货人。

同时，仓单审核后，仓库财务人员要检查货物的品名、型号、规格、单价、数量等有无错误，收货单位、到站、银行账号等是否齐全和准确，单证上书写的字迹是否清楚，有无涂改痕迹，是否超过了规定的提货有效期等。如果核对无误后，可根据凭证所列各内容，登入商品保管账，核销储存量，并在出库凭证上批注发货商品存放的货区、库房、货位编号以及发货后应有的储存数量。

(6)清理

商品出库后，应对库场进行整理。保管员应根据库存规划要求，对货垛进行整理并垛、清扫现场，清查发货设备和工具等。同时，一批货物发完之后，要收集整理该批货物的出入库情况、保管情况及盈亏数据等情况，然后存入仓库档案中，妥善保管，以备查用。

出库作业是保管工作的结束。出库作业管理是指仓库按照货主的调拨出库凭证或发货凭证所注明的货物名称、型号、规格、数量、收货单位、接货方式等条件，进行的核对凭证、备料、复核、点交、发放等一系列作业和管理活动。

3.3.2 出库单证流转及账务处理

1. 出库交接

(1)核对收货凭证

仓库接到提货凭证后，必须对提货凭证进行审核表3－13领料单，表3－14调拨单。首先，要审核货主开出的提货单的合法性和真实性。审核领料单上的单位主管或指定的专人签章，手续不全不予出库，如遇特殊情况，则需经有关负责人同意后方可，出库后需补办手续。其次要核对收货单位、到站、开户行和账号是否齐全和准确。如货主自提出库，则要核查提货单有无财务部门准许发货的签章。提货单必须是符合财务制度要的具有法律效力的凭证。

领料单作为企业内部原材料、工具或备品备件领料的凭证;商品调拨单是企业内部商品调拨的凭证。各企业的领料单证种类、格式不尽相同。通常是一式四联:第一联:计划物控部门进行电脑处理;第二联:仓库留存;第三联:生产部门存根;第四联:会计部门核算。

在提货时，仓库业务部门根据提货人的提货凭证办理提货手续，并签发出库单(表3－14)，指示仓库保管部门交货。仓库保管部门核实出库单，确定提货人已办妥仓库提货手续。仓库保管员应认真核对，避免错交，并收存出库单等提货凭证。

表 3-13 **领料单**

领料单位：　　　　　　　　　　　　　　　编号：

领料日期：　　　　　　　　　　　　　　　登账日期：

物资编号	品名规格	单位	数量		单价	金额
			计划	实发		

领料主管：　　　　　领料人：　　　　　保管员：

表 3-14 **商品调拨单**

商品调拨单：

单位：　　　　　　　　　　　　　　　　运输方式：

地址：　　　　　　　　　　　　　　　　结账方式：

到站：　　　　　　　　　　　　　　　　银行账号：

收货人：　　　　　　　　　　　　　　　开单日期：

品名规格	单位	数量	单价	总价	调拨原因

主管：　　　　　财务：　　　　　保管：　　　　　制单：

表 3-15 **商品出库单**

客户名称：　　　　　　　　　　　　　　储存凭证号码：

发货仓库：　　　　　　　　　　　　　　仓库地址：

发货日期：　　年　　月　　日

货号、品名、规格、牌号	产地	包装及件数	单位	数量	单价	总价	实发数
		运费		包装押金		总金额	
		人民币					

审核：　　　　　　　　　　　　　　　　　制单：

出库单一般作为销售或第三方物流仓库商品出库的凭证。出库单因企业性质而异。一般来说出库单主要有以下项目:发货单位、发货时间、出库品种、出库数量、金额、出库方式选择、运输结算方式、提货人签字、仓库主管签字等。出库单通常是一式四联:第一联，存根;第二联:仓库留存;第三联:财务核算;第四联:提单,提货人留存。

(2)共同查验货物

提货人到库提货，仓库会同提货人共同查验货物，逐件清点数量或者查重验斤，确认货物状态。在货物装车前，要对来库车辆进行检查，确认车辆符合装车作业要求，并对不符合装运情况进行记载或要求车主处理妥善。

(3)整理车辆，妥善装车

由仓库负责装车的，装车前应对车厢进行清扫和必要的铺垫，督促装车人员妥善装车，装车完毕，进行合适的绑扎固定。由提货人装车的，仓库人员要对装车作业进行监督，确认作业方式规范合理。

(4)交接手续

装车完毕后，合同提货人签署出库单证、运输单证，收留留存单证。交付随货单证和资料，办理货物交接。按照一车一证的方式向车辆签发出门证，以便门卫检验放行。

2. 销账、存档

(1)仓库保管账核销

货物发运后，仓库管理人员应做好清理工作，及时注销账目，调整货位上的货卡。以保持物资的账、卡、物一致。

(2)仓储文件归档

将留存的提货凭证、货物凭证、记录、文件等归档，以便查验。

3.3.3 出库时发生问题时的处理

1. 出库凭证问题的处理

(1)出库凭证过期

凡是出库凭证超过提货期限，用户前来提货，必须先办理手续，按规定缴足逾期仓储保管费，然后方可发货。跨年度的和超过一个月不来提货的出库凭证作废。如需要可重新办理开票手续。任何白条都不能作为发货凭证。

(2)假冒的出库凭证

在核对出库凭证时，发现凭证有假冒、复制、涂改现象的，应及时通知仓库保卫部门及领导，妥善处理;若情况不清楚时，及时联系开票人，经重新检验开票后，方可出货。

(3)出库凭证遗失

因客户原因将出库凭证遗失的，客户单位必须出具证明，持证明到制票人处挂失，制票员签字为旁证，然后到仓库保管员挂失，以免捡到者持证领货。提货人要想提货，需要重新开具出库凭证。

如果报案前货物已提走，保管员不负法律责任，但要协助破案;如果货物还没有提走，经保管员查实后，凭上述证明，做好挂失登记，将原凭证作废，缓期发货。保管员还必须时刻警惕，如再有人持作废凭证要求发货，应立即与保卫部门联系处理。

2. 商品出库后发现问题的处理

(1)商品品种混串

商品出库后客户反映品种规格混乱，数量不符等问题，如确属保管员发货差错，应予以纠正致歉；如不属保管员差错，应耐心向用户解释清楚，协助用户查找原因，解决问题。

(2) 商品型号规格开错

凡属于客户原因的，制票员同意退货，保管员应按入库验收程序重新验收入库，如果包装损坏，产品损坏，保管员不予以退货。待修好后，按入库质量要求重新入库。

(3) 商品内在质量问题

凡属商品内在质量问题的，客户要求退货，应由国家指定的质检机构出具检查证明，试验记录，经商品主管部门同意，可以退货或换货。

(4) 易碎商品发货后，客户要求调换

凡属易碎商品，发货后客户要求调换的，应以礼相待，婉言谢绝。如果要求帮助解决易碎配件，要协助联系解决。

(5) 保管员发现账实不符

商品出库后，保管员发现账实不符，要派人及时查找追回，以减少损失，不可久拖不决。

3. 退货的处理

退货是指仓库已办理出库手续已发货出库的商品，因某种原因未使用，而退回仓库的一项业务，也是售后服务中的一项工作。商品退还还有各种原因，有的是发货人员在发货时发生了错误；有的是运输途中商品受到损害，负责赔偿的运输单位要求发货人确定所需修理费用；有的是顾客订货的错误等，退货处理的一般程序是：

(1) 客户退货时填写“退货申请表”，在收到同意退货的“退货申请表”后，必须按约定的运输方式办理退货运输。

(2) 在收到客户的退货时，应尽快清点，如有异议必须以书面形式提出。

(3) 退回的货品与退货申请表是否相符，以仓库清点为准。

(4) 仓库应将退入仓库的物品，根据其退货原因，分别存放、标识。对属供应商所造成的不合格品，应与采购部门联系，催促供应商及时提回。对属于仓库原因造成的不合格品且不能修复的，每月应申报一次，进行及时修理。

(5) 登账入账。对于已发放的货品和退回的货品，要及时入账，并按时向其他部门报送有关资料。

物流窗口

加快实现仓库功能多元化是市场经济发展的客观要求，也是仓库增加服务功能，提高服务水平，增强竞争力，实现仓库社会化的重要途径。

在市场经济条件下，仓库不应该再仅仅是存储商品的场所，更要承担商品分类、挑选、整理、加工、包装、代理销售等职能，还应成为集商流、物流、信息流于一身的商品配送中心、流通中心。

现在在美国、日本等发达国家，基本上都把原来的仓库改成商品的流通加工配送中心。基于云南双鹤目前的规模及企业实力，企业应实现现有仓库向共同配送的库存型配送中心转化，商品进入配送中心后，先是分类储存，再根据用户的订货要求进行分拣、验货、最后配送到各连锁店和医疗单位。

这种配送中心作业简单，只需将进货商品解捆后，每个库区都与托盘为单位进行存放即可。

思考题：

1. 商品入库有哪些方式？
2. 说明商品验收工作的基本要求。
3. 具体说明商品入库验收作业的流程及内容。
4. 如何对仓库进行分类、分区、分位？怎样对货位进行编号？
5. 为什么要对商品进行盘点？盘点的方法有哪些？仓库出现账实不符的原因有哪些？
6. 商品出库作业程序及内容有哪些？
7. 在商品出库过程中，出库凭证出现问题该怎样处理？
8. 商品出库后，出现商品退货该怎么处理？

参考阅读材料：

1. 姜大立主编:《物流仓储与配送管理实训》,中国劳动社会保障出版社,2006 年。
2. 郑彬主编:《仓储作业实务》,北京:高等教育出版社,2005 年 8 月。
3. 秦龙有主编:《仓储与配送管理》,北京:机械工业出版社,2005 年 7 月。
4. 李永生、郑文玲主编:《仓储与配送管理》,北京: 机械工业出版社,2004 年 7。
5. 王之泰主编:《现代物流学》,北京:中国物资出版社,1995 年。
6. 劳动和社会保障部中国就业培训技术指导中心组织编写:《物流员》,北京:中国劳动社会保障出版社, 2004 年。

第4章 仓库安全与质量管理

四

*本章主要内容

- 仓库安全管理
- 在库物品的质量管理
- 影响商品质量变化的原因
- 商品质量变化的类型
- 商品养护的基本措施
- 温湿度的基本知识
- 温湿度变化规律
- 温湿度控制的调节方法

*引导案例

案例1:美国损失超亿元的仓库火灾

1981年6月21日,美国宾夕法尼亚州巴格斯县储存大量易燃易爆物品的K商业中心仓库发生重大火灾。由于火势蔓延迅速,起火不久,仓库内电源切断,泵浦停止向水喷淋系统供水,加上消防水源缺乏,使火灾扑救工作难以顺利进行。熊熊烈火席卷整个仓库,使11.14万多平方米的仓库毁之一炬,1.13亿美元的财产化为灰烬。该仓库曾是美国十大仓库之一,负责供应美国14个州370家商店的物资。这场大火为仓库安全管理工作留下了极为深刻的教训。

案例2:气象与商品养护

储存在仓库中的商品,有的怕潮、怕冻、怕热,还有的易燃、易爆。因此针对原材料性质的不同特点,在储存的过程中,对商品所进行的保养和维护工作,称为商品养护。影响仓储商品质量变化的因素很多,其中最重要的是空气的温度与湿度。

一、温度对商品的影响。怕热的商品,如油毡、复写纸、各种橡胶制品等,如果储存温度超过要求(30℃-35℃)就会发粘、溶化或变质。某些怕冻的商品,如医药针剂、口服液、墨水、乳胶等,会因库存温度过低出现冻结、沉淀或失效。温度还会影响商品储存期的长短,如苹果储存在1℃比在4-5℃时寿命要延长1倍,但储存温度过低可引起果实冻结或生理失调,也会缩短储存寿命。

二、湿度对商品储存的影响。如果空气相对湿度超过75%，有吸湿性的商品就会从空气中吸收大量的水分，影响商品质量，如食盐、麦乳精、洗衣粉等出现潮解、结块；服装、药材、糕点等生霉、变质；金属及金属制品氧化生锈。而空气相对湿度过小（低于30%），也会使一些商品因水分蒸发而影响质量，如皮革、香皂、木器家俱、竹制品等发生开裂，失去商品的使用价值。

因此，经常观察和了解气象变化的规律，根据要求进行仓库温湿度的管理，才能保证商品的质量。

通过本章仓库安全和质量管理的有关知识学习，了解仓库安全管理的基本内容以及储存商品质量变化的原因、类型和防治措施；并在学习的基础上更深地理解仓库安全和质量管理对物流企业的重要意义。

4.1 仓库安全管理

仓库安全管理是仓库管理的重要组成部分，并始终贯穿于整个仓储的全过程。因为，仓库是各种物资重要的集散地，也是储藏和保管物资的场所，其价值和使用价值均很高，一旦发生火灾或爆炸等严重事故，不仅仓库和设施可能被毁坏，而且仓库中的物资也将被损坏。因此，仓库管理的基本任务是发现、分析和消除仓库物资管理中的各种危险，保护仓库中的人、财、物不遭受破坏和损失，并在一定条件下取得最佳经济效益和社会效益。

4.1.1 防雷

雷电以其巨大的破坏力给人类社会带来了惨重的灾难，尤其是近几年来，雷电灾害频繁发生，对国民经济造成的危害日趋严重。我们必须站到历史时代的新高度来认识和研究现代防雷技术，提高人类对雷灾防御的综合能力，将雷害损失降到最低限度。

1.雷电基本知识

(1)雷电的成因

通常所谓雷电是指一部分带电的云层与另一部分带异种电荷的云层，或者是带电的云层对大地之间迅猛的放电。放电过程产生强烈的闪电并伴随巨大的声音。云层之间的放电主要对飞行器有危害，对地面上的建筑物和人、畜没有很大影响。但是云层对大地的放电，则对建筑物、电子电气设备和人、畜危害甚大。

雷电的大小和多少以及活动情况，与各个地区的地形、气象条件及所处的纬度有关。一般山地雷电比平原多，建筑越高，遭雷击的机会越大。

(2)雷电的种类及其危害

雷击有极大的破坏力，其破坏作用是综合的，包括电性质、热性质和机械性质的破坏。根据雷电产生和危害特点的不同，雷电可分为以下四种：

①直击雷

直击雷是云层与地面凸出物之间放电形成的。直击雷可在瞬间击伤击毙人畜。巨大的雷电流流入地下，令在雷击点及其连接的金属部分产生极高的对地压，可能直接导致接触电压或跨步电压的触电事故。

②球形雷

球形雷是一种球形，发红光或极亮白光的火球。球形雷能从门、窗、烟囱等通道侵入室内，极其危险。

③雷电感应

雷电感应分为静电感应和电磁感应两种。静电感应是由于雷云接近地面，在地面凸出物顶部感应出大量异性电荷所致。在雷云与其他部位放电后，凸出物顶部的电荷失去束缚，以雷电波形式，沿凸出物极快地传播。电磁感应是由于雷击后，巨大雷电流在周围空间产生迅速变化的强大磁场所致。这种磁场能在附近的金属导体上感应出很高的电压，造成二次放电，损坏电气设备。

④雷电侵入波

雷电侵入波是由于雷击而在架空线路上或空中金属管道上产生的冲击电压沿线或管道迅速传播的雷电波。雷电侵入波可毁坏电气设备的绝缘层，使高压窜入低压，造成严重的触电事故。

2. 仓库防雷措施

(1)防直击雷

防直击雷的主要措施是在建筑物上安装避雷针、避雷网、避雷带，在高压输电线路上方安装避雷线。一套完整的防雷装置包括接闪器、引下线和接地装置。接闪器是利用其高出被保护物的凸出地位，把雷电引向自身，然后通过引下线和接地装置把雷电流泄入大地，以此保护建筑物免遭雷击。防雷接地装置与一般接地装置的要求大体相同，在用建筑防直击雷的接地装置电阻不得大于10～30Ω。然而接闪器、引下线和接地装置的导通只能保护建筑物本身免受直击雷的损毁，但雷电会透过多种形式及途径破坏电子设备。

(2)防雷电感应

防止静电感应产生的高压，应将建筑物的金属设备、金属管道、结构钢筋等予以接地。

(3)防雷电侵入波

防止雷电侵入波沿低电压线路进入室内，低压线路最好采用地下电缆供电，并将电缆的金属外皮接地。

物流窗口4－1

易燃易爆物品仓库的防雷

发生雷电时，强大的雷击能量能摧毁建筑物，对易燃易爆化学物品仓库更能引燃引爆，造成火灾和人员伤亡及财产损失。1989年8月12日，青岛市黄岛油库火灾就是比较典型的一例。雷击使油罐爆炸燃烧，人员伤亡严重，大部分配套设施毁坏殆尽，经过5昼4夜的激烈搏击，才将大火扑灭。类似这样的雷击火灾，我国每年要发生数百起。要防止雷电危害，就必须安装防雷装置并定期检测与维护。

爆炸物品仓库必须采取妥善的防雷措施，以防止直接雷击、雷电感应和雷电波的侵入。为防止直接雷击，一般在库房周围须装设避雷针，仓库各部分必须完全位于避雷针的保护范围以内。储存雷管、梯恩梯、硝铵炸药等高威力炸药的库房应设置防雷电反击、雷电感应及雷电波侵入的防雷装置。

3. 仓库防雷装置的日常检查与维护

防雷装置实行定期检测制度。防雷装置每年检测一次，其中油库、气库、化学品仓库、加油站及其他易燃易爆物品的生产、销售、贮存场所的防雷装置，每半年检测一次。行业标准有特殊规定的，从其规定。气象主管部门应当会同有关部门加强防雷装置检测工作的指导。

仓库防雷装置日常检查与维护的具体工作内容包括：检查是否由于修缮建筑物或者建筑物本身的变形使防雷装置的保护情况发生变化；检查有无因挖土方、铺设其他管(线)路或种植树木而挖断接地装置；检查各处明装导体有无锈蚀或者因机械力的损伤而折断的情况；检查接闪器有无因接受雷击而熔化或者折断的情况；检查引下线近地面部分的保护处理有无破坏的情况；检查断接卡有无接触不良的情况；检查独立避雷针、架空避雷线(网)的支柱上是否悬挂电话线、广播线、电视接收天线及低压架空线等情况；检查木结构接闪器支架有无腐朽的现象；检查接地装置周围的土壤有无沉陷的情况；检查电涌保护器劣化性能指示，以确定其是否处于正常状态。根据检查情况，针对发现的问题及时做好日常维护工作。

4.1.2 仓库消防

防火、灭火、对于人类社会来讲，几乎是一个长久的话题，只要有易燃物存在的地方，就有发生火灾的可能性。作为日常生活、生产中物资流动的中转站，物流仓库由于现场情况复杂，存储着大量的不同物资，堆放密度大，在储存过程中，当受到较剧烈的振动、撞击、摩擦或接触火源、热源等，以及接触性质相抵触的物品时，十分容易发生火灾。一旦发生火灾，经济损失往往十分严重，所以物流仓库的防火安全一直是仓库安全管理中的重点。

仓库消防工作主要包括防火和灭火两方面。仓库消防安全必须贯彻“预防为主，防消结合”的方针，实行“谁主管，谁负责”的原则，执行《消防法》和公安部制定的《仓库防火安全管理规则》。仓库应当确定一名主要防火负责人，全面负责仓库的消防安全管理工作。

1. 防火的基本知识

(1)火灾

火灾是指失去控制并对财物和人身造成损害的燃烧现象，或指在时间或空间上失去控制的燃烧所造成的灾害。燃烧是一种放热发光的化学反应。在日常生活、生产中所看到的燃烧现象，大都是可燃物质与空气(氧)或其他氧化剂进行剧烈化合而发生的放热放光现象。

燃烧不是随便发生的，凡发生燃烧，就必须同时具备三个条件，即可燃物、助燃物、火源，缺少一个要素都不能形成火灾。防火工作就是使三者分离，不会互相发生作用，而灭火的方法也就是围绕这个原理进行的。

①可燃物。凡是与空气中氧或其他氧化剂起剧烈反应的物质，都称为可燃物。简单地说，就是可以燃烧的物质。如木材、纸张、汽油、酒精、氢气、乙炔、金属钠、镁等等。

②助燃物。凡是帮助和支持燃烧的物质都叫助燃物。如空气、氧、氯气、氯酸钾、高锰酸钾、过氧化钠等。

③火源。凡是引起可燃物质燃烧的热能源都称火源。最常见的有明火焰、赤热体、火星和电火花等。

由于仓库不可避免要储藏可燃物，隔绝空气的操作需要较高成本，所以仓库防火的核心就是防止火源。在仓储环境中常见的火源温度都大大超出一般可燃物质所需要的点火能量。所以，要求在有火灾爆炸危险的场所严禁烟火，禁止使用易产生火花的金属工具，不准机动车辆随便驶入，采用防爆电器，严格防火检修制度等。

(2)火灾分类

按照 *GB*4968－85《火灾分类》的规定，根据物质燃烧特性把火灾分为 4 类，分类如下：

A 类火灾：指固体物质火灾。固体物质往往具有有机物性质，一般在燃烧时产生灼热的余烬。如木材、棉、毛、麻、纸张等。

B 类火灾：指液体火灾或可融化的固体物质火灾。如汽油、煤油、原油、甲醇、乙醇、沥青、石蜡火灾等。

C 类火灾：指气体火灾。如煤气、天然气、甲烷、乙烷、丙烷、氢气等引起的火灾。

D 类火灾：指金属火灾。如钾、钠、镁、钛、锆、锂、铝镁合金火灾等。对于 *D* 类火灾，目前尚无有效的灭火器。

(3) 仓库火灾的特点

①易发生，损失大。仓库物资储存集中，大部分是易燃易爆物品，一旦有着火源，极易发生火灾。一旦发生火灾，不仅造成库存物资付之一炬，而且还会对仓库建筑、设备、设施等造成破坏，甚至引起人身伤亡。

②易蔓延扩大。储存可燃物的仓库，由于储存物资多，火势发展快，着火后火势会迅速蔓延扩大，产生很高的温度。高温不仅使火势蔓延速度加快，还会造成库房的倒塌，在库外风力影响下，形成一片火海。而爆炸品仓库、化学危险物品仓库还易引起爆炸。

③扑救困难。由于库内物资堆放数量大，发生火灾后，物资燃烧时间长，加之许多仓库远离城区，供水和道路条件不便，仓库消防设施不足，消防力量有限，这就增加了扑救的难度。库房平时门窗关闭，空气流通较差，易发生不完全燃烧，产生大量烟雾，影响消防人员的视线和正常呼吸，更增加了扑救的难度。发生火灾后，库房内堆垛倒塌，通道受阻，也给扑救造成困难。

(4) 仓库火灾原因

发生火灾，就必须同时具备三个条件，即可燃物、助燃物、火源。仓库中储存有可燃物（各种物资），空气中也总是存在助燃物（氧气），根据燃烧三要素，分析引起仓库火灾的原因，就是要找出引起仓库火灾的火源。

①明火。就是一种敞开的火焰（或火星及灼热的物体），具有较高的温度并释放一定的热量。仓库中的明火主要有打火机、火柴、吸烟、烧荒、施放烟花爆竹、施工中的电焊、气焊等。

②雷电。仓库许多地处山区，尤其是地处多雷地区的仓库，雷电是引起仓库火灾的重要原因。雷电的危害主要表现为直击雷、雷电感应和雷电波。

③静电。两种不同物质相互摩擦或其他原因，导致了一个物体上电子转移到另一个物体上，就要产生静电。在储存易燃易爆危险品的场所，如弹药库、油库等，静电荷的火花放电，就会引起火灾爆炸。

④电气。电气引起火灾的原因主要有短路、超负荷、接触电阻过大、火花和电弧、熔断器、开关插销、照明灯具。电动机、架空配电线路和火灾爆炸场所未按规定安装防爆电气装置等。

⑤自燃。有些自燃点较低的物质，在储存的过程中，发生自燃，引起火灾。

⑥爆炸。在仓库中，储存的可燃气体或蒸汽与空气混合达到爆炸极限，遇火源发生爆炸，引起火灾爆炸事故。弹药库内储存的爆炸性物质，接触火源、受热、通电、撞击、摩擦等，引起爆炸。

⑦其他。如人为纵火破坏等。

(5) 灭火方法

灭火的基本原理:一切灭火措施，就是为了破坏已经形成的燃烧条件，或终止燃烧的连锁反应而使火熄灭以及把火势控制在一定范围内，最大限度地减少火灾损失。

①冷却法。如用水扑灭一般固体物质的火灾，通过水来大量吸收热量，使燃烧物的温度迅速降低，最后使燃烧终止。

②窒息法。如用二氧化碳、痰气、水蒸气等来降低氧浓度，使燃烧不能继续。

③隔离法。如用泡沫灭火剂灭火，通过产生的泡沫覆盖于燃烧体表面，在冷却作用的同时，把可燃物同火焰和空气隔离开来，达到灭火目的。

④化学抑制法。如用干粉灭火剂通过化学作用，破坏燃烧的链式反应，使燃烧终止。

⑤综合灭火法。如隔离法与封闭窒息法、隔离法与冷却法、封闭窒息法与冷却法，但不能作用相互抵触，如泡沫灭火时不能使用冷却法。

(6)灭火剂与灭火器材的合理使用

仓库应根据货物性质，正确选用适当的灭火剂、消防器材和扑救方法，以便有效地防止火灾事故的扩大和蔓延。

①水。水是仓库消防的主要灭火剂，水在灭火时有显著的冷却和窒息作用，水能使某些物质的分解反应趋于缓和，并能降低某些爆炸货物的爆炸能力。当水形成柱状时，有一股冲击力能破坏燃烧结构，把火扑灭。水还可以冷却附近其他易燃物质，防止火势蔓延。但是水能导电，对电气装备不能用水来灭火，水更不能用于对水有剧烈反应的化学危险品(如电石、钾、钠、保险粉等)的灭火，也不能用于比水轻，不溶于水的易燃液体(如汽油、苯类商品)的灭火。

②沙土。沙土是一种廉价灭火物质，沙土能起窒息作用，覆盖在燃烧物上，可隔绝空气，从而使火熄灭。沙土可以扑救酸碱货物和过氧化剂的火灾以及遇水燃烧的液体和化学危险品的火灾。但要注意爆炸性货物(如硫酸铵等)，不可用沙土扑救，而要用冷却法，即用旧棉被或旧麻袋，用水浸湿覆盖在燃烧物上。

③灭火器

●灭火器的设置要求:位置明显，取用方便，不影响安全疏散。

设置高度:顶部离地不高于1.5米，底部离地应高于0.15米。

设置方式:挂钩式、托架式、灭火箱式。

设置地点:不受风吹雨淋日晒，不能受腐蚀性物质的腐蚀，不能在潮湿和温度高的地方放置。

●灭火器类型及特征

干粉灭火器:不导电、不腐蚀、毒性低。

卤代烷灭火器:不导电、不腐蚀、不污染仪器设备。

二氧化碳灭火器:不导电，不含水分、不污染仪器设备。但不能用于含碳货物的灭火，如木材、棉、毛、纸张等。

泡沫灭火器:可导电，不能用于带电设备的灭火。

●灭火器的使用

干粉灭火器。用料:干粉和二氧化碳。类型:手提式和推车式。手提式灭火器的使用方法:要先拔去保险销，一只手握住喷嘴，对准火苗根部;另一只手提把，然后拉起拉环或压下压把，即可喷射;灭火时，要直立，不可水平或颠倒使用。推车式灭火器的使用方法:使用前首先要上下颠倒数次，使干粉松动；取出喷管，伸展软管；双手紧握喷管，用力压紧喷枪开关；拉出保险销，将手柄推到垂直位置或提起提环，对准火焰根部喷射推进。

二氧化碳灭火器。手提式的使用方法：用右手拔去保险销，并下压压把，即可灭火。推车式的使用方法：先去掉铅封，按逆时针方向旋转手轮，即可灭火。

泡沫灭火器。手提式的使用方法：一种是手提提环，距火源6－8米。将筒体颠倒，让射流对准燃烧物；另一种是拉出保险销，将喷嘴对准火源根部，按下压把，喷泡沫灭火。推车式的使用方法：先按逆时针方向转动手轮，将螺杆升到最高位置，使瓶盖完全开启，然后，将筒体倾倒，使拉杆触地，手持喷筒，对准火源，扳开阀门，喷射推进。

●消防水带的使用方法

取出消防水带（一般长20米）；展开消防水带，一个接头靠近消防栓，另一个接头尽量靠近火源；将靠近消防栓的接头接上消防栓，另一个接上喷枪；打开消防栓开关供水；紧握喷枪，对准火源喷射推进；每次使用完后都要用清水清洗及晾干。

物流窗□ 4－2

灭火器的报废年限

从出厂日期算起，达到如下年限的必须报废：

手提式化学泡沫灭火器——5年；

手提式酸碱灭火器——5年；

手提式清水灭火器——6年；

手提式干粉灭火器（贮气瓶式）——8年；

手提贮压式干粉灭火器——10年；

手提式1211灭火器——10年；

手提式二氧化碳灭火器——12年；

推车式化学泡沫灭火器——8年；

推车式干粉灭火器（贮气瓶式）——10年；

推车贮压式干粉灭火器——12年；

推车式1211灭火器——10年；

推车式二氧化碳灭火器——12年。

另外，应报废的灭火器或贮气瓶，必须在筒身或瓶体上打孔，并且用不干胶贴上“报废”的明显标志，内容如下：“报废”二字（字体最小为$25mm \times 25mm$）；报废年、月；维修单位名称；检验员签章。灭火器应每年至少进行一次维护检查。

稿件来源：中国消防在线

2. 仓库防火

仓库火灾防范的重点，主要是要做好对仓库员工的安全培训，做好对火源、电源、库存物资和仓库设施的管理。

（1）人员培训

首先，要加强仓库工作人员的培训，让上岗的每一位保管人员都能较全面的掌握各类商品的特性及储存、保管的方法。其次，要努力提高仓库管理人员的素质，增强仓库管理人员的道德素质和工作责任感。仓库内的工作人员还需要经过消防培训，考核合格后方可上岗。仓库需要定期组织员工进行消防培训，并结合消防演习确保每一位仓库员工熟悉岗位消防职责。经常性地开展防火宣传，保持员工的高度防火警惕性。

(2)储存管理

仓库生产区必须和生活区分开，对“大杂院”仓库和未能分开的老式仓库，要采取安全措施，并制定计划，逐步调整改造。未改造前，要建立统一安全组织，统一安排消防设施，划分安全责任区，明确分工，各负其责。

各种物品应根据不同性质按库、区、类分别存放；库存物品每垛占地面积不宜大于100平方米，垛与垛间距不少于1米，垛与墙间距不少于0.5米，垛与梁、柱的间距不少于0.3米，主要通道的宽度不少于2米；每栋建筑面积不足500平方米的库房其储存物品的垛距、墙距、梁距和主要通道的宽度可以适当降低，但要保持畅通；露天存放商品的防火间距，必须符合建筑设计防火规范的规定。

易自燃物品应存放在温度较低，通风良好的库房；不准将性质相抵触、易串味和灭火方法不同的商品混存；要在醒目处标明储存商品的名称、性质和灭火方法；仓库内不准存放私人物品，保管员不准私自收存商品、物资。

库区和库房应经常保持清洁，对散落的包装物，库区落叶、杂草等应及时清除，妥善处理。

(3)装运管理

装卸化学易燃物品，必须轻拿轻放，严防震动、撞击、重压、摩擦和倒置；不准使用能产生火花的工具，不准穿带钉子的鞋，并应当在可能产生静电的设备上，安装可靠接地装置。

进入易燃、可燃物品库区的蒸汽机车和内燃机车，必须装置防火罩，蒸汽机车要关闭风箱和送风器，并不得在库区停留和清炉。

进入库区的汽车、拖拉机必须戴防火罩，并不准进入库房；进入库房的电瓶车、铲车，必须有防止打出火花的安全装置；运输易燃、可燃物品的车辆，一般应当将物品封闭严密，随车人员不准在车上吸烟。

对散落、渗透在车辆上的化学易燃易爆物品，必须及时清除干净；库房、站台、货场装卸作业结束后，应当彻底进行安全检查。

各种机动车辆在装卸物品时，排气管的一侧不准靠近物品。各种车辆不准在库区、库房内停放和修理。

(4)电源管理

仓库生产、生活、库区照明用线路必须分开；电线和电器设备必须由持有合格证的电工安装、检查、保养、维修；不准乱拉临时电线，不准超负荷作业，禁止使用不合格的装置和漏电保护装置。

库房内不准设置移动式照明灯具，照明灯头应装在通道上方，堆码商品必须与灯头保持50厘米以上水平距离，工作完毕切断电源。

每年定期对电线进行绝缘测试，发现电线老化、破损、绝缘不良，可能引起打火、短路等不安全因素的，必须及时更新、维修；架空电线线路的下方严禁堆放物资；对各种电器设备、避雷装置必须要按时检测维修；对各种机械、机具易产生火花的部位必须要设防火装置。

库房内不准使用碘钨灯和超过60W以上的白炽灯等高温照明灯具及各种电器设备；储存

粮食、食糖、烟草、中药材等商品的库房，因工作、生产确实需使用去湿机、干燥机、电熨斗、电烙铁等电器设备时，必须经单位防火负责人批准，并采取相应的安全措施；当使用日光灯低温照明灯具和其他防燃型照明灯具时，应当对镇流器采取隔热、散热等防火保护措施，确保安全。

库内铺设的配电线路，需穿金属管或非燃硬塑料管保护；每个库房应在库房外单独安装开关箱，并做到防雨防潮；对灰尘较多的部位必须使用防尘、防爆灯泡和保险开关，要做到人离电断。

(5)火源管理

仓库应当设置醒目的防火标志，对火源严加管理。

仓库内严禁吸烟和使用明火。职工、外来人员和机动车辆入库，必须收留火种，禁止带入库区。进入棉麻、鞭炮、化工危险品等库区及其他火险危险性大的库区、货场的车辆必须戴防火罩。仓库区周围50米内严禁燃放烟花爆竹。

库区如确需临时动用明火作业，必须经防火负责人或有关主管部门批准，并落实安全防范措施，指令专人监护现场，作业结束要认真检查，不得留有火种。

仓库生活区安装、使用固定火源，必须符合安全规定，经防火负责人批准，指定专人管理，备妥消防器材，做到人离火灭后，对各种用火设备要定期检查、维修。

经批准设置的火源不准用易燃液体引火，不准在火源附近堆放易燃物，不准靠近火源烘烤衣物；从炉内取出炽热灰烬，必须用水浇灭后，倒在指定的安全地点。

商品入库应认真检查是否带有火种，特别对草包、纸包、棉包、布包类商品更要严格检查或隔离观察，如发现可疑应在安全地点开包检验。

(6)消防设施

仓库区域内应当按照《建筑设计防火规范》的规定，设置消防给水设施，保证消防供水；库房、货场应当根据灭火工作的需要，备有适当种类和数量的消防器材设备，并布置在明显和便于取用的地点；消防器材设备附近，严禁堆放其他物品；仓库应当装设消防通信、信号报警设备。

消防器材设备应当有专人负责管理，定期检查维修，保持完整好用；寒冷季节要对消防储水池、消火栓、灭火机等消防设备采取防冻措施。

4.1.3 仓库安全监控

仓库安全主要包括库房、机械设备、物品、人身等多项内容，仓库安全管理的基本任务可归结为：建立、健全安全生产的各种规章制度并坚决贯彻执行，防止各种事故的发生；提高警惕，严防不法分子破坏，确保仓库、职工的安全。从这个基本任务出发，加强仓库安全监控工作对仓库安全管理具有十分重要的意义。

1. 治安保卫管理

治安保卫工作是仓库安全管理的重要组成部分，通过治安保卫管理，能预防和制止违反治安管理的行为和犯罪活动，消除治安灾害隐患，确保仓库安全。治安保卫管理的内容包括建立健全治安保卫管理组织，建立健全治安保卫管理制度，落实各项治安防范措施等。

(1)建立健全治安保卫管理组织

仓库保卫机构的主要任务是对本库的物品、设备和人员的安全全面负责。保卫机构要与公安、劳动、供电、交通运输、防汛、防震、卫生等部门加强联系，及时交换安全信息，接受他们的指导；对警卫人员进行经常性的业务技术教育；对员工进行安全方面的讲座和业务技术训练；定期或不定期的举行安全操作演习；调查、登记、处理、上报有关案件等。

仓库保安人员工作的重点是负责仓库日常的警戒防卫。其任务是：掌握出入仓库的人员情况；禁止携带易燃、易爆等危险物品入库；核对出库物资；日夜轮流守卫，谨防盗窃与破坏等事故的发生；在仓库发生人为或自然灾害事故时，要负责仓库的防护、警戒工作。

（2）建立健全治安保卫管理制度

治安保卫工作的顺利开展，必须有完善的制度保障，为此，仓储部门应建立一系列治安保卫管理制度。具体包括：安全岗位责任制度；门卫、值班、巡逻、守护制度；仓储设施管理制度；重要物品安全管理制度；要害部门安全保卫制度；防火安全管理制度；机动车辆安全管理制度；外来务工人员管理制度；治安防范的奖惩制度等。

（3）治安保卫工作的内容

根据仓库地形和库房、货场分布情况，划定岗哨和巡逻范围；在划定地段内，明确保安人员之间以及保安人员与保管员之间的安全交接责任；开展治安保卫工作的宣传教育，加强警卫人员的业务学习和职业道德教育；按照公安机关的规定和技术标准，在要害部位设置安全技术防范设施。

2. 仓库安全监控系统

对于大型的仓库，保安人员巡逻的面积很大，如果配备的人员少，将不能保证足够的巡逻密度，如果配备的人员多，又将增加仓库管理成本。安装仓库安全监控系统，利用监控服务器系统，通过在仓库中安装夜视镜头、低照度镜头、红外镜头等，配以各类报警传感器，保安人员就可以在中央控制室中，对仓库的情况进行监控，有效的保障仓库的财产安全。

当监控范围内有情况发生时，连接在系统上的传感器会自动报警，还可以把警报传送到管理者的手机或传呼机中，使管理者随时知道仓库内发生的情况，及时采取相应的解决措施。安全监控系统实现了远距离的监控，可以有效的减轻保安人员的工作强度，提高安全保障的效率。

物流窗□4－3

××综合仓库安全监控系统

在新建6000平方米的立体库房时，总体设计中综合考虑了信息化、机械化建设布局，将库房管理系统与信息化平台对接，中央控制室控制与全自动收发作业集成，为仓库信息化建设打下坚实的基础。实现了“五个系统”（视频监控系统、报警监测系统、巡库监督系统、温湿度遥测遥控系统和库房记账查询系统）的有效对接。

走进仓库中央控制室，就可监控库区31个重要部位；点击鼠标就可得到库房温湿度实时数据；通过信息管理平台，就可进行业务收发、物资管理等作业。该仓库通过科技创新，初步实现了快捷的信息服务、准确的数据统计、全方位的安全监控、全时制的环境检测，提高了安全保障的效率。

4.2 仓库质量管理

人们一提起质量，往往只想到产品质量，质量管理也似乎只是工业企业的事情。如果这些产品尚未到达消费者手中，在物资储运过程中就已遭到损坏或变质，那么，即便生产企业生产出来的产品质量再好，到达用户手中也可能已经成为次品或废品了。因此，必须搞好仓储质量管理工作。

4.2.1 在库物品的质量管理

在库物品储存期间，表面上是处于静止状态，一动不动，实际上并非真正处于静止状态，而是在不停地运动着。在储存期间由于构成物品的分子运动、原子和电子运动，产生物理变化、化学变化而引起在库物品本质和形态变化。另外，生物的因素，如昆虫、细菌、霉菌等也会使物品发生质变。除此之外，在库物品还受到来自外界的侵害发生质变或造成不应该的损失。如商品受虫害或鼠害，被偷盗、被机械碰撞，倒垛摔坏，风灾、火灾、水灾等。为确保物品在库期间的质量，加强在库物品的质量管理，应注意做好以下工作：

1. 入库验收

仓库在接受物品入库时必须对物品进行严格的检验。检验的方法可视不同物品、不同批量、分别采取全面检验，随机抽样检验等。检验内容应包括物品内外包装质量，物品外观质量，物品表面质量和内在质量（应视条件而定）。同时还要严格清点包装件数，核对物品品名、规格、型号、颜色、质量标准等级、生产地或生产厂。还要抽查内包装的数量。检查中发现物品或包装受潮、污染、破损、短缺、腐烂、锈蚀、质异等情况，应停止进仓。做好记录，并采取积极措施，分别采用退货、调补、索赔、整修等办法，以避免或减少损失，同时分清责任，入仓后重点观察和养护。

2. 在库检查

库存的物品要发生质量变化是需要经过一定时间，不同物品由于性质不同，发生质量变化的时间也是不同的。有的物品一夜之间全部腐烂变质，有的物品则需要几个月的时间，甚至几年的时间才逐步锈蚀或老化。因而需要根据不同物品的性质，不同的保管条件，制定相应的抽查检验制度。

建立切实可行的检验制度，是仓储物品安全的重要保证。这要求仓储管理人员掌握所保管物品的质量、性能、技术标准和要求。有高度的责任心，有敏锐的洞察力，不怕苦、不怕累、不怕脏，探索物品在储存期间质量变化的规律。通常在库检验应按物品进仓保管时间的先后、批量大小，采取定期检查，翻垛抽查，也可采取不定期的检查。每次检查应占在库物品一定的比例，作好记录。发现问题及时采取措施进行有针对性的处理，如除锈、上油、返修、降级、削价、报废、销毁等。如遇梅雨季节和恶劣天气还应增加检查的频度和范围。

3. 安全防范

（1）治安管理。仓库要建立健全治安管理组织，加强仓库保卫力量，建立必要的门卫及进出仓库人员管理制度。夜间也应建立正常的值班和巡逻制度，作好检查记录。条件好的仓库可以安装防盗装置，报警系统。

（2）消防管理。仓库应建立、健全必要的消防组织，配备必要的消防设备，对火源、电源、水源加强管理。对仓库工作人员要进行消防知识的培训，掌握消防设备的灭火原理和操作方法，经常进行消防安全检查。对火种和易燃物品、危险品要进行专门管理，制定安全防范和专人保管制度。对仓库环境、走道要进行清理，废弃物品和易燃物品及时清除。仓库还应制定严禁吸烟和明火管理制度，防患于未燃。

(3)仓库安全“十防”。仓库安全“十防”是防盗、防特、防火、防中毒、防工伤事故、防自然灾害、防漏防混油、防危险品事故、防商品霉变残损、防设备损坏和交通事故。在不同的仓库，根据不同的物品特征，“十防”的重点有所不同。

4. 科学堆码

物品的堆码不是随便的堆放，而是根据不同物品的性能、规格、包装、体积、重量、库房的高度、地面负荷、设备条件、气候环境等分别选择堆码技术、堆码形式、堆码高度。堆码的基本原则是安全、方便和节约。

常见的堆码方法主要有：

(1)堆垛法。堆垛法主要适用于堆放有外包装或不需包装的大件商品，按照不同的形式层层堆码成垛。它可分为直立形堆码法，环行堆码法，通风堆码法，压缝堆码法，重叠堆码法，行列式堆码法，牵制堆码法等。

(2)散堆法。散堆法主要适用于没有包装的散装商品，如煤炭、粮食等，散放堆垛在一起的方法。

(3)货架法。货架法主要适用于小件零星的商品，分别堆放在固定的货架、货位上的方法。

5. 安全出库

仓库是物品流通过程中暂时滞留的场所。物品进出仓库都应执行严格的交接制度，从而分清责任，避免差错，堵塞漏洞。在物品出库时，要清点物品数量、物品品种、规格、型号、产地、包装、外观质量等，及必要的复核制度、验收制度等。

4.2.2 影响商品质量变化的原因

影响商品质量变化因素分为两大类，第一类是商品本身的自然属性，即商品的结构、成分和性质，是内在因素；第二类是商品的储存环境，它包括空气的温度、湿度及氧气、阳光、微生物等，是外在因素。这些因素对储存期间商品质量的好坏都有不同的影响，有的甚至还起决定性作用。只有扎实全面地掌握库存商品发生变化的内因和外因之后，才能掌握库存商品质量变化的规律，科学地进行商品养护工作。

1. 商品质量变化的内在因素

商品在储存期间发生各种变化，起决定作用的是商品的内因，如原料的化学成分、结构形态、物理化学性质，以及生产加工过程中形成的性能等。内因在物质变化过程中起决定性作用。因此，商品的化学成分、结构和性质，就成为研究商品在储存期间质量变化规律的基础。

(1)商品的化学成分

商品的种类繁多，按化学成分可把商品分为有机成分和无机成分。无机成分的商品是指不含碳的化合物，但包括碳的氧化物、碳酸盐以及氰化物的商品。属于这类商品的有无机化肥、部分农药、玻璃、搪瓷、五金及部分化工商品等。有机成分的商品，是指以含碳的化合物为成分的商品，但不包括碳的氧化物、碳酸和碳酸盐以及氰化物的商品。属于这类的商品，数量相当庞大，如棉麻、丝毛、化纤、塑料、橡胶制品、石油产品、有机农药、有机化肥、竹木制品、皮革、纸张及其制品、蔬菜、水果、副食品等。有些商品是由无机成分和有机成分混合组成的，如火柴、涂料等。

不同的化学成分及其不同的含量，既能影响商品的基本性质，又能影响商品抵抗外界侵蚀的能力。一般来说，无机成分的商品较好保管，有机成分的商品则容易发生质量变化而不易保管。所以，必须根据各种商品的不同化学成分，采取相应的储存措施。

(2)商品的结构

各种商品有不同的形态结构，形状不一。但概括起来，可以分为外观形态和内部结构两大类。商品的外观形态，又叫商品的宏观结构。这种宏观结构，一种是生产过程中形成的商品外形，多为工业品，属于人为的；另一种是自然生长形成的外观形态，多为农副产品，属于天然的。商品的内部结构，又叫商品的微观结构。商品的微观结构，对商品性质影响极大。在保管过程中，应根据商品的结构进行科学管理，以保证商品在存储期间质量完好。

(3)商品的性质

商品的成分极其复杂，其物理化学性质各不一样。商品本身的理化性质是商品重要的自然属性，是商品在库期间发生质量或数量变化的内在因素。商品的性质归纳起来可分为物理性质、力学性质和化学性质三类。

商品的物理性质是指商品的形态、结构以及商品在光线、温度、水分等作用下，不发生改变商品本质的相关性质。如商品的吸湿性、导热性、耐热性、透气性和透水性等。

商品的力学性质是指商品的形态、结构在外力作用下的反应。如商品的弹性、塑性、韧性、脆性等。

商品的化学性质是指商品在外界条件(光、热、氧、酸、碱、温湿度等)作用下，引起商品物质分子化学组成改变的性质。如商品的化学稳定性、毒性、腐蚀性、燃烧爆炸性等。

影响商品质量变化的因素主要是三方面，即商品的化学成分、结构和性质，三者是相互联系、相互影响的统一体，所以考虑问题时，要从多方面设想，决不能孤立地分析看待这个问题。

2. 影响商品质量变化的外在自然因素

商品在储存期间的质量变化，除了商品内部组成结构的变化和运动的结果外，同时与储存的外界因素有着密切的关系。这些外界因素，如空气中的氧、日光、温度、湿度、微生物、仓虫和卫生条件等，对存储期间商品质量的好坏都有不同的影响。

(1)空气中的氧

空气中的氧是一种非常活泼的物质，大气中进行的氧化反应，氧起着最为重要的作用。氧能和许多商品发生反应。例如，煤炭与氧接触进行氧化反应并放热，如果散热不良，反应产生的热积聚起来使温度升高，随着温度升高反应加剧，如此恶性循环，最终导致煤炭的自燃。一些具有生命的有机体商品，如粮食、果蔬、鲜蛋等，需要氧气进行有氧呼吸；商品的霉变，一般都需要有氧气参加作用。因此，为了避免氧对商品质量变化的影响，在商品保管中，隔绝氧气是保养好商品的有效方法，如采取密封充氮或二氧化碳等。

(2)日光

适度的太阳光对库存商品有时是有利的，例如，可以利用其热力蒸发库内和商品多余的水分。但是当紫外线长久直射橡胶及其制品时，则会发生老化龟裂现象，破坏其分子结构，使其丧失使用价值。太阳光是高分子材料老化的最主要因素，它能够使许多高分子化合物的分子链裂解；着色纤维制品，纸张以及纸制品，经日照会发脆退色；润滑油脂，油漆等在日光照射下易于分解；竹材及其制品在日光爆晒下易于变形开裂；某些化学药品和感光胶片、感光纸等，见光后会失效，丧失使用价值。

(3)温度

空气温度的变化对某些商品的质量有很大影响。一般商品在常温或常温以下，都比较稳定。温度升高将加强水分子运动，促使水分蒸发，易降低含水量和重量，使商品变质。仓库保管技术中常说的温度有气温、库温、垛温。因此，在储存保管中，一方面，要防止温度过高，以免某些商品熔化、挥发及引起某些危险品的自燃、爆炸；另一方面，也要防止温度过低，以免某些液体商品结冻变质。同时要防止温度变动幅度过大，以免有些商品发生干缩、结块、熔化或凝结等现象。

(4)空气的湿度

空气湿度的改变，能引起商品含水量、化学成分、外形或体态结构的变化。湿度适宜，可保持商品的正常含水量、外形或体态结构和重量。因此，要根据各种不同商品的特性，尽量创造各种商品适宜的相对湿度条件，并应经常检查。

(5)大气对库存商品的影响

二氧化碳在大气中的含量很小，但它遇水能产生碳酸，对商品有一定的腐蚀性。所以在厂区内，仓库应尽量远离具有燃烧过程的车间或设施，或布局于主导风向的上风。

大气中的二氧化硫的含量较二氧化碳更少，但对于库存商品，尤其是对金属材料的影响最大。二氧化硫与二氧化碳一样是酸性氧化物，溶于水形成酸，且酸性较强。二氧化硫在空气中还可进一步氧化成三氧化硫，其溶液也是酸性。它们对金属材料的腐蚀作用较大。

大气中灰尘会增加机械转动部分的摩擦，从而影响设备的使用寿命。灰尘会影响到仪器仪表的精度。灰尘吸附于金属材料表面，当空气湿度较大时，将促使空气中的水汽的凝结，从而使得金属腐蚀加剧。

(6)微生物和仓虫

常见危害商品的微生物有细菌、酵母菌和霉菌等。这些微生物在生命活动分泌一种酶，利用它可以把有机商品中的蛋白质、纤维素、糖、有机酸、果胶等物质，分解为简单的物质，加以吸收利用，从而使商品变质，丧失其食用或使用价值。

仓虫在危害商品过程中，不仅破坏商品的组织结构，使商品发生破碎和孔洞，外观形态受损，而且在其生活过程中，吐丝结茧，排泄各种代谢废物沾污商品，影响商品的质量和外观。

此外，鼠类也会咬坏商品，有时咬坏包装物使商品受到间接损坏。

物流窗口 4－4

温度对库存商品质量的影响

◎ 易燃品、自燃品和爆炸品，例如，汽油、黄磷、烈性炸药等，温度过高容易引起燃烧爆炸。

◎ 石油产品、液体化工产品，例如，汽油、酒精、乙醚、清漆等，在高温下易挥发，损耗大，不安全。

◎ 橡胶和沥青制品，例如，橡胶带、胶管、油毛毡等，受热后易软化发黏，在受压下会发生变形，温度过低又会变硬发脆，影响强度。

◎ 大部分有机绝缘材料、橡胶、塑料和化纤产品，温度过高容易老化变质，温度过低又会失去弹性，容易断裂损坏。

◎ 涂敷防护油脂的制品，例如，钢丝绳、轴承等，温度过高会使防护油脂熔化消失，影响防护性能。

◎ 精密仪器仪表、电子器件以及精密量具等，温度过高、过低或急剧变化，会影响其精度以及灵敏度。

◎ 生物以及微生物的生长繁殖要求一定的温度，适宜的温度会使商品生虫发霉。

◎ 锡以及锡制品，在低温下发生同位素异晶转变，产生“锡疫”，严重时会使体积膨胀变成粉末。

◎ 含有水分的商品，例如，离子交换树脂、乳胶，在低温下会冻结失效等。

湿度对库存商品质量的影响

◎ 电石、水泥、石棉粉、炸药、焊接材料等，在潮湿的环境中易变质失效。

◎ 金属材料、金属制品、金属配件、机械设备、仪器仪表等，受潮后易锈蚀。

◎ 化工材料，例如，盐类、碱类、颜料等，在湿度大的情况下很容易吸附空气中的水分，发生潮解、溶化或结块以至失效。

◎ 绝缘材料、电器设备、受潮后绝缘性能下降，影响使用。

◎ 纤维以及纤维制品、橡胶、塑料及其制品等有机物，受潮后容易发霉。

◎ 木材以及木材制品，受潮后容易发霉、腐朽，使强度降低。

◎ 玻璃及其制品，受潮后发霉，影响透明度。

◎ 竹材及竹材制品，在过于干燥的环境下，易干燥变形。

◎ 含有结晶水的化工材料，在干燥的环境下，易失去结晶水而风化。

◎ 皮革及其制品，棕麻绳索等，在过分干燥的环境下，易失去水分发生脆裂，使强度降低。

4.2.3 商品质量变化的类型

任何物质都要发生变化，但这些变化都是有规律的。研究商品质量变化，在认识掌握这些变化规律的基础上，科学地运用这些规律，可以采取相应的防护措施，控制或延缓商品的各种变化，做到防患于未然，确保储存商品的质量完好，以确保商品的价值。仓储商品质量变化的形式很多，概括地说有物理变化、化学变化、生理生化变化及生物作用引起的变化等几大类。

1. 商品的物理变化

商品的物理变化是指改变商品本身的外部形态而不生成新的物质，并可以反复进行的变化。商品的物理变化虽说可以反复进行，但很多商品发生物理变化后，不是数量减少，就是质量降低，有的甚至完全失去使用价值。下面介绍几种常见的商品在保管过程中发生物理变化的形式。

(1)挥发。挥发是指液态物质，在空气中汽化而变种气体散发到空气中的现象。各种液体挥发的难易程度有很大差别，易于挥发的液体大都是易燃液体，如乙醚、丙酮、苯、汽油、乙醇等。

液体商品的挥发速度与空气温度、商品本身的沸点、空气流通速度、接触空气面积等有密切关系。气温高，商品沸点低，空气流通快，接触空气面积大，挥发速度快；反之，挥发速度慢。液体商品的挥发，不仅会使商品数量减少，有的还会严重影响商品质量，特别是有的挥发气体（如乙醚、丙酮），不仅影响人体健康，甚至还会引起燃烧、爆炸。因此，对沸点低、易挥发的商品，应存放在温度较低的库房或密闭的包装容器内，保持在较低温度下储存，以防挥发。

（2）溶化。溶化是指某些固体物质吸收空气中的水分达到一定程度时溶化成液体的现象。固体物质溶化，是由于其本身具有吸湿性和水溶性。固体溶化的速度主要与空气的湿度、温度、固体表面积等有关。湿度越大，温度越高，固体的表面积越大，固体溶化的速度就越快；反之，溶化的速度就越慢。

（3）熔化。熔化是指某些固体物质受热变软以至变成液体的现象。固体的熔化主要受到温度的影响。固体物质从周围空气中吸收并积蓄热量，达到一定程度时，即当达到固体的熔点温度时，就开始熔化、变软或成为液体。所以固体熔化的速度主要是与周围空气的温度和本身的熔点有关。库存商品中，容易熔化的固体主要有润滑脂、石蜡、沥青以及沥青制品等。

（4）干燥。干燥实质是由于周围空气温湿度的变化，使固体中的水分散失，含水量减少，本身重量减轻的现象。商品干燥的速度和程度，主要取决于商品本身的含水量和空气湿度。商品本身含水量越高，周围空气湿度越小，干燥速度就越快，干燥的程度就越高；反之，干燥的速度越慢，干燥的程度越低。在一般情况下，商品干燥对保管是有利的，但是某些商品来说，过分干燥也有不利的影响。

（5）变形。某些固体材料受外力的作用或本身产生的内应力会使其形状发生变化，降低其使用价值，如木材、竹材及其制品。由于各个部位或表里干燥不均匀性，会产生内应力，导致木材弯曲、翘曲、开裂等。金属材料及其制品当受到外力作用时，会改变原来形状，发生弯曲、翘曲、扭转等。

（6）串味。串味是指一些吸附性强的商品当与其他有强烈气味的商品同时储存时，吸收了其他商品的气味和异味，影响其固有性质。常见易被串味的商品有大米、豆类、面粉、木耳、香菇、食糖、饼干、茶叶、卷烟等；常见的易引起其他商品串味的商品有煤油、汽油、桐油、腌鱼、腌肉、樟脑、中药材、香皂、化妆品以及农药等挥发性有气味的商品。

具有吸附性、易串味的商品，主要是其成分中含有胶体物质，以及疏松、多孔性的组织结构所决定的。商品串味还与其表面状况，与异味物质接触面积的大小、接触时间的长短，以及环境异味的浓度有关。因此，对于易被串味的商品尽量采取密封包装，在储存和运输中不得与有强烈气味的商品同车船并运或同库储藏，同时还要注意运输工具和储藏环境的清洁卫生。

（7）沉淀。沉淀指含有胶质和挥发成分的商品，在低温或高温等因素影响下，引起部分物质的凝固，进而发生沉淀或膏状分离现象。对于易发生沉淀的商品，商品必须严密包装和做好商品冬季保温工作与夏季降温工作。

2. 商品的化学变化

商品的化学变化与物理变化不同，化学变化不仅改变商品的外表形态，也改变商品的本质，并生成新的物质，使商品产生质变。发生化学变化和物理变化不同，发生化学变化的商品不能恢复变化前的原状，严重时使商品完全丧失使用价值。其变化形式有锈蚀、分解、氧化、老化、风化等。

(1)锈蚀。锈蚀是指金属制品在储存过程中受到潮湿空气的影响，发生电化学腐蚀。影响金属发生电化学腐蚀的主要原因是空气的湿度，它在金属表面凝成肉眼看不见的水膜，起导电溶液的作用，在水膜下进行电化学腐蚀。

锈蚀不仅使商品重量减少，而且还会影响商品的质量和使用价值。因此，在储存保管金属制品过程中，要保持干燥和密封。

(2)分解。分解是指某些化学性质不稳定的商品在光、热、酸、碱和潮湿空气的作用下发生的化学变化，由原来的一种物质生成两种或两种以上的新物质。发生分解后，商品不仅数量减少，而且质量降低，有的在分解时还会产生一定的热量和可燃气体。

(3)氧化。氧化是指商品与空气中的氧或其他能放出氧的物质接触，所发生的与氧结合的化学变化。易于氧化的商品很多，化工原料中的硫代硫酸钠、亚硝酸钠、保险粉、氧化亚锡等，都属于易氧化的商品。

(4)老化。所谓商品老化，是指高分子材料在加工、储藏和使用过程中，由于内外因素的综合影响而失去原有的优良性能，以致最后丧失使用价值的变化过程。如农用塑料薄膜变色、强度下降甚至脆化等。

(5)风化。风化是指含有结晶水的化合物在一定条件下失去结晶水而改变原来的形状。常见的易风化商品有硫酸钠、硫酸锌、硫酸铜、硫酸钙，他们都含有不同数量的结晶水。这些含结晶水的商品，在不同温度或干燥空气中，有可能失去结晶水而风化，这部分水一旦失去，整个商品就会发生解体，改变原来的形态和性质。玻璃长期在温湿度的影响下也会发生风化，降低光泽度和透明度。因此，保管这些易风化的商品应采取密封包装，在炎热干燥季节要加强储藏环境的温湿度控制。如果环境过于干燥，应适当加湿，以维持正常的空气湿度。

3. 商品的生理生化变化及其他生物引起的变化

由于在储商品很多都是有机物或有生命的物质，不可避免地产生一些生理上的变化或由于生物的作用发生变化。商品的生理生化变化是指有生命的有机体商品，为了维持它们的生命，本身所进行的一系列变化，如粮食、果蔬、鲜鱼、鲜肉、鲜蛋等有机体商品在储存过程中，受到各种外界条件的影响，往往会发生各种各样的生理生化变化。其变化形式主要有呼吸作用、发芽、后熟作用等。生物作用变化主要有霉腐、虫蛀、鼠咬等。

(1)呼吸作用。呼吸作用是指有机体的商品在生命活动过程中，不断地进行呼吸，分解体内有机物，产生热量，维持其本身生命活动的现象。呼吸作用是一切有机体最普遍的胜利现象。呼吸停止，就意味着有机体商品生命力的丧失。

(2)发芽。发芽是指有机体商品在适宜的条件下和酶的作用下，冲破“休眠”状态，就可能发生发芽的现象。有机体商品，如粮食、果蔬等，在保管过程中，若水分、氧气、温度等条件适宜，就可能发芽，在这个过程中，通常伴随发热生霉，不仅增加损耗，而且降低质量。

(3)后熟作用。后熟作用是指瓜果、蔬菜等类食品在脱离母株后继续其成熟过程的现象。瓜果、蔬菜等的后熟作用，能改进色、香、味以及适口的硬脆度等食用性能，但当后熟作用完成后，则容易发生腐败现象，对于这类鲜活食品，应在其成熟之前采收并控制储藏条件来调节其后熟过程，以达到延长储藏期、均衡上市、先进先出。

(4)霉腐。霉腐是指商品在霉腐微生物作用下发生的霉变和腐败现象。霉变是有机性商品容易发生的变化，发酵主要是因为商品感染了酵母菌、乳酸菌、醋酸菌等，而使商品发生分解；蛋白质腐败，主要是由于细菌感染商品而发生蛋白质分解的现象。在气温高、湿度大的梅雨季节，如果仓库的温湿度控制不好，储存的棉布、针棉织品、皮革制品、鞋帽、纸张、卷烟以及中药材等许多商品就会生霉；肉、鱼、蛋类就会腐败发臭；水果、蔬菜就会腐烂。

(5)虫蛀、鼠咬。商品在储存期间，凡是含有有机成分的商品，都容易遭受害虫蛀蚀。除可食用商品能提供害虫生命活动所需要的营养物质以外，很多用动、植物材料制成的工业品商品，如毛皮制品、皮革制品、丝毛制品、纸及其制品、纤维制品等都含有蛋白质、脂肪、淀粉、纤维素等仓库害虫所喜食的成分。经常危害商品的仓虫有40多种。

仓库害虫在危害商品的过程中，不仅破坏商品的组织结构，使商品发生破碎和洞孔，而且排泄各种代谢物污染商品，影响商品质量和外观，降低商品的使用价值。商品在储运过程中，还经常遭受老鼠的咬损，使商品本身及其包装受到损害，甚至完全丧失使用价值。

因此，对虫蛀、鼠咬的防治要求仓储管理员熟悉虫、鼠的生活习性和危害规律；搞好运输工具和仓库的清洁卫生工作；加强日常管理，严格控制温湿度，抑制虫、鼠生存繁殖，切断虫、鼠的来源；并采用化学药剂或其他方法杀虫、灭鼠，坚持经常治理与突击围剿相结合。

4.2.4 商品养护的基本措施

商品只能在一定的时间内，一定的条件下，保持其质量的稳定性。商品经过一定的时间，则会发生质量变化，这种情况在运输和储存中都会出现。而且商品不同，其质量变化的快慢程度也不同。由于商品本身和储运条件决定商品质量的变化程度，同时也决定了商品流通的时间界限。商品越容易发生质变，它对储运条件要求就越严格，它的空间流通就越狭窄，它的销售市场就越带有地方性。因此，易发生变质的商品，对它的流动时间限制就越大，就越需要商品养护。

商品养护是流通领域各部门不可缺少的重要工作之一。应在此过程中贯彻“以防为主、防重于治、防治结合”的方针，达到最大限度地保护商品质量，减少商品损失的目的。“防”是指不使商品发生质量上的降低和数量上的减损，“治”是指商品出现问题后采取救治的方法，防和治是商品养护不可缺少的两个方面。

1. 商品霉腐的防治

糖类、蛋白质、油脂、和有机酸等物质是微生物生长繁殖所必需的营养物质。因此，在环境条件适宜微生物生长繁殖的情况下，它将在含有这些营养物质的商品上迅速生长繁殖，造成商品的霉变。商品防霉腐就是针对商品霉腐的原因所采取的有效措施。在仓库储存中，主要是针对商品霉腐的外因，用化学药剂抑制或杀死寄生在商品上的微生物，或控制商品的储存环境条件。

(1)常规防霉腐

常规防霉腐就是采用常用的方法，消除适于微生物生长发育的条件，以达到防霉腐的目的。有下列常用方法：加强入库验收；加强仓库温湿度管理；选择合适的储存场所；合理堆码，下垫隔潮，货物堆垛不应靠墙靠柱；货物进行密封；做好日常的清洁卫生。

(2)药物防霉腐

常用的防腐剂有五氯酚钠、水杨酰苯胺、多菌灵、多聚甲醛、环氧乙烷等。由于防霉药具有一定的选择性，因此，一种防霉药不可能对所有菌类都有效。另外，使用长久后，还可能产生免疫力，此时就需要及时更换药剂。防霉药的效果，还要看使用是否得当，同 *PH* 范围和其他化学药品对它的影响，用量多少，用在什么地方有关。

(3) 气调储藏防霉腐（简称 *CA* 储藏）

这是一种调整环境气体成分的储藏方法，通常由减少环境中的氧气，增加二氧化碳含量及降低环境温度等三方面综合而成。对于大多数水果蔬菜来说，适宜储藏的气体条件是：氧 3%左右，二氧化碳 0 – 5%。

(4) 霉腐商品的救治

仓储货物一经发现霉腐，就应立即采取有效措施，防止其继续发展，造成更大损失。救，是指翻垛挑选，将霉腐商品与正常商品进行隔离，以免损失蔓延；治，就是将已霉腐商品，根据霉腐程度、货物的性质、设备条件、因地制宜地采取适当方法进行处理。霉腐商品的救治方法主要有熏蒸、晾晒、烘烤、加热消毒和紫外线灭菌。

2. 金属制品锈蚀的防治

金属商品发生锈蚀，不仅影响外观质量，造成商品陈旧，同时会使其机械强度下降，降低使用价值，严重的甚至报废。例如，各种刀具常因锈蚀使其表面形成斑点、凹陷，以至难以平整和保持锋利；精密量具，只要轻微锈蚀，都可能影响其使用的精确度。金属的防锈蚀就是防止金属与周围介质发生化学作用或电化学作用，使金属免受破坏。金属制品的防锈，主要是针对影响金属锈蚀的外界因素进行的。几种主要方法简介如下：

(1) 控制和改善储存条件：选择适宜的保管场所；保持库房干燥；保持商品及储存场所清洁；妥善存放码垛；保持材料防护层或包装完整；坚持定期品质检查，并做好品质检查记录。

(2) 涂油防锈

在金属制品表面涂（或浸或喷）一层防锈油脂薄膜。防锈油分为软膜防锈油和硬膜防锈油两种。软膜防锈油防锈能力稍差，但容易用有机溶剂清除；硬膜防锈油防锈能力强，但油膜不易清除。软膜防锈的使用有按垛油封、按包油封、个体油封三种。硬膜防锈多用于露天存放的钢材，方法以喷涂为佳。防锈油都具有易燃成分和一定的毒性。

(3) 气相防锈

气相防锈是利用一些具有挥发性的化学药品，在常温下迅速挥发，并使空间饱和，它挥发出来的气体物质吸附或沉积到金属制品的表面并阻碍金属的腐蚀。气相防锈剂多作长期封存用，用法较多，主要有以下几种：

粉末（片、丸等）法。把气相防锈粉末撒在产品表面，或用器皿盛装后置于包装物内，或用纱布包好悬挂于产品四周，或把片、丸等放在适当的部位，即可起到防锈作用。

浸涂纸（布）法。这种方法也称作载体法。即将气相缓释剂溶解于蒸馏水中或有机溶剂中成为溶液，然后浸涂或刷涂在防锈纸或布上，干燥后即成为气相防锈纸或布，含量一般为 5 – 30 克/平方米。使用时，直接用它包装金属材料即可，然后在它外面加石蜡纸、塑料袋包装等。

溶液法。用上述方法把防锈剂制成溶液，喷涂在金属表面，然后再用石蜡纸或塑料袋包装。

仓库中采用气相防锈与其他防锈方法相比，优点是防锈效果好，防锈期长；无污染，操作安全；启封快，使用方便；包装作业简单，提高了工效。气相防锈的缺点是作业要求严，要求包装严密，否则会降低防锈效果。

(4)可剥性塑料

可剥性塑料是以塑料为基体的一种防锈包装材料。一般配方中加有矿物油、防腐剂、增型剂、稳定剂及防霉剂等。可剥性塑料覆于金属表面上成膜后，并不直接粘附于金属表面，而是被一层析出的油膜与金属隔开，故启封时不需借助溶剂而能用手轻易剥除。可剥性塑料保护层透明，耐候性(经受恶劣气候的性能)好，防锈期长，适用于钢、铁、铜、铝等金属，且膜的柔韧性好，能抵御一般轻度的摩擦与撞击，故可保护精加工面不受损坏。使用这类材料时，可以简化内包装，但费用昂贵，施工时须加热或有可燃性溶剂挥发，所以目前尚未大量使用。

(5)涂漆

在金属材料表面均匀地涂上一层油漆，是应用极为广泛的一种防锈方法，其优点是施工简单，适用面广。缺点是漆膜容易开裂、脱落，而且可从漆层空隙间透过湿气，往往在漆层底下发生金属腐蚀。

(6)防锈水防锈

防锈水防锈也是应用比较广泛的防锈方法，但因防锈期限短，多见于工序间防锈。如果金属材料的库存周期很短，也可采用。

目前除锈的方法大体有以下三种：

(1)手工除锈

主要进行擦、刷、磨以除去锈迹。

(2)机械除锈

常见的有滚筒式除锈、抛光机除锈等。

(3)化学除锈

化学除锈是利用能够溶解锈蚀物的化学品，除去金属制品表面上锈迹的方法。金属制品的化学除锈主要是在各种酸液中进行，所以又叫“酸洗”。

3. 商品老化的防护

塑料、橡胶、化学纤维、涂料、油漆等人工合成的高分子商品，在加工、储存和使用过程中，由于受种种因素的影响，会发生性能降低，品质变化，以致出现丧失使用价值的现象。天然高分子化合物，也有这种现象，但老化速度缓慢，如棉、麻、丝、皮革、天然橡胶等。对于仓储中商品的老化防护，应采取以下措施：

(1)包装应完整，使货物在储运过程中保持整洁、完整和减少外界因素对货物的影响。

(2)库房应清洁、干燥、凉爽，避免阳光直射。同库不能存放油类、潮解性、腐蚀性、含水量大的易燃商品。

(3)货物堆码要符合隔潮、安全、方便、多储原则。

(4)控制库房温湿度，避免库温过高和相对湿度太高，及时采取通风、吸潮、密封等措施调节到商品适宜储存的温湿度。

(5)按时检查，发现商品有潮、热、霉、虫以及变形、发粘、发硬、龟裂等老化现象，要及时采取措施进行处理。

(6)贯彻先进先出，易坏先出的原则。

4. 仓库鼠害、虫害的防治

库存商品常常受到仓库鼠害、虫害的危害，不仅使商品本身受损，还会使商品包装器材、料架及建筑物遭到破坏，造成不应有的损失。对鼠害、虫害的防治技术已成为现代商品保护技术的一项重要内容。

(1)害鼠防治

防鼠主要是断绝害鼠的食物来源，减少其隐蔽场所。具体方法是保持库内外清洁卫生，随时整理好商品包装和器材，使老鼠无处藏身和取食，堵塞鼠洞，切断鼠路，防止害鼠进入库内。

捕鼠采用捕鼠器具和老鼠天敌进行捕鼠，也可采用药物配制成毒饵进行诱杀。在配制害鼠毒饵时，要注意人身安全。

(2)害虫防治

杜绝害虫的来源，主要是加强入库的检查和处理，防止已经生虫的商品混进库内；搞好仓库周围环境及商品用具的卫生消毒；定期进行实仓和空仓的检查和杀虫处理。

害虫主要采用驱避剂和杀虫剂进行药物防治。驱避剂主要有萘、对二氯化苯和樟脑精等。驱避剂放入商品仓库和密封货垛中，可达到驱虫和杀虫的目的。杀虫剂有熏化剂、触杀剂和胃毒剂等。常用熏化剂有磷化铝、氯化苦、硫磺、溴甲烷等。触杀剂和胃毒剂有敌敌畏、敌百虫等。

物流窗口 4－5

商品养护员的职责

◎ 指导保管人员对商品进行合理贮存。

◎ 检查库存商品的储存条件是否符合要求，配合保管员进行仓间温湿度管理，及时调整库存条件。

◎ 对库存商品定期进行循环质量抽查，抽查的周期应视商品的质量要求和季节变化而定，对物理外观有变化及储存日久的品种，应抽样送化验室重新检验。

◎ 对检查中发现的问题，提出处理意见和改进养护措施，配合保管人员对有问题的商品进行必要的整理。

◎ 根据季节气候变化，拟定商品检查计划和商品养护工作计划，列出重点养护的品种，并组织实施。

◎ 建立商品养护措施。

◎ 对重点品种开展留样观察，考察商品变化的原因和规律，为指导确定合理库存期提供资料。

◎ 按照养护协作组织的分工，开展养护科研工作，逐步使仓库养护科学化、现代化。

4.3 温湿度控制

商品在仓库储存过程中的各种变质现象，几乎都与空气温湿度有密切关系，仓储商品维护保养的重要工作就是控制好仓库的温湿度。由于商品的性质不同，其所适应的温湿度也不同，仓库温湿度的变化对储存商品的品质、安全影响很大，而仓库温湿度往往又受自然气候变化的影响，这就需要仓库管理人员正确地控制和调节仓库温湿度，以确保储存商品的品质安全。因此，严格控制仓库内部温湿度的变化，是仓储养护工作中确保储存商品质量的一项十分重要的工作。

4.3.1 温湿度的基本知识

1. 空气温度

空气温度是指大气冷热的程度，简称为“气温”。在仓库管理中主要指所要测量范围内的空气冷热程度。衡量空气温度高低的尺度称为“温标”，常用的温标有摄氏和华氏两种表示方法。在仓库温度管理中，一般都用摄氏温标表示法。

摄氏温标是以纯水在标准大气压下的冰点为0度，沸点为100度，0度至100度之间分为100等份，每等份代表一度，摄氏温度用°*C*表示。

华氏温标是以纯水在标准大气压下的冰点为32度，沸点为212度，32度至212度之间分为180等份，每等份代表一度，华氏温度用°*F*表示。

摄氏温度(℃)和华氏温度(°*F*)之间可以互相换算，换算公式为：

$$℃ = °F - 3(2) \times \frac{5}{9}$$

$$°F = ℃ \times \frac{9}{5} + 32$$

2. 空气湿度

空气湿度是指空气中水汽含量的多少、即空气的潮湿度。表示的方法有水汽压、绝对湿度、相对湿度、饱和湿度和露点等。

水汽压就是单位面积上所受的水汽压强。大气中水汽含量越多，水汽压也就越大。

绝对湿度是指单位体积的空气中实际所含的水汽量。

饱和湿度就是在一定的温度下，单位体积空气中能容纳的最多水汽量。如果超过这个限度，多余的水汽就会凝结，变成液体从空气中析出。当空气达到饱和湿度时，水汽的压力称为饱和水汽压。

相对湿度就是在相同温度下，空气绝对湿度与饱和湿度的百分比。他表示了空气中实际水汽量达到饱和状态的程度。即：

$$相对湿度 = \frac{绝对湿度}{饱和湿度} \times 100\%$$

从上式可以看出，在温度不变的情况下，相对湿度与绝对湿度成正比关系；若绝对湿度不变，则相对湿度与温度成反比关系。在仓库的湿度管理中，主要是根据相对湿度来了解和调节仓库内空气的干湿程度。

露点是指含有水汽的空气，其相对湿度会因温度的降低而增大，当温度降到某一数值时，空气中的水汽达到饱和状态(即相对湿度达到100%)，随之就会液化，附在商品或库房建筑物等与空气接触的表面上形成水珠，这种现象叫“结露”，俗称出汗。这时的温度叫“露点温度”，简称“露点”。因此，露点是以温度表示湿度的概念。出汗现象对怕潮商品有较大的危害性，在商品储存过程中应特别重视。

4.3.2 温湿度的变化规律

1. 大气温湿度的变化规律

(1)温度变化的规律

气温的变化可分为周期性变化和非周期性变化两类，气温的周期性变化包括年变化和日变化。

温度的年变化规律。大气的温度，在一个自然年中，以候(五天为一候)平均气温为标准，呈春(候均温为10°C－22°C)、夏(候均温为≥22°C)、秋(候均温为10°C－22°C)、冬(候均温为≤10°C)四个季节，周而复始地变化着。一年中，气温最低的月份，内陆为1月，沿海为2月；最热的月份，内陆为7月，沿海为8月。一年中月平均气温的最高值与最低值之差称为气温的年较差，气温年较差的大小，受地球纬度、地表性质的影响。

气温的日变化是指一昼夜内气温的变化。在一昼夜中，最高温度在午后2－3点，最低温度在凌晨日出前，交替出现，形成白天热、夜间冷，中午暖、早晚凉的规律变化趋势。一昼夜中，最高气温与最低气温的差值，称为气温的日变幅或日较差。其大小，往往受地理、地形、季节和土壤等因素的影响，通常是随纬度的增高而减小，沿海比内陆小，阴天比晴天小。

(2)湿度变化的规律

大气绝对湿度的年变化，一般是随气温的升高而增大；反之则减小。大气相对湿度的年变化趋势，则与气温年变化相反，一般最高值出现在冬季，最低值出现在夏季，但是，我国各地相对湿度的年变化也不完全一致。例如，东南沿海和受季风影响的大部分地区，由于受海洋季风影响，夏季较冬季的相对湿度高。

湿度的日变化，一般情况下，空气的绝对湿度是随气温的升高而增大；反之则减小。而相对湿度的日变化，一般是日出前出现最高值，午后2－3点时相对湿度呈现最低值。但沿海地区由于从海洋吹来的水汽，在午后温度最高时最强。所以，午后温度最高时，其相对湿度也高。

2. 库内温湿度的变化规律

在大气温湿度的影响下，库内的温湿度也相应地发生规律性的变化。库内温湿度的年变化和日变化，均与库外温湿度的变化大致相同。只是库内温湿度的变化一般落后于库外，变化的幅度也比库外小，通常是夜间库温高于库外气温，白天库温低于库外气温。同时，库内温湿度的变化，还因仓库所在地区、坐落方向和仓库建筑材料、结构、颜色、空间大小、垛形等因素的差异，库房的温湿度变化是错综复杂的。

(1)库房温度变化的一般规律

从季节看，一般1－4月和10～12月气温低于库温。6～8月，气温则高于库温。4～5月和9～10月气温和库温大致相当。

从仓库建筑材料看，由于材料的比热和导热系数不同，钢筋水泥建材与砖木建材相比，夏天前者库温比后者高，冬天，后者比前者库温高。

从结构看，楼仓，夏天高层库温比低层库温高，顶层最热，冬天则相反；平房、人字顶的库房高于平顶的库温。

从空间看，向阳面和上部库温高于背阴面和下部库温，靠近门、窗、通风口处的库温变化高于其他地方的变化。

从垛形看，通风垛，各种间距合理、库内无死角时，库温大致趋于平均。若码实心垛，各种距离欠妥当，库内有死角，则库温有差异。

(2)库房湿度变化的一般规律

库房湿度除受季节影响以外，还与库房的结构、商品及商品的堆放方法有直接关系。库房或货垛的高度越高，上部的温度高，湿度小，底部温度低，湿度大；地坪，夏季温度偏低，湿度偏高，冬季受冷空气的影响，较为干燥；向阳面，温度稍高，湿度稍低，背阴面则相反。库内有死角处湿度较高。另外库内湿度变化还与商品含水量和密封程度有关，商品含水量大，库房密封差的，库内湿度变化大；商品含水量低，库房密封好，受外界湿度影响小，库内的湿度变化比较稳定。

3. 温湿度的测定

测定温湿度的仪器有很多种，适用仓库使用的温度测定仪器，常见的有普通温度表，最高、最低温度表和自动温度计等。测定空气湿度的常用仪器，主要有干湿球温度表、毛发湿度表和自动记录湿度计等。

（1）温度的测定

①普通温度表的结构和原理较为简单，即在一根密闭的细长玻璃管中，装入水银（白色）或酒精（红色），下端膨大呈球形。根据水银或酒精热胀冷缩原理，可从水银或酒精柱所达到的刻度，观察到当时温度的高低情况。我国通常使用摄氏温标来表示温度。

②最高、最低温度表是用来测定一定时间内空气最高温度与最低温度的温度表。其中，最高温度是一种水银温度表，最低温度是一种酒精温度表。还有一种 *U* 型最高最低温度表，能同时测定一定时间内空气的最高最低温度。

③自动温度计是连续记录空气温度变化的自动仪表。从它的自动记录资料中，可以得知库内温度的变化规律，也可找出一定时间内的最高、最低和任何一段时间中所出现的温度值。

（2）湿度的测定

①干湿球温度表，简称干湿表，是库内最常用的一种测湿仪器，它是用两支同样的温度表平行固定在一个木板或支架上，右边一支的球部裹有纱布，纱布的一端浸在水盂中，吸水后会使温度表球部保持湿润，故称湿球温度表，简称湿球。左边的一支称为干球温度表，简称干球。通常按照不同风速，根据干湿球表的温度及温差，直接从编制好的《温湿度查对表》中，查出空气的绝对、相对湿度。

②毛发湿度表是用单根脱脂人发制成，因为人发中有许多毛细管孔，空气湿度大时，毛细管内水分增加，使人发组织膨胀；空气干燥时，人发则收缩。根据人发这种特性制成的毛发湿度表，可以测定空气湿度的大小。它通常是在气温降至 $-5°C$ 时代替干湿球表使用。

③自动记录湿度计。简称湿度计，由感应（脱脂人发束）和自动记录两部分组成，可以连续自动记录空气的湿度。有时将自动记录湿度表与自动记录温度计联装在一起称为自动温、湿度计，可以缩小体积，使用方便。

4.3.3 温湿度控制的调节方法

根据商品的性能，仓库的设备条件，结合库外气候条件，采用密封、通风与吸潮相结合的方法，可以对库房温湿度进行控制和调节。通过对仓库温湿度的管理，可以防止或减少库存商品受潮、发热、霉变、熔化、锈蚀、发粘、发脆、干缩、干涸、干裂、干瘪等。

仓库温湿度的控制与调节，要根据不同商品的性能特点而进行，要了解并掌握室内外温湿度变化的规律。控制和调节仓库内部温湿度的方法主要有：密封、通风、吸潮或加湿、升温或降温等。

1. 密封

密封是利用一些不透气、能隔热防潮的材料，把商品严密地封闭起来，以隔绝空气，降低或减小空气温湿度对商品的影响。

密封常用的方法有整库密封、小室密封、按垛密封以及按货架、按件密封等。整库密封时，地面可采用水泥沥青，油毛毡等制成防潮层隔潮，墙壁外涂防水沙浆，内涂沥青和油毛毡，库内做吊平顶。门窗边缘使用橡胶条密封，在门口可用气帘隔潮。

密封保管应注意的事项有：在密封前要检查商品质量、温度和含水量是否正常，如发现生霉、生虫、发热、水凇等现象就不能进行密封。发现商品含水量超过安全范围或包装材料过潮，也不宜密封。要根据商品的性能和气候情况来决定密封的时间。怕潮、怕溶化、怕霉的商品，应选择在相对湿度较低的时节进行密封。常用的密封材料有塑料薄膜、防潮纸、油毡、芦席等。这些密封材料必须干燥清洁，无异味。

采用密封方法，要和通风、吸潮结合运用，如运用得法，可以收到防潮、防霉、防热、防溶化、防干裂、防冻、防锈蚀、防虫等多方面的效果。

2. 通风

通风是根据空气温湿度变化的规律，有目的使仓库内外空气交流，调节库房内温度和湿度的办法。通风的方法有自然通风和机械通风。自然通风是开启库房门窗和风洞，让库内外的空气进行自然对流；机械通风是在库房上部装设排气扇，下部装设送风扇，以加速空气的流通。

采用通风的方法调节库内温湿度的关键，是选择和掌握通风时机。通风时机的选择，主要依据商品性质和库内外温湿度的差异，以及库外风向、风力等因素，通风才能达到预期目的。在实际工作中，应把握以下几点：

(1)库外温湿度都低于库内温湿度，或内外温度相同，而库外湿度低，或库内外湿度相同，库外温度低时，都可以通风。但防止温差过大，造成结露。

(2)库内商品水分低于当时温、湿度的条件下的商品平衡水分时，不宜通风。

(3)库外温度高而相对湿度低或库外温度低而相对湿度高时，应比较库内外的绝对湿度，如果库内绝对湿度比库外大时，根据需要可以通风。

(4)合理通风的有利时机，可以通过实测库内外温湿度，经查表换算来确定。公式：

$$\text{库外空气进入库内变化后湿度}=\frac{\text{当时库外温度的饱和水汽量}\times\text{当时库外的相对湿度}}{\text{当时库内温度的饱和水汽量}}\times 100\%$$

将换算后所得湿度与商品水分平衡湿度比较，如大于平衡湿度，不能通风，小于平衡湿度，就可以通风。此外，还要根据储存商品的不同要求进行通风。

怕热不怕湿的商品(如塑料、橡胶制品等)与湿度关系很小，在库外温度低于库内时，就可以通风。

怕湿不怕热的商品(如五金商品)与库温关系甚小，只要库外绝对湿度低于库内绝对湿度时，就可以通风；如气温低于库内温度、库外相对湿度低于库内相对湿度，也可以通风；但气温低于库内空气露点 20℃以下时，不能进行通风。

怕湿又不耐高温的商品(如纺织品、化妆品等)，通风时应尽可能以同时降低库内温湿度为主要目的。

怕冻的商品与温度关系较大，在寒冷季节只要库外温度高于库内温度时就应该通风。

怕干的商品，通风时增加库内的湿度为主要目的。

通风时，要注意风力不能太大，以免带进砂土，影响卫生。同时要注意选择风向。一般情况下，北风、东北风、西北风有利于散湿，南风、东南风、西南风较潮湿。通风还应与吸湿、密封等方法相结合。

3. 吸潮

吸潮是与密封相结合，用以降低库内空气湿度的一种有效方法。在梅雨季节或阴雨天，库内湿度过高，不适宜商品的保管。而库外湿度也过大，不宜进行通风散潮时，可以在库房密封的条件下，采用吸潮的办法降低库内的湿度。吸潮方法，通常采用的有吸潮剂吸湿和机械吸湿两种。

(1) 吸潮剂吸湿

吸潮剂自然吸湿就是将吸湿剂暴露于空气之中，利用它自身的吸湿性进行吸湿，具体方法是将吸湿剂装入容器中，置于垛底或库内气流不畅的地方，即可达到吸湿目的。放入吸湿剂的容器不要装的太满，以防吸潮后溢出。对吸潮剂应注意检查，失效时应立即更换，适用于仓库吸潮的吸潮剂有生石灰、氯化钙、硅胶和木炭等。

(2) 机械吸湿

机械吸湿是根据温湿度变化的原理，利用电动机械从库房内空气中吸除水汽，降低绝对湿度，从而降低相对湿度，达到降潮的目的。使用机械吸湿，吸湿率高，效果显著，成本低，操作简便，无污染。机械吸湿的主要方法是吸潮剂鼓风吸湿和去湿剂吸湿。吸湿机一般适宜于储存棉布、针棉织品、贵重百货、医药、仪器、电工器材和烟糖类的仓库吸湿散潮。

以上介绍了仓库常用的几种温湿度控制方法，这些方法往往共同使用，能扬长避短，有效地控制储存区的温湿度。如先进行通风，后加以密封作为巩固通风效果的辅助措施，密封后再吸湿，此时吸湿又成为密封的辅助措施。

4. 自动控制、调节温湿度

光电自动控制设备，可以在库内温、湿度超过贮品规定范围内，能自动报警，开启仓窗、开动去湿机、记录和调节库内温湿度。当库内温湿度降至适宜条件时，又能自动停止去湿工作和关闭通风窗。

光电控制设备，具有占地面积小，使用灵敏，准确的优点，是仓储设备中较先进的设备。

物流窗口 4－6

肉类保鲜方法

肉类的防腐保鲜自古以来都是人类研究的重要课题，随着现代人生活方式和节奏的改变，传统的肉类保鲜技术已不能满足人们的需求，深入研究肉类的防腐保鲜技术势在必行。目前认为，任何一种保鲜措施都有缺点，必须采用综合保鲜技术，发挥各种保藏方法的优势，达到优势互补、效果相乘的目的。

肉类的腐败主要由三种因素引起：(1)微生物污染、生长繁殖；(2)脂肪氧化酸败；(3)肌红蛋白的气体变色。这三种因素相互作用，微生物的繁殖会促进油脂氧化和肌红蛋白变色，而油脂氧化也会改变微生物菌系并促进肌红蛋白变色，目前肉类防腐保鲜的方法主要有以下两大类：

一、传统的肉品保藏技术

1. 低温冷藏保鲜

低温保鲜是人们普遍采用的技术措施，鉴于我国的国情，冷冻系统是肉类保鲜最为重要的手段。冷藏是肉品保存在略高于其冰点的温度，通常在2－4 ℃之间，这一范围内大部分致病菌停止繁殖，但嗜冷腐败菌等仍可生长。低温保鲜有以下缺点：(1)冷冻和解冻过程会因冰晶形成和盐析效应，使肉的品质下降；(2)如包装不良，表面水分会升华而造成"冻烧"现象；(3)冻藏时运输成本高。

2. 低水分活性保鲜

水分活性并不是食品中全部水分含量，而是指微生物可以利用的水分。微生物的繁殖速度及微生物群构成种类取决于水分活性(*AW*)。最常见的低水分活性保鲜方法有干燥处理及添加食盐和糖。其他添加剂，如磷酸盐、淀粉等都可降低肉品的水分活性。

3. 加热处理

加热处理是用来杀死肉品中存在的腐败菌和致病菌，抑制能引起腐败的酶活性的保鲜技术，加热处理虽可起到抑菌、灭酶的作用，但加热不能防止油脂和肌红蛋白的氧化，反而有促进作用，所以热处理肉制品必须配合其他保藏方法使用。

4. 发酵处理

发酵处理肉制品有较好的保存特性，它是利用人工环境控制，使用肉制品中乳酸菌的生长占优势，将肉制品中碳水化合物转化成乳酸，降低产品的 *pH* 值，而抑制其他微生物的生长，发酵处理肉制品也需同其他保藏技术结合使用。

二、现代防腐保鲜技术

虽然许多传统的肉类保鲜技术至今仍在使用，但新型防腐保鲜技术发展很快，现代肉类防腐保鲜技术包括防腐保鲜剂、真空包装、气调保鲜技术和辐射保鲜技术4种。

1. 防腐保鲜剂

肉制品中与保鲜有关的食品添加剂分为4类：防腐剂、抗氧化剂、发色剂和品质改良剂。防腐剂又分为化学防腐剂和天然防腐剂。防腐保鲜剂经常与其他保鲜技术结合使用。

2. 真空包装技术

真空包装技术广泛应用于食品保藏中，我国用真空包装的肉类产品日益增多，真空包装的作用主要有4个方面：(1)抑制微生物生长；(2)防二次污染；(3)减缓脂肪氧化速度；(4)使肉品整洁，提高竞争力。真空包装有三种形式，第一种是将整理好的肉放进包装袋内，抽掉空气，接着吹热风，使受热材料收缩，紧贴于肉品表面；第二种方法是热成型滚动包装；第三种方法为真空紧缩包装，这种方法在欧洲广泛应用。

3. 气调包装技术

气调包装技术也称换气包装，是在密封标准中放入食品，抽掉空气，用选择好的气体代替包装内的气体环境，以抑制微生物的生长，从而延长食品保藏期。气调包装常用的气体有三种：(1) CO^2 抑制细菌和真菌的生长，尤其是细菌繁殖的早期，也能抑制酶的活性，在低温25%浓度时抑菌效果更佳，并具有水溶性。(2)氧气作用是维持氧合肌红蛋白，使肉色鲜艳，并能抑制厌氧细菌，但也为许多有害菌创造了良好的环境。(3)氮气是一种惰性填充气体，氮气不影响肉的色泽，能防止氧化酸败、霉菌的生长和寄生虫害。在肉类保鲜中，二氧化碳和氮气是两种主要的气体，一定量的氧气存在有利于延长肉类保质期，因此，必须选择适当的比例进行混合，在欧洲鲜肉气调保鲜的气体比例为氧气：二氧化碳：氮气＝70：20：10 或氧气：二氧化碳＝75：25。目前国际上认为最有效的鲜肉保鲜技术是用高二氧化碳充气包装的 *CAP* 系统。

4. 肉类辐射保鲜技术

肉类辐射保鲜技术的研究已有40 多年的历史。辐射技术是利用原子能射线的辐射能来进行杀菌的。目前认为用辐射的方法照射食品是安全的。食品辐射联合委员会（*EDFI*）建议，所有主要各种类食品均可用一亿拉德或更小剂量辐射，这种剂量不会引起毒理学危害。1988 年中国科技大学和合肥第二商业局共同研究的“鲜猪肉辐射保存技术”，其结果令人满意，在室温下 25℃，保存的猪肉，其色、香、味与鲜肉相似。辐射保鲜技术的效果有待进一步研究。

总而言之，肉类的保鲜需要综合应用以上各种防腐保鲜措施，发挥各自的优势，达到最佳保鲜效果。未来肉类防腐保鲜的趋势将是天然防腐保鲜剂 的应用，新型包装技术的应用和辐照技术的广泛使用。

稿件来源：食品伙伴网 *http://www.foodmate.net*

思考题：

1. 雷电的成因、种类及其危害性有哪些？
2. 仓库防雷措施及防雷装置的日常检查与维护。
3. 仓库火灾的特点及成因。
4. 常见灭火方法有哪些？如何正确选用灭火剂与灭火器材？
5. 仓库防火要做好哪几方面的工作？
6. 为什么说加强仓库安全监控工作对仓库安全管理有十分重要的意义？
7. 仓库安全管理的基本任务和具体工作内容。
8. 如何做好在库物品的质量管理？
9. 影响库存商品质量变化的因素包括哪些？
10. 商品质量变化的类型有哪些？
11. 绝对湿度、饱和湿度、相对湿度、露点的概念是什么？
12. 库内温、湿度的变化规律是什么？
13. 金属制品防锈的措施包括哪些？
14. 库房温湿度调节的主要方法有哪些？

参考阅读材料：

1. 扬凤祥主编：《仓储管理实务》，北京 ：电子工业出版社，2005 年。
2. 向海峡主编：《仓储物流员》，北京：中国劳动社会保障出版社，2006 年。
3. 翟光明主编：《仓储与配送实务》，北京：人民交通出版社，2005 年。
4. 盛显欣主编：《商品学概论（修订本）》，北京：中国商业出版社，1999 年。
5. 张广生、贾静升主编：《现代商品学基础 》，上海：上海科技教育出版社，1986 年。

案例分析:

清水河化学危险品仓库特大爆炸火灾事故

1993年8月5日,深圳市清水河地区化学危险品仓库发生特大爆炸火灾事故。这次事故经历了2次大爆炸,7次小爆炸,损坏、烧毁各种车辆120余台,死亡18人,受伤873人,其中重伤136人,烧毁炸毁建筑物面积39000平方米,仅消防支队就损坏,炸毁消防车辆38台,41人受伤,直接经济损失达2.5亿元。

一、起火单位基本情况

清水河化学危险品仓库北面10多米处是34栋毗连的食品干杂货仓,贮存大量食品、纺织品、药材及工艺品等,价值数亿元;东面100米是一个堆放着1000多立方米的柚木露天场;西面30米的铁轨上停放着18节装满液化石油气的槽罐车和17节煤车;南面20米处横卧着4个巨型储罐,罐里装有250吨双氧水,200米远处深圳市最大的液化气储罐区,42个卧式储罐存着4200吨液化气,与之紧靠一起的是存有万余吨汽油和柴油的油罐群。

二、起火经过及火灾原因

当日13时20分,清水河化学危险品仓库内搬运货物的工人正在休息,忽然,有人发现存放3000多箱火柴和总量约有210多吨硝酸铵等化学危险品的4号仓库冒出浓烟,并有火光闪现。于是,工人们迅速提起灭火器,但火势越来越猛,扑救无效。熟知化学危险品性能的工人们,慌忙丢下灭火器,纷纷四散奔逃,就在他们逃出库外仅60米时,惨祸发生了。4号仓库突然发生爆炸,一声闷雷似的炸响,库房分崩离析。

14时25分,第二次爆炸发生。刹那,现场一片黑暗,掀起的热浪将走在两公里以外的行人推倒,混凝土块、石块、钢筋、铁轨雨点般地砸向建筑群和人群,正在广深铁路线上疾驶的深10次列车前部软座空调车厢的双层玻璃飞出窗框50多块,列车左右摇晃。腾起的火球将火苗抛向四荒八野,北面12栋干货仓,东面的柚木和附近三个山头同时燃起大火,瞬时,清水河出现了18个火场。

三、火灾事故应汲取的教训

(一)库区选择不当。清水河仓库区地处深圳市泥岗路以北、红岭北路以东,这里距市中心国贸大厦水平距离仅为4200米,距深圳火车站不到5000米。1986年在此建库后,开始安排一些影响市容和有污染的项目,如干货、散装水泥、煤场、木材场、液化气库及部分单身宿舍区等。随着市区的不断扩大,这块原来非常偏僻的地方不在偏僻,且逐日热闹起来,周围高楼林立,清水河仓库区已经丧失了作为库区的功能。同时也暴露出最初城市规划设计者的目光短浅和缺乏科学性。

(二)未经批准,擅自改变储存性质。本来,清水河仓库区存放污染品也属不当,殊不知,到了1990年9月,中国对外贸易开发集团公司下属的储运公司与深圳市危险品服务中心联营,成立安贸危险品储运联合公司后,清水河仓库区的储存性质发生质的变化,安贸公司一下子就租了10栋库房作为储存危险品的仓库,存放硝酸铵、甲苯、甲铵磷、火柴、双氧水等,其品种有45种之多,丰厚的利润使安贸公司下了赌注。一夜间,清水河已不是昔日的煤场、屠宰场,而是易燃易爆危险物品的"大汇站",据该市消防支队负责人介绍,清水河仓库当初报建是干货仓,且消防机构核发了合格证。1992年2月,他们发现库内存放了易燃易爆物品,便通知安贸公司搬走,曾两次下发通知书,但安贸公司置之不理。

（三）管理不善，水源严重缺乏。该仓库从管理人员到搬运工、临时工，大多数人未经专业培训，不懂得管理、储运和危险品的专门知识，库内大量互相抵触的危险品混存。清水河仓储区建库7年，占地876公顷，有各类库区10多种。这样的重点部位，仓库区仅有4个消火栓，爆炸时已有3个不能使用，唯一能使用的一个还没有水。

（四）有些领导干部对消防机构提出隐患的整改，凡认为整改难度大，需要投资的，均未认真整改，结果养患成灾。1989年9月，深圳市消防支队两次检查该仓库，发现6号仓库存有甲、乙类物品，发出书面意见要求整改。1990年4月30日，深圳市消防支队对该仓库建筑进行验收，只有1－5号库房符合规定，颁发了合格证，6号库房因储存甲类物品未颁证，但该公司照常使用。1991年2月13日，消防支队到该仓库进行防火检查，发现该仓库存有甲、乙类物品，要求搬迁。安贸公司负责人以种种借口顶住不搬。1992年3月21日消防支队对该仓库进行检查后发出《火险隐患整改通知书》，提出9条整改意见，要求在4月10日前整改完毕，但安贸公司没有进行整改。对安贸公司多次对消防监督机构意见置之不理的行为，有关部门未作任何处理，而且消防执法还受到行政干预。

资料来源：*http://www.e110.info*

讨论问题：

1. 通过阅读本案例，谈谈仓库安全管理的重要意义。
2. 联系实际讨论仓库火灾有何特点以及如何防火。
3. 结合本案例说明危险品仓库安全管理应注意哪些方面。

第5章 库存管理

五

* 本章主要内容

- 库存管理概述
- 仓储管理技术
- 仓储成本管理

* 引导案例

1976 年，美国人 *Sol Price* 在零售业中采用了一种非常前卫的新概念：他把广受消费者欢迎的很大一部分货物放在光溜溜的大仓库里，然后有选择地以最低价向那些加入他俱乐部的小业主的代理人出售。*Sol* 的第一个仓库座落在圣地亚哥（*San Diego*）的郊区。为纪念他的名字同时也表明这种零售业态最主要特征，俱乐部就被称为"普拉斯价格俱乐部（*Price Club*）"。

按照中国目前市场经济发展的阶段，我们还没有能力做到"按需生产"、"按需分配"，在物流水平和信息对称化水平还远远没有达到理想状态的时候，商业中会出现很多库存现象。库存不是"废品"，但是它的存在，会影响厂商资金流正常运作，当库存处理不迅速，会逐渐地变成为市场的淘汰产品，它只能一直待在仓库中"发霉"。很难想象，现在的一个城市家庭，还会花钱去购买黑白电视机，那黑白电视机就成为"发霉"的淘汰产品了。要从根本上解决库存问题，需要做的工作真的不少：

1. 厂家方面

厂家是产品的研发、生产源头，现在讲得很多的"5*S* 管理"、"6*S* 管理"等等，都是最大限度地提高制造效率，减少次品率。那么在减少库存方面，最重要的环节就是：生产零件的标准化、通用化设计。现在市场竞争越来越激烈，时尚、潮流元素的重要性越来越明显。这些无非就是在外观、功能方面体现。如果生产厂家做到零件的标准化、通用化设计，那么在满足市场的不断变化中，就是在包装、产品外形、功能增减方面下功夫，核心的部分，也就是成本最高的部分，都不需要更换。所以，这样的厂家，在原材料采购、生产方面都占有很大的优势。也能很好地解决库存问题。

2. 渠道方面

商品的流通，需要经过一个渠道链，才能最终到达消费者手中，真正实现销售。大部分时候，产品积压在渠道链中，也就是渠道有库存，对厂家是一个定时炸弹，处理不当，会严重阻碍品牌后续的运作。减少渠道库存，就要最大限度地扁平渠道，减少不必要的流通环节，及时反馈真正的终端销量数据。像戴尔电脑、安利，走直销模式，大大减少渠道库存。当然，这需要强大的信息数据库系统和公司架构的调整。

3. 终端方面

终端是渠道链中最终面对消费者的窗口，是消化库存的最终出口。在整个销售链中，我们要分成两段来看，一段是销售链的流程(我们常说渠道)，一段是终端(我们常说市场)，这样才能形成完整的销售过程。可见终端的地位是很重要的。厂家在终端方面，要做好*KA*零售客户档案的建立、定时更新，利用强大的信息反馈系统和及时有效的促销手段消化库存。

当然，以上提到的都是比较理想的状态，能很好地做到防患于未然，把库存的产生扼杀在萌芽状态。通常，在现实的市场运作中，基本上达不到很理想的目标。特别是中国现在还是处在市场经济的初级阶段，没有很多前人的经验可模仿，大家都在“摸着石头过河”。现阶段，我们做得更多的事情是在“解决问题”，而不是“避免问题”。随着市场竞争越来越激烈，企业会出现很多决策的失误，导致在产品销售中，出现很多库存现象。只要找准方法，就能比较简单轻松地消化掉库存了。

5.1 库存管理概述

5.1.1 库存管理的含义与作用

1. 库存管理的概念

库存管理通常被认为是对库存物资的数量管理。甚至往往认为其主要内容就是保持一定的库存数量。但是，就库存所包括的内容来说，数量管理仅仅是其中的重要一项，并不是库存管理的全部内容。

当今社会信息网十分发达，只有及时、准确地掌握信息，才能使企业不被激烈竞争的潮流所吞没，始终立于不败之地。库存物资应是良品，假如是过时的、陈旧的物品，这一情报便会迅速传到有关单位，势必会降低企业的信誉。因此，必须实行有效的库存管理。

另外，即使库存物资是良品，但如果存放数量过多，势必积压资金，影响资金周转，还要花费更多的人力、财力去保管。反之，若库存物资数量过少，外界又会怀疑企业实力不雄厚，也会影响企业的发展。

因此，在准备实行库存管理时，预先要明确规定出经营方针。例如：库存物品在何时入库为宜；库存数量应为多少适宜；存放的迄止日期应在何时为宜。应先针对上述具体问题确营方针，然后，再开始进行库存管理工作。

开始接触库存管理工作时，往往觉得难以入手，但是如果能遵循一定程序进行管理，做起来并不困难。库存管理工作应该力争做到供需双方相互协调满意，企业之间或管理人员之间应该彼此融洽、相互信任。这是因为库存管理工作的使命就是，保证库存物资的质量，尽力满足用户的需求，采取适当措施，节约管理费用，以便降低成本。

2. 库存管理的意义

进行库存管理的意义就在于：它能确保物畅其流，促使企业经营活动繁荣兴旺。不论什么企业，都要储备一些物资。以生产为主的企业，不储备一定的物资，不能维持其连续生产；服务性行业，也要备置某些需用的设备和服务用具；就连一般的事业单位，也要备有某些办公用品等。因此，各行各业都存在不同程度的库存管理业务。

实行库存管理有如下优点：

(1)有利于资金周转

因为在某些特殊情况下，可以做到将库存需要的投资额规定为零。为此可使经营活动更为灵活，把用于建立原材料、制成品、商品等常备库存所需要占用的资金转为经营其他项目，这就有可能使经营活动向更新、更高的阶段发展。

(2)促使生产管理更为合理

这是因为库存管理工作的目标之一就是必需的物资，即在需要时，按需要量供应。目前生产管理较为混乱的主要原因在于一些急需的物资不能及时供应，要从根本上杜绝此类现象，就要认真搞好库存管理。

(3)有利于顺利地进行运输管理，也有助于有效地开展仓库管理工作

通过库存管理，可将原来零零散散放置的物料整理得井然有序，可使企业的生产环境整洁一新，实现文明生产。废旧物料堆放整齐、报废的设备及时运走，工厂的空地整洁干净，这样的环境，自然令人感到心情舒畅。此外，还可以把经常动用的物料以及危险性物料分片保管，以保证工厂的安全生产。库存管理工作的好坏，对改善企业生产环境将起着举足轻重的作用。

3. 库存管理的功能

一般情况下，生产与消费之间均有时间差，库存管理的主要功能，就是在供应和需求之间进行时间调整。

此外，生产或收获的产品，产出多少就销售多少，不进行库存管理，价格必然暴跌，为了防止这种情况的发生，也需要把产品保管在仓库里。可见库存管理在提高时间功效的同时还有调整价格的功能。因此，我们说库存管理具有以调整供需为目的的调整时间和调整价格的双重功能。

以前，人们把保管看作是一种储存，最近对于库存的认识已发生了变化。过去把仓库叫做“储存仓库”，也就是把夏天生产出来的产品存放到冬天，或是把秋天收获的农产品存放到下一个收获季节，并进行质量的管理。

世界经济的发展，曾经历过经济高度增长的大批量生产、大批量销售的时代，进入稳定增长时期之后，由于需求方式出现了个性化、多样化、特色化的改变，生产方式也变为多品种、小批量的柔性生产方式。物流也由少品种大批量物流进入多品种、少批量或多批次、小批量时代，库存管理功能从重视保管效率逐渐变为重视如何才能更顺利地进行发货和配送作业。

流通仓库作为物流服务的据点，在流通过程中发挥着重要的作用，它将不再以储存保管为其主要目的。库存管理包括拣选、配货、检验、分类等作业，并具有多品种小批量、多批次小批量等收货配送功能以及附加标签、重新包装等流通加工功能。

4. 消化库存的战术方法

厂家方面

(1)通过适销卖场终端消化停产产品的库存

每款产品都有它的生命周期，当产品面临停产时候，厂家通常都会有一些库存。在这种情况下，很多厂家都采取隐瞒消息，悄悄地让市场把所有库存都消化掉。其实，这样的做法是自欺欺人的。我们要记住，经销商们的嗅觉在市场中，永远都是最灵敏的，一点风吹草动马上就能引起渠道的惊觉。当市场上知道了产品即将停产，而厂家又没有很明确的措施实行，于是大家都会争相给厂家退货，或者低价倾销甩货套现，长期来看，最终受损的还是厂家自己。明智的厂家，应该站出来操控市场。首先，在主流渠道中发布产品要停产的信息，但是同时也要发布更多新产品上市的信息，把渠道的注意力转移到新产品上来，也让新产品能尽快填补停产产品退市的市场份额空白。然后，把停产产品库存回收到厂家处，直接供应到适销的大卖场终端消化，给予足够高的利润，库存很快就能在市场上消化掉了。在现实市场中，营销人员往往会把渠道市场等同为消费者市场，把商人的想法与消费者的想法等同了，就会做出上面前者的做法，以为消费者知道了产品停产的消息后，都不来购买了。其实，在渠道上，是商家的意见，商人关注的是投入产出比，是利润；而在消费者市场中，消费者关注的是价值价格比，是物超所值。厂家在渠道中做的很多手段，消费者都漠不关心的。诺基亚8310、8210已经停产多时，但是市场上还是有很多的二手机器、翻新机器销售，就证明了这点。

(2)引入渠道竞争消化同质产品造成的库存

从生产角度出发，所有厂家都在通过规模化、标准化来降低制造成本，使产品更有市场竞争力，但是市场的需求是多样化的。既要达到规模化，又要做到产品多样化，就会产生很多同质化的产品，即核心零件相同，功能相同，外形、包装有差异的产品。按理说，这是厂家自己子品牌之间的竞争。要解决产品同质化的竞争问题，同质产品必须走不同的经销商渠道，通过引入渠道竞争，使得两个产品走入不相同的渠道细分市场，减少子品牌之间相互打压。而且，在出现库存的时候，厂家可以与多个渠道一起商讨策略，避免吊死在一棵树上，最后导致至少一款或者多款产品库存太大，被渠道压死掉了。

(3) 产品线战略消化遇到竞品冲击造成库存

市场经济发展了那么多年，各行各业都有很多品牌在争抢有限的市场份额。可以说，每一款产品都会在市场上碰到很多竞品的竞争。当市场上有人采用恶意价格战、低价倾销的时候，就会使得厂家产品出现很多库存。当然，长远来看，这样做是不健康的。但是在企业还处于谋求生存的初级发展阶段，这样做也是无可厚非的。要解决竞品对自己产品的冲击，也是有办法可做的。就是厂家要做好自身产品线的定位战略。首先，厂家要考虑高、中、低端产品的定位，不要使自己的产品互相打架。只有做好市场细分工作，全方位介入市场，在市场运作碰到困难的时候，能够做到东边不亮西边亮。同时，也是分散风险的做法。竞品厂家都有他们的优劣势，避其锋芒，击其软肋，就能很好地消化库存了。然后，还要考虑自身品牌推广产品、销量支撑产品、自然销售产品三类产品线的定位，打好一套组合拳。通常，高端产品用以做品牌宣传，中、低端产品做销量提升、抢占市场份额，用品牌拉动销量提升，用销量提高品牌知名度，相辅相成。

渠道层面

(1)用新品拉动滞销产品

在目前，终端市场与消费者的信息不对称性还将长期存在，即消费者在很大程度还是受市场引导去消费的。所以，渠道的推力显得很重要。滞销产品通过渠道的推力，也能创造奇迹。在渠道商中，要通过各种提货奖励、用新品拉动滞销产品的出货。经过多年市场经济的洗涤，能生存下来并不断壮大的经销商，一般不是仅仅惟利是图的短视商人了，他们都有一些长期发展的思路。市场上所有品牌厂家，都不能保证每款产品畅销市场。经销商也明白这个道理。当厂家有了不断的新品刺激渠道，就要抓住这个砝码，用战略的、长期发展的思路拉住经销商，用新品刺激经销商消化滞销产品，让经销商在滞销产品上仅赚取微利，甚至不赚钱来经营，亏损的利润从新品中弥补。这样，把渠道的推力发挥极至，消化滞销产品。

(2)渠道压货的技巧

通常，在销售旺季到来前半个月左右时间，各厂家都各显神通，纷纷往渠道上压货，以便在销售旺季期间能最大化地抢占市场份额。在这介绍一个窍门:利用产品不同的颜色分类压货。通常，营销人员都会有这样的经历:月初接到老总分配的任务量，总觉得是一个不可实现的“画饼”。但是把任务总量细分到渠道中各个经销商身上，细分到各个业务员头上，大任务分割成很多个小任务，大家都看到了能完成的希望，到月底回头再看，原来看来遥不可及的目标，也大部分都完成了嘛。所以，如果能把大目标分解成小目标，把小目标逐个击破，大目标也指日可待了。压货也同样能运用这个道理。同样的产品，通常都会有很多颜色品种，这个就是我们可以细分压货总量的砝码。给经销商配货时，通常经销商都会根据不同颜色品种的销量按照一定比例同时进货，例如:*A* 产品红色 50 个，蓝色 30 个，一共 80 个。如果我们跟经销商说，红色现在没有货，全部都是蓝色，根据市场销量，先进蓝色 50 个吧;过两三天，蓝色品种已经销售了一部分，再跟经销商说，红色品种有货了，红色比较好卖，再进红色 60 个吧。这样，一共压了 110 个货。经销商的资金始终都周转在厂家处，厂家压货的目的也达到了，经销商有了库存，能不竭力主推吗？还有一招，就是:欲擒故纵。新品上市，厂家都希望最大限度地往渠道压货，让经销商全力推广。有时候正面接触起不到很好的效果，我们就可以走迂回道路。新品上市前，厂家通过高空媒体广告、报纸报道，在市场中引起关注(这里说的市场包括渠道链市场和消费者市场)，然后，在经销商都在市场上找产品的时候，厂家再人为造成货量不多假象，形成供不应求。这时，厂家再来对渠道进行压货，资金回笼的难度要小得多。使用这招，对市场冷热的变化必须掌握火候，冷过度了，想要重新热起来已经不可能了。

(3)利用不断的返利、奖励，“套”住渠道推力

在“套”住渠道商方面，我们要多学习一下手机运营商的手法。运营商推出的套餐服务，往往是一环套一环，促销不断，不断吸引用户每月连续地不断消费。在香港这个小小的地区，有着七家运营商在抢蛋糕，市场基本上完全自由化、公开竞争，在通话质量、通话费用都没有什么区别的时候，运营商只能依靠各种增值服务、话费返还等促销手段抢用户了。所有运营商都有强大的“*call center*”，记录了用户详细的资料和使用电话记录，根据用户个性化的需求，不断给予其提供带“套”的服务，把老用户稳定下来，再增加边际用户。厂家在渠道方面，也要不断地给经销商注入“强心针”，保持渠道的活力，渠道库存的消化自然不成问题了。

终端层面

(1)与不同行业品牌相关产品联合促销

在终端层面，消费者市场中，消费者关注的是产品的性价比，也就是我们常说的，购买东西觉得“赚了便宜”。在增加商品价值上，买赠手法使用得比较普遍。但是要注意几点:

●赠品的价值不能比商品高，这样就有喧宾夺主之嫌，混淆了促销的主体，变成为赠品在做广告宣传，自己花钱为别人做嫁衣。买赠的方式只会在厂家消化库存或者提升销量时候短期操作，目的还是要提升自身品牌知名度，所以，商品、赠品不能本末倒置了。

●赠品的选择要带有功能相关性。牙膏配牙刷、毛巾配香皂、方便面配碗筷等有相关性产品的联合促销，才会有相得益彰的效果。很难想像食用油和洗头膏能擦出火花，只能弄巧成拙。

● 买赠活动不能长期做，时间长了，消费者心目中形成这是“标准配置”的概念，一旦没有赠品，产品的终端销量会急剧下降，留下很坏的后遗症。

(2)创造消费者购买卖点

国内某品牌手机产品滞销，原因是该手机产品外壳是绿色的，虽然产品价格低廉，但是绿色手机还是有点“另类”，不是人们普遍熟悉的手机概念。没有消费需求，厂家就要想办法创造需求。于是，厂家结合手机产品低廉的价格优势，选定在校学生作为消费突破口。联合学校相关部门，在大学校园举办“送你青苹果，青涩校园甜蜜爱情”活动，正好赶上年轻人最热衷的情人节日，情侣们都要送礼物给自己心爱的人。绿色外壳手机产品正好结合了“青苹果”概念，库存产品在校园中成了热销产品。一个人说事情是对的，事情不一定是对的；两个人、三个人说事情是对的，事情也不一定是对的；但是，当十个人、一百个人都说事情是对的，事情也就变成对的了。产品的卖点，都是厂家创造出来的；消费者的消费倾向，很多时候也是可以通过引导、创造出来的。在终端消化库存，就需要创造这种消费需求。

(3) 降价

降价，操作不好会带来行业的价格战，对所有厂家都造成不良影响，所以，很多厂家都不轻易使用价格大棒去拉动销量。可以说，这是厂家的最后一招了，但也是最有效的一招。降价也是有学问的：

a、降价同时，要在终端宣传方面制造强烈的视觉刺激，突出降价前后价格对比。

b、与自身品牌其他产品形成对比。通常对于同质产品，要先后降价，突出主推产品，才能达到集中消化库存的效果。

c、在终端宣传上，形成与竞品对比。如果自己产品在价格上完全占有优势，在终端陈列上、渠道选择上应该处处注意与竞品重叠，抢占竞品的市场份额，在细分市场上占据最大的比例。

5.1.2 库存管理系统

库存管理系统可帮助企业的仓库管理人员对库存物品的入库、出库、移库、盘点、补充订货和生产补料等操作进行全面的控制和管理。库存管理系统从级别、类别、货位、批次、单件等不同角度来管理库存物品的数量，库存成本和资金占用情况。以便用户可以及时了解和控制库存业务各方面的准确情况和数据、库存成本和资金占用情况。以便用户可以及时了解和控制库存业务各方面的准确情况和数据，做到账、物、卡相符，库存管理系统是一个多层次的管理系统，可以通过灵活的设置实现不同层次的管理。

本系统可以进行物品*ABC*分类码的自动计算，库存物品订货数量的自动计算，各种超常规状态的报警等。系统支持多种计量单位的自动转换，并与采购销售、生产、财务等子系统有良好的接口，可以从这些子系统中获得或向这些系统输送数据，保持了数据的一致性。库存管理是企业管理的基础，该系统既可独立地运行，也可以与其子系统联合使用，组成完整的企业管理信息系统。

1. 系统特点

(1)系统每种操作都可以通过菜单来进行。

(2)操作快捷、方便。易懂易会。

(3)系统集输入、维护、查询、筛选、统计和各种处理为一体，信息导入导出方便共享。

(4)具有进货销售、库存一条龙管理的强大功能，在货品编码、货品购进、货品销售、库存管理、统计分析客户应收应付等经营运作上，灵活地满足用户的要求。

(5)自定义库存操作原因和财务核算方法。

(6)提供多种计量单位，系统自动实现计量单位之间转换，提供计划和实际的两种物料成本核算方式。

(7)可为物品设置最大库存量和安全库存量，并有超界限报警处理和物品积压与短缺统计。

(8)可记录库存物品当前的残损、被占用、被订货和可使用等状态下的数量。

(9)记录库存历史情况可查询以往各阶段的物品数量和成本数据。

2. 系统环境要求

●系统运行的硬件环境:

(1)配有相当于 *Intel Pentium* 200 或更高档次微处理器的 *IBM PC* 及其兼容机。

(2)32*Mb* 内存。

(3)系统最小化安装需 50*MB* 硬盘空间。

(4)*MICROSOFT WINDOWS* 兼容鼠标。

(5)5*VGA*(或更高分辨率)监视器。

(6)支持 800×600×16*M* 色分辨率的 *SUPER VGA* 图形卡。

(7)凡支持 *Windows* 的打印机，本系统均可适用。

●系统运行的软件环境:

(1)使用 *Windows* 95、*Windows* 98、*Windows ME*、*Windows NT* 中文版本。

(2)进销存财四位一体，直接安装，简单实用！本系统的初始用户名为 *admin*，密码为空。

针对中小型企业的管理特点，糅合众多先进管理意识开发而成的通用商业进销存财务一体化计算机管理软件。可帮助企业全面管理合同、进货、销售、代销、前台收款、资金往来、库存、财务、生产、发票等各项工作。

3. 系统适用对象

大中小型企业集团、工厂、五交化公司、商场、购物中心、酒店、连锁店、专卖店、批发部、化工、建材、五金水电、医药、汽配、食品、服装、电子、电脑、图书、仓储、化装品等行业。

4. 功能模块

(1)库存管理:包括货品信息管理、货品库存管理、短线货品管理、超储货品管理。

(2)入库管理:包括入库登记管理、货品入库期间统计、供货单位期间供货统计和供货单位期间供货金额统计。

(3)出库管理:包括出库登记管理、货品期间出库统计、收货单位期间收货统计和收货单位期间收货金额统计。

(4)盘存管理:包括盘存数据录入和盘存表。

(5)综合管理:包括货品出入库期间汇总等。

(6)附项分类:包括经办人员管理、供货单位管理、收货单位管理、仓库信息管理及数据处理记录。

(7)历史数据管理:包括历史库存管理、历史入库管理和历史出库管理等。

5. 系统流程图

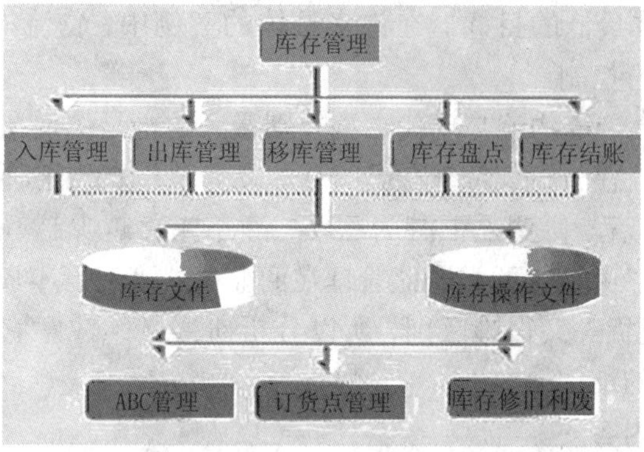

5.2 仓储管理技术

5.2.1 仓储管理技术含义

1. 仓储管理在物流中的地位

从某种意义上讲，仓储管理在物流管理中占据着核心的地位。从物流的发展史可以看出，物流的研究最初是从解决“牛鞭效应”开始的，即在多环节的流通过程中，由于每个环节对于需求的预测存在误差，因此随着流通环节增加,误差被放大，库存也就越来越偏离实际的最终需求，从而带来保管成本和市场风险的提高。解决这个问题的思路，从研究合理的安全库存开始，到改变流程，建立集中的配送中心，以致到改变生产方式，实行订单生产，将静态的库存管理转变为动态的 *JIT* 配送，实现降低库存数量和周期的目的。在这个过程中，尽管仓库越来越集中，每个仓库覆盖的服务范围越来越大，仓库吞吐的物品越来越多，操作越来越复杂，但是仓储的周期越来越短，成本不断递减的趋势一直没有改变。从发达国家的统计数据来看，现代物流的发展历史就是库存成本在总物流成本中所占比重逐步降低的历史(见下表)。

美国近年来物流成本占 *GDP* 的比重

年份	总成本占 *GDP*%	其中仓储%	其中运输%
1995	10.4	4.1	6.0
1996	10.3	3.9	6.0
1997	10.2	3.8	6.0
1998	10.1	3.7	6.0
1999	9.9	3.6	6.0
2000	10.1	3.8	5.9

从许多微观案例来看，仓储管理已成为供应链管理的核心环节。这是因为仓储总是出现在物流各环节的结合部，例如采购与生产之间，生产的初加工与精加工之间，生产与销售之间，批发与零售之间，不同运输方式转换之间等等。仓储是物流各环节之间存在不均衡性的表现，仓储也正是解决这种不均衡性的手段。仓储环节集中了上下游流程整合的所有矛盾，仓储管理就是在实现物流流程的整合。如果借用运筹学的语言来描述仓储管理在物流中的地位，可以说就是在运输条件为约束力的情况下，寻求最优库存（包括布局）方案作为控制手段，使得物流达到总成本最低的目标。在许多具体的案例中，物流的整合、优化实际上归结为仓储的方案设计与运行控制。

这里必须说明一点，传统物流与现代物流差别最大的也是体现在库存环节上。传统的仓储业是以收保管费为商业模式的，希望自己的仓库总是满满的，这种模式与物流的宗旨背道而驰。现代物流以整合流程、协调上下游为己任，静态库存越少越好，其商业模式也建立在物流总成本的考核之上。由于这两类仓储管理在商业模式上有着本质区别，但是在具体操作上如入库、出库、分拣、理货等又很难区别，所以分析研究必须注意它们的异同之处，这些异同也会体现在信息系统的结构上。

2. 仓储管理的主要内容

仓储管理的内容应该包括三个部分：仓储系统的布局设计、库存最优控制、仓储作业操作。这是三个层面的问题，彼此又有联系。仓储系统布局是顶层设计，也是供应链设计的核心。就是要把一个复杂纷乱的物流系统通过枢纽的布局设计改造成为“干线运输 + 区域配送”的模式，枢纽就是以仓库为基地的配送中心。在相应的信息系统设计中，表现为“联库管理”的模式，分为集中式、分布式和混合式三类，其中配送中心的选择和设计是整个系统布局的关键。这部分内容通常并不包含在仓储信息系统 *WMS* 之中，但是对于布局设计变化的适应性、通用性也会成为客户选择 *WMS* 的一个重要依据。库存的最优控制部分是确定仓库的商业模式的，即要（根据上一层设计的要求）确定本仓库的管理目标和管理模式。如果是供应链上的一个执行环节，是成本中心，多以服务质量、运营成本为控制目标，追求合理库存甚至零库存；如果是独立核算的利润中心，则是完全不同的目标和管理模式，除了服务质量、运行成本外，更关心利润的核算，因此计费系统和客户关系管理成为其中极其重要的组成部分，因为在计费系统中固化了市场营销的战略和策略。仓储作业的操作是最基础的部分，也是所有 *WMS* 最具有共性的部分，正因为如此，仓储作业的操作信息化部分成为 *WMS* 与其他管理软件如进销存、*ERP* 等相区别的标志。这部分内容不仅要根据上一层确定的控制目标和管理模式落实为操作流程，还要与众多的专用仓储设备自动控制系统相衔接，所以是技术上最复杂的部分。国产 *WMS* 与国外先进的仓储软件相比，最大的差距可能也就在这里，市场价格会相差数十倍、上百倍，也是这个原因。

3. 物流中心的仓储自动化管理

（1）我国物流中心的技术基础

近二十年来，我国先后建起了一批现代化程度较高的物流中心，这些物流中心的仓储作业基本上实现了机械化，过去的那种主要靠人工作业的现象已经基本改变。物流中心的仓储系统一般包括收货、存货、取货、配货、发货等环节。

●在收货环节，配备了供铁路车厢和货运汽车停靠卸货的站台和场地，以及升降平台，配备了托盘搬运车和叉车，以及各种吊车，用于完成卸车作业。在收货处一般设有计算机终端，用来输入收货信息，并打印出标签或条码贴在货物或托盘上，以便在随后的储运过程中进行识别和跟踪。

●在存货环节，除在露天货场建立正规适用的货位外，在库房内建起了各种货架，例如高层货架、旋转货架等，存货作业通常由叉车或巷道堆垛机来完成。对所存的物品，给定了规定的保管环境，如温度、湿度等，并配备了自动监控系统。

●在取货环节，一般是根据客户的订单，由计算机拟定配货方案，拣货员根据配货方案进行拣货、配货。取货大体上分为整件取货和零星取货两种。在自动化仓库，一般都由计算机打印出库单或发出出库指令，由叉车或堆垛机到指定的库位取货。整托盘取货一般都是机械化或自动化的。零星拣货一般都由人工完成。拣货由两种方式，一种是拣货员在仓库内走动，或随着叉车或堆垛机移动，按拣货单到多货位取货。另一种是拣货员坐在固定的位置上，由机械设备把货箱或托盘转运到拣货员处。露天货场则借助于各种吊车存取货物。

●在发货、配货环节，物流中心根据服务对象的不同，向单一用户或多个用户发货。一般来说，用户需要多品种货物，因此在发货之前需要配货和包装。在自动化程度较高的仓库里，拣出的货品通过运输机械运到发货区。识别装置阅读贴在货品上的条形代码，把所判别货品的户主信息送入计算机，计算机控制分选运输机上的分岔机构把货品拨到相应的包装线上，包装人员按照装箱单核查货品的品种和数量后装箱封口，然后装车发运。

中国长江三峡工程是跨世纪的巨型水利工程，该工程使用了世界第一流的施工机械设备，这些设备由全国各地供应，有的从国外进口。工程需要大量的水泥、钢材、粉煤灰等材料，在施工的十几年内，这些物资将从全国各地源源不断地运往工地。对于这样一个巨大的建设工程，需要一个庞大的后勤队伍，需要建立一个或多个物流中心，以保证工程的物资供应和后勤服务。葛洲坝集团三峡实业总公司就是主要为三峡工程服务的后勤队伍，所属的宜昌夜明珠物资中转供应基地和机电设备配件仓库就是负责三峡工程物资供应的物流中心。这个物流中心的仓储作业基本上实现了机械化，货场、仓库、铁路专用线、汽车、火车、各种吊车、电子秤、高层货架等设备都比较齐全，还有用于散装水泥和粉煤灰储存的筒仓及其配套的自动装卸设备等。由于这些设备的应用，保证了三峡工程所需物资的中转和供应任务，并实现了高效率和高质量。

(2)物流中心的监控和调度指挥系统

各种仓储设施为仓储现代化提供了基础条件，而科学管理则是实现现代化目标的必备条件。必须综合运用现代化科学管理方法和现代信息技术手段，合理有效地组织、指挥、调度、监督物资的入库、出库、储存、装卸、搬运、计量、保管、财务、安全保卫等仓储的各项活动，才能达到高质量、高效率，才能取得较好的经济效益。这里结合我们在沈阳和三峡建材配送项目中的研究结果，介绍仓储作业现场的监控和调度指挥系统。监控和调度指挥系统由电视监视系统、安全防范系统、库房温湿度监控系统、通讯系统以及总控制室组成。它与仓储业务计算机管理信息系统结合，实现对仓储业务的现代化管理。

●电视监视系统

货场、库房内以及库区的铁路道口、公路道口等关键部位以及主要作业现场安装电视摄像机，配合照明系统组成电视监控系统，总控室安装有24小时录像机、多画面分割器、监视器等设备，并在有关处室安装监控分机。为了满足电视摄像的需要和夜间装卸作业的要求，在主要部位安装高杆照明系统，其中部分照明设施由防盗报警系统自动控制。

●安全防范系统

在库房和办公楼内，安装红外线和雷达双重移动目标报警传感器，在总控室安装有计算机控制的控制器，并配置电子地图，显示报警区域，发现异常情况（如发生盗贼入室、火灾等），及时发出报警信号。另外，为了防止窃贼翻墙入库，在库区的周界围墙上可安装高压脉冲电网，在总控室和保卫部门分别安装控制显示器，一旦发现情况，立即启动照明设备和电视摄像机，查明确有盗贼时，发出报警信号，调动保安人员进行处置。

● 库房温湿度自动检测系统

有些仓库的温、湿度条件要求比较严格，可安装温、湿度巡检仪，分别检测库内主要点位的温、湿度数据，各点的测量数据传送到计算机进行处理和显示，当测量值超出规定范围时，计算机发出警示信息，提醒管理人员进行处置。有条件的仓库可由计算机自动启动库房内的调温、调湿设备，使库房温、湿度恢复到规定的范围内。

● 通讯系统

这里主要指用于调度指挥的通讯设备，使总控室的命令能通过有线或无线方式传送到作业现场，完成调度指挥的功能。以上几个子系统构成了以主控室为中心，以计算机网络和通讯技术为手段的监控和调度指挥系统，将物流中心的数据处理业务纳入计算机管理，安全防范工作纳入图像监控。物流中心的管理人员只要打开监视器，就能看到仓库内外各个地方的图像信息，通过通讯系统就可以进行指挥调度。

(3)全面实现计算机管理

现在物流中心的业务大都实现了计算机管理，但使用效果却各不相同。有的主要用于文秘、统计业务，有的用于柜台业务和财务管理，有的用于辅助经营决策，制定投资和经营计划等。

●计算机应用要覆盖物流中心的主要业务

计算机管理也要配套，构成一个系统，要覆盖储运业务的主要环节。如果一些部门使用计算机管理，另一部分部门不用计算机管理，计算机中只有部分业务数据，缺少另一部分业务数据，系统分析就无法进行。如果一些部门的信息通过计算机网络自动传输，而另一些部门的信息则用书面文件（单据）传递，使用计算机的部门只好同时用两种方法传递和接收信息，反而费力费时。在物流中心，要建立一个计算机局域网络，这个网络通过远程网与外部相连。内部要实现对物资的入库、出库、储存、计划、统计、财务、仓容、设备车辆、基建、保卫、人事、文档等主要环节的计算机管理，并实现综合查询、分析以及通讯管理功能。

● 计算机是辅助决策的有效工具

由于计算机的运算速度快、信息容量大，加上信息可以在网络上传输，所以在经济管理中的作用越来越大，被广泛运用于各种业务的管理，也开始进行网上交易。对于物流中心而言，计算机可以对经营决策发挥“支持”作用，成为经营决策的有效工具。物流中心的决策大部分是结构化决策，即大部分是例行的和重复性的决策。对于这些决策可以建立一种规则或模型，应用现代管理方法，为决策提供支持。葛洲坝集团三峡实业公司所属的物流中心的主要业务是为三峡大坝工程服务，同时也为湖北宜昌地区服务，供应建筑材料、机械设备及配件。相对来讲，它的业务比较规范，可以制定出比较科学的经营计划或方案。在这方面，计算机将发挥很好的作用。

首先，对物资的需求量可进行比较准确的预测。根据三峡大坝工程的进度可以预测出工程及施工对于水泥、粉煤灰、钢材、木材、各种机械设备及其配件、电焊条等物资的需求量;通过市场调查和分析，可以预测宜昌地区的有关物资的社会需求量。这些工作都将借助于计算机来完成。

其次，三峡工程所需物资主要来源于国内外几个著名企业，几种运输方式和路线也是可知的，可以根据运输成本、进货数量，拟定订货批次以及运输方案等。另外，三峡工程的各个工地的物资供应点、宜昌地区的各个连级点是相对固定的，葛洲坝集团的物流中心与这些网点已建起了通信网络，各个时期的配送计划可以及时拟定出来。可以用计算机建立起物流中心和供货厂家、需求客户之间的空间数据库，并根据所送货物特性、运输车辆状况等约束条件制定出配送的优化方案，供决策者参考。

葛洲坝集团所属的物流中心曾出色完成长江葛洲坝水利工程的物资供应任务，现在又承担长江三峡大坝工程的物资中转和供应任务，该中心的现代化建设将在全国物流行业起到示范作用。

物流窗口：

一、物流系统“结合部”的重要地位与作用

物流，是指在社会再生产中，物质资料从供应地到消费地之间实物形态的流动过程。作为一个系统，物流系统是一个复杂的、多元的巨系统，它包含了从物资管理、物资包装、物资运输、物资储存、物资加工到为用户服务、需求预测与组织控制等各子系统(或称部门、环节)。这些子系统虽然各司其职，各有分工，但为了实现物流系统的总体目标，必然在工作、职能、工序、区域等诸多方面产生交叉部分，我们称之为物流“结合部”。显然，“结合部”是物流各部门相互配合、共同完成物流功能的一个非常重要的环节，它体现了在物质资料的链式移动过程中物流各部门、各环节之间相互制约、相互作用、相互依赖的关系，这种关系是否和谐，即“结合部”各部门间的工作是否协调，将直接影响整个物流系统的性能与效益。“结合部”在物流系统中的重要作用与地位主要表现在如下几个方面：

1.“结合部”是制约物流系统生产能力的瓶颈

物流系统的生产能力可用单位时间内系统周转物流量来表示，它表示物资在系统中流通的快慢程度，物资以原材料、半成品到成品的形式在生产地与消费地间的流动中，必然要经过管理、服务、预测、信息联络、搬运、订单处理、采购、包装、运输、装卸、修理等各个环节与部门。环与环间的相互配合、相互衔接是阻滞流动速度的瓶颈，如果在流通过程中工厂、仓库及运输部门间不能相互兼顾、密切合作，就会出现生产出的产品或所需原料不能及时得到运输，运到的物品不能按时存贮，从而大大延误物资从需地到目的地的流通。同样，如果订单处理速度和运输速度不相匹配，相互脱节，就会造成物质运输次数的增加或物资与运输相互等待的现象，使单位时间流量减少，流通效率下降。因此在优化物流系统时，不仅要考虑提高各环节的工作效率，更重要的是要从系统的角度出发，解决各环节间的匹配和协作，以使各业务环节能够统一成为一个有机的整体，产生共生效应，以减少物资在整个流动过程中的阻力。目前，随着科学技术水平的不断提高，物流系统各部门、各环节的设备水平、管理水平得到很大提高，随之而来的是各单一部门的效率提高。然而，由于长期以来所形成的条块分割，行业界限使得物流各部门间形成某种隔阂，各部门只片面追求自身效益而忽视了部门相互合作与系统发展，使得各部门间常常产生这样或那样的内耗扯皮，严重阻碍了物流系统能力的协调，可以说，克服“结合部”这一瓶颈问题是当前挖掘物流系统潜力的一大方向。荷兰菲利普公司在这方面取得了极好的成绩，为了加速产品的流通，他们首先详细调查了当前各物流中心的布局情况，画出了产品流通和服务相关的活动流程图，在图上可以显示出定单和产品通过物流中心的情况以确定它们各环节之间存在的冲突和无效物流等问题，然后对影响定单和产品处理时间（排队、建立、处理、移动时间等）的因素进行分析以消除各因素间的摩擦，以减少排队，降低延迟时间。全面检查原料、半成品、成品仓库水平，分析不同状态下库存水平的关系，检查库存、运输延迟时间和服务水平间存在的差距。在对以上影响物流效率的"结合部"因素分析确定之后，他们开始对现有物流系统进行改进，其具体作法是：引入*JIT*（准时生产）策略来衔接从订单收接、处理到取货、包装、运输各子系统；对工人进行多技能培训，以便随时进行部门间的大力支援与协调，减少额外人员；调整人机界限与接口；消除部门间的多余与无效操作；调整物流中心位置，使之靠近主要供货商库房；将订单处理和包装等领域的操作进行标准化和简单化，以减少物流中心库存，减少延迟时间，改进管理信息系统以适应新的物流形式；将物流各部门集中在物流中心一起工作，以实现各功能的协调一致。通过以上改进，菲利普公司的电子产品物流系统的性能大大提高，每天流通量由过去的900（件）到改进后的2000（件），其他技术指标也显著得到改善，如单位成本由过去的11美元降为6美元，工人劳动量减少40%，库存滞留时间由3天变为1天等。可见"结合部"这一瓶颈问题一旦解决，物流系统的生产能力就会得到极大的解放。

2."结合部"是提高物流经济效益的重要源泉

七十年代前后，发达的资本主义国家中有人发现，降低物流成本（或物流费用）是第三利润的源泉。第一利润的源泉（即由于降低物料消耗而增加的利润）和第二利润的源泉（即由于节约活劳动消耗而增加的利润），随着自动化、电脑化水平的不断提高，潜力几乎挖掘殆尽，而随着物流部门专业化水平的提高，在20世纪末的今天，单纯靠提高装卸效率、加快运输速度、减少库存、改进包装等部门功能也已不足以显著提高第三利润，要全面提高物流经济效益，必须从加强对物流系统化、有序化等管理方面下功夫，这就不可避免地要求我们将工作重心转移到对系统间各部门、各环节关系的正确处理、合理协调方面上来，只有使物流系统各部门通过有效的形式，真正结合起来，减少冲突与扯皮，形成合力，才能减少各部门间的相互推底不负责任所造成的物流浪费与损失。每年我国均有上百亿元的物资在物流过程中损失掉，这完全可以通过流通各部门间的通力协作和强化管理而得到竭止。同时物流系统间各部门通过互相监督，实行联控、联防，可以有效地减少重大安全事故的隐患，避免不必要的人员、财物的损失，这从另一方面为物流系统经济效益的提高奠定了基础，最根本的是只有有效地实行各部门间的结合，才能充分发挥系统整体的工作效率，充分利用系统的人力资源，最大限度地提高系统设备使用率，促进物流的流通速度，实现规模效益。如1986年建成投产的重庆果品中心上桥果品冷库，有工作人员167人，占地78亩，建筑面积5万平方米，总容量1.1万吨，是全国四大果品冷库之一，它地处重庆九龙坡区华岩西村，与重庆东站和商业、粮食两条铁路专用线紧邻，交通十分方便，他们在改革中对货主实行全方位开放、全方位服务，代办运输、装卸、包装等业务，利用交通优势和设备优势开辟了水果货场。水果批发交易市场和水果加工厂，成为一个水果流通各环节紧密结合的物流中心，吸引了各方来客，在促进果品流通、提高经济效益中发挥了显著作用。1988年实现总收入200多万元，创利78万元，人均创利0.47万元。如果其仅仅是发挥其仓储职能而不重视与其他环节的相互结合与协作，是不可能取得这一成绩的。可见"结合部"的协调程度是提高物流经济效益的非常重要的原因。

3. “结合部”是提高物流服务水平的关键

物流是联接生产和消费的桥梁，是社会再生产过程不断进行的前提条件，它的最终目的就是为作为货主的顾客服务。顾客服务是指与供应订货和使顾客保持满意而进行的有关活动的总和。某物流公司为此下定义为：“使顾客在心目中树立与本企业做生意放心的信念”。顾客服务是一项综合性活动，这可从两方面来看，首先为了使物流企业的顾客保持满意，企业各不同职能部门必须为实现这一目标同心协力地工作；其次，发展与供应者或用户之间特殊的长期关系，有助于加强物流渠道内各方关系联结为一体。物流企业各环节、各部门本着互不相干、各自为政的观点处理顾客的需求，势必引起结合、交叉区域无人过问、互相推诿，物流服务链在结合部处不能顺利延续，整体服务无法顺利进行，呈现服务状况混乱、服务秩序模糊的局面，从而严重影响物流系统服务水平的提高，损害物流企业在顾客心目中的良好形象，不利于物流系统健康、有序的发展。只有认真抓好结合部这个常被人忽视的薄弱环节，才能使物流系统由始至终地、完整地、连续地体现顾客至上、一切为顾客服务的宗旨，赢得更多顾客的青睐。当前国际上越来越多的物流企业、物流公司已意识到结合部在物流整体服务所处的过渡、转接的关键地位，纷纷在自己的物流网络上建立了一系列的物流中心、物流据点，以顺利实行不同形式的运输方式、货物装卸。货物储存等物流活动的合理结合与对接，真正达到“门对门”的完整服务功能，如日本邮船公司已在海外设置了14个当地法人，积极开展代理业务，经营海上、陆上货运及仓库业，其海外物流据点遍布美国、加拿大、英国、比利时、荷兰、卢森堡、法国、澳大利亚、香港和新加坡等国家(地区)。这些海外物流中心或据点的主要职能就是推进在当地的揽货、仓储、海陆空联运、码头装卸、集装箱租赁、底盘车出租、船舶代替、货运代替、内陆结关货运站、船舶燃物料供应等运输相关业务。此外，现在国内外蓬勃发展的联合运输正是在物流结合部上做文章以提高物流服务质量而应运而生的，它主要在“组织各种运输方式的衔接和接力运输”，“为货主(包括旅客)和运输企业提供运输代理服务”，“促进产、供、运、销之间有关部门的运输协作”等三个方面发挥作用。由于联运企业的积极参与。有力地促进了物流各环节如港、站、集、疏、运的衔接与配合，形成了结合部的有序发展，使货主能够“人在家中坐，收发全国货”，大大提高了物流系统的整体服务质量。

由上可见，“结合部”在物流系统处于一个不可忽视的地位，对于物畅其流起着极为重要的作用，只有重视对“结合部”问题的研究，加强对“结合部”的合理组织、科学管理，才能有效地协调各部门之间的相互矛盾和隔离，端正各部门在物流大系统中的位置与关系，从而产生共生效应，进行相互合作，减少物资在整个流动过程中的阻力，提高物流系统整体效益，使物流系统在保障有力、及时安全、优质服务、节能经济四大总目标上达到最优。同时，由于“结合部”涉及到至少两个子系统，通过对它的分析研究，更容易深入反映和全面掌握整个物流系统的特性。因此，对物流系统“结合部”的研究，具有非常重要的意义。

二、研究物流系统“结合部”的理论、方法与方向

由于物流系统“结合部”是由至少二个子系统结合而成的一个系统，这就决定了对物流“结合部”的研究必须以系统工程的理论为基础而展开，同时“结合部”本身又是一种比较特殊的系统，它的许多特性如多种形态、边界特性、多维管理、多元集合等不是单一的系统工程理论所能解决了的。因此还需借鉴多种相关学科与理论联合攻关，如运输学、仓储学、安全工程学、人机工程学、管理学、控制论、优化论等，最后形成一门能够正确反映物流系统“结合部”

特点的并能科学指导管理工作的系统科学，这也正是目前开展这项研究的目的所在。

研究物流系统"结合部"主要采用定性方法、定量方法及定性与定量相结合的方法。主要有三大研究方向：

1. 物流系统"结合部"的结构分析，这是研究物流系统"结合部"的基础，只有弄清了"结合部"的结构及组成形态，我们才能对其作用机理有清楚的认识，才能对其有针对性地进行控制与管理。

2. 物流系统"结合部"管理与决策研究，其主要内容有：构造"结合部"的管理信息系统；建立"结合部"决策模型；运用计算机、数学等对模型进行求解等。

3. 物流系统"结合部"效用评价分析，通过对物流系统"结合部"进行分析并建立管理决策模型，运用决策模型结果对物流系统各作业环节实施管理，管理效果的好坏体现了各部门、各环节间的协调程度结合部整体效益的发挥程度，也反映了决策模型的实用效果。为了科学地衡量"结合部"管理的效果，就需正确分析"结合部"各项指标，对其统一量化，综合评定，确定整体水平，这就是"结合部"效用评价分析的主要任务，它在整个物流"结合部"决策管理中处于把关的地位。

除了上述三大研究方向外，物流系统"结合部"研究还涉及到关键结合部的确定，人在"结合部"中的关系，"结合部"设备研制等相关课题。

三、国内外研究物流系统"结合部"的发展状况分析

"结合部"问题作为一个理论问题首先是由北方交通大学系统所于80年代末提出来的，当时是围绕上海铁路局如何提高干线安全系统管理、站车服务系统管理、运输扩能系统管理这一课题而进行研究展开的，经过几年的理论探讨与实践，北方交通大学系统所的张于心、张国伍、韩抒搅、彭宏勤等教授相继对"结合部"的概念、结构、作用、量化与评价等作了开拓性的研究工作，其中张于心教授对"结合部"理论的深入研究尤显重要意义。此外，军事经济学院物资系凌大荣教授等提出的 *ODP* 物流技术，其重在解决物流中的瓶颈部位的思想与"结合部"理论不谋而合，在物流系统"结合部"决策、控制的模型分析领域也出现了些成果，这主要表现在从物流综合优化的目的出发而建立的一些模型及其算法，这些模型及算法从不同应用角度、不同实用范围对优化物流系统"结合部"管理发挥了作用。另外文献及协同学、耗散理论、自组织理论等从决策技术方面为"结合部"研究开拓了思路、提供了基础支持。从目前所找到的国外文献中还未见"结合部"理论的提法，但是在物流系统的管理与决策研究中，有大量的模型与方法都是在充分考虑到各环节间的交叉、互补、约束关系的基础上建立的，如生产物流中生产批量与库存间的关系，生产与需求变化的关系，配送系统中运输与库存间的关系等。这些模型反映了不同情况下物流系统部门间的优化结合方式，有力地充实了物流系统"结合部"决策模型研究的内容。同样，日本丰田汽车工业公司的大野耐一创立的准时(*JIT*)物流管理技术，以色列的 *Goldratt* 所提出的最优化生产技术(*OPT*, *Optinmized production technology*), *William E. Sandman* 所提出的 *Q－Control* 生产计划控制技术等理论也是针对生产物流各环节中存在脱节、薄弱环节的这一情况而建立的，其目的也在于改进薄弱环节，加强环节间的相互促进与协调，提高生产物流的效率。现在，世界上许多现代化的大企业、大公司已从这些管理技术中获益匪浅，如夏普公司、*Sony* 公司、摩托罗拉公司、通用汽车公司等。除此之外，西方发达国家还非常重视物流"结合部"的设施建设，如日本通过有计划地在各市区配置各种物流中心，以缓和城市交通混乱和拥挤现象，收到了很好的效果：①使运输、保管和

装卸等项作业合理化、协调化;②提高了物资流通的效能;③疏通理顺了城市交通。美国为了促进各种运输方式的协调、加强联合运输，于80年代中期以来开发并投入使用了公铁两用车辆(*Roadrailer*)和集装箱叠载列车(*Doublie stack train*)等。

四、应用物流“结合部”理论，加强物流中心建设

物流中心是各种物流结合点的泛称，或是指集中了各种设施齐备、功能齐全的物流业务团地。物流中心往往集中了处理能力很大的储存、分货、拣选、包装、装运、装卸等各个部门、各个环节或设备，通过相互配合、协作，共同实现物资的中转、再加工、存储、销售、分发等业务，促进物资的合理流通。显然，物流中心是一个“结合部”非常集中的地方，就整体而言，它本身也是一个巨大的“结合部”，运用物流“结合部”的理论研究成果，对物流中心各相关部门与环节进行管理与控制，可有效协调部门间、人员间、设备间的分工与合作关系，合理确定并实施各结合子系统目标，使之紧紧围绕物流中心总效益这一总目标，促进物流中心工作的顺利开展。目前，我国物流中心的建设与管理还处于初级阶段，每年都有因部门与环节间的脱节所造成的较大损失。因此，加强物流“结合部”理论研究，特别是从物流生产实际出发，建立物流“结合部”优化模型，提高物流“结合部”特别是物流中心的管理决策水平，促进物流现代化建设，是摆在我们面前一项重要任务。

自动化物流系统

先进的仓库的物流系统是自动化立体仓库的枢纽，优化立体仓库布局，合理配备物流设备，是自动化程度的重要体现，它包括以下各种设备：

1. 先进的计算机控制管理系统

2. 先进的电子技术的应用，现场总线控制、激光测距定位系统、及无限遥控通讯技术。如激光认址、红外通讯、图像传输、光电条码、变频调速、可编程逻辑控制器、单片微处理器、工业控制计算机等。无线通讯技术的应用使物流管理系统和企业网密切的实时通讯，无缝接口。

3. 制定库存策略，通过仓库管理系统合理控制库存量。

4. 详尽的库前输送系统如:积放式输送机、转弯式输送机、自动导向车、倍速链式输送机、移栽举升降台、码垛机器人，是考虑以人为本的设计理念的重要体现。

5. 由于东方物流人有丰富的设计经验，严格的规范设计及对特殊标准的掌握使得我们成功进行过诸多非常规环境下的产品设计制造，如超低温、强腐蚀、禁光、化工防爆及有特殊安全防范要求和抵御核破坏能力的军事环境等。因此我们的自动化物流系统的可靠性、安全性大大提高。

5.2.2 订货点技术

订货点方法是20世纪初期所产生的,40年代到60年代是得到广泛应用的一种库存计划和控制方法。

订货点方法的基本原理是:当领料使一物料在永续盘存记录上的库存下降到预先确定的订货点水平时,就发出补货订单。这是一种按照过去的库存经验来预测未来的物料需求的方法。它是根据平均用量和期限再加上“安全库存量”来保护偶尔超过平均量的需求而决定订货时间。它的核心问题是订货点,当库存量高于订货点时,物料需求就产生了。这种方法适用于成品库存与维修零件库存。

订货点技术的基本特点是:

1. 不能预先确切知道用户未来的需求。

2. 根据预测制定订货策略，以预防性储备来等待日后随机性需求。

订货点技术的最大缺点是它库存量太高，库存风险大。这可以从下面的例子看出。假设预测出未来的平均周需求量为6个单位，订货提前期为1周，算出的订货点为10，订货批量为35。而实际发生的需求量如下:第一周订货进货35，用去20，还剩15，第2、3、4周不需要，所以第一周剩下的15要空存放3周，到第5周却需要20，产生缺货量5，这一周库存量下降到订货点以下，要发出订货，订35，到第6周货物到达。这订进的35单位货物，又要空存放到第9周，第10周才有需求。可见这种不均匀的需求，造成了既积压，又造成了缺货，这是最不利的情况。订货点技术的另一个缺点是它不适用于相关需求。即它在满足某个用户的需求时，不考虑它和别的需求的相关关系。因此企业内部生产各环节、各工序间的需求物料的配置供应，一般不能直接用订货点技术来完整地实现。

5.2.3 库存控制技术

由于经营者很难预测某种商品的销售量，库存控制历来就是销售管理中最难的课题。回避库存问题最好的办法就是直销，先拿到定单，按照定单组织生产，再将货物送到消费者手中。但在直销中，消费者要等待，要多花钱，万一要退货，经营者还要面临更尴尬的局面。而且，直销对生产环节要求更加严格，一般制造企业并不具备按单生产的条件，因此并非任何经营者都可成功的采取直销的方式来规避库存风险。世界上的制造和销售企业普遍采用的库存控制技术还是根据对历史和实时数据的分析，按照一定的模型来预测未来的需求。有的企业进行长期预测，有的只进行短期预测或侧重于对时点数据进行分析，这样采取的库存政策会有很大的区别，进而库存对销售的保障程度及库存成本也会各不相同。

1. 库存控制技术概念

库存控制系统是以控制库存为共同目的的相关方法、手段、技术、管理及操作过程的集合，这个系统贯穿于从物资的选择、规划、订货、进货、入库、储存及至最后出库的一个长过程，这些过程的作用结果，最后实现了按人们目标控制库存的目的。

2. 库存控制技术要素

一般的库存控制系统中，起决定作用或较大作用的要素主要是:

(1)企业的选地和选产。这是库存控制系统中决定库存控制结果的最初的要素。在规划一个企业时，企业的选地对未来控制库存水平的关系极大，如果这个企业远离原材料产地而运输条件又差，则库存水平便很难控制到低水平，库存的稳定性也很难控制。

同样，企业产品的决策本身便已是库存控制的一个影响因素，有的产品决策脱离了该地库存控制的可能导至产品失败的先例是不少见的。

企业选地和选产一定意义上是库存对象物的供应条件的选择，即该供应条件是否能保证或满足某种方式的控制。

(2)订货。订货批次和订货数量是决定库存水平的非常重要的因素。对于一个企业而言，库存控制是建立在一定要求的输出前提下，因此，需要调整的是输入，而输入的调整是依赖于订货，所以，订货与库存控制关系十分密切，乃至不少企业的库存控制转化为订货控制，以此解决库存问题。

(3)运输。订货只是商流问题，是否能按订货意图的批量和批次以实现控制，这便取决于运输的保障。运输是库存控制的一个外部影响要素，有时候库存控制不能达到预期目标并不是控制本身或订货问题，而是运输的提前或延误，提前则一下子增大了库存水平，延误则使库存水平下降甚至会出现失控状态。

(4)信息。在库存控制中信息要素的作用和其他系统中的作用应当是不分伯仲的，在库存控制系统中，监控信息的采集、传递、反馈是控制的一个关键，这可以说是信息要素在这个系统中的突出点。

(5)管理。管理和信息一样，也是一般要素，库存控制系统并不靠一条流水线、一种高新技术工艺等硬件系统支持，而是靠管理，因此，管理要素的作用可能更大一些。

5.3 仓储成本管理

5.3.1 仓储成本管理原则

大多数仓储成本不随存货水平的变动而变动，而是随存储地点的多少而变。仓储成本包括仓库租金、仓库折旧、设备折旧、装卸费用、货物包装材料费用和管理费等。

1. 成本管理是企业管理的重要组成部分

成本管理一直是企业日常经营管理的一项中心工作，在企业生产经营实践中起着相当重要的作用。传统成本管理方法是一种基于单一会计信息的价值模型，以这种模型为核心的管理已经不能适应正在迈向21世纪的全球化经济的需要。为了提高我国企业成本管理水平，首先要从分析我国长期以来形成的成本管理模式的弊端及成因入手。文章系统地阐述了目前我国许多企业所采用的传统成本管理方法存在的诸多缺陷，并就其产生的原因逐一地加以剖析，说明了其不能再继续适应企业面临着的激烈的市场竞争，现代企业管理需要更加关注成本管理，成本管理也必须更加科学化和系统化。

2. 在成本核算的基础上进行成本管理

期间费用包括销售费用、财务费用和管理费用，期间费用虽然不计入产品成本，但却直接从当期损益中扣除，因而，它直接影响了企业的经济效益。这里着重谈一下控制财务费用的问题。企业适度负债经营是十分必要的，但是，如果负债过大，会使企业利息支出过大，引起资金成本的增加，从而降低企业总体的经济效益。所以，会计部门应从企业的全局考虑，适度负债经营。企业在投资时，应量力而行，不能采取过度负债的方式来进行投资，否则，会使现有的经营项目也受到影响。期间费用的控制涉及的部门较多，如销售费用由销售部门负责，财务费用和管理费用由会计部门负责。特别是其中的管理费用，涉及到企业的各个职能部门。会计制度改革前，除了销售费用外，管理费用和财务费用都有是分配计入产品成本的。经过会计制度改革后，这部分费用不再计入产品成本，而是作为期间费用处理，直接冲减当期损益。虽然会计制度是这样改革了，但为了加强企业内部的经营管理，控制这些费用的发生，并且为企业的生产经营决策服务，在企业内部可将这些期间费用采用一定的方法，分配计入到各种产品成本当中，以此成本指标，作为生产经营决策的依据。

3. 成本管理与提高服务质量相结合

4. 成本管理是全体员工的职责和义务

5.3.2 仓储合理化

仓储合理化的含义是用最经济的办法实现仓储的功能。合理仓储的实质是,在保证仓储功能实现前提下的尽量少的投入,也是一个投入产出的关系问题。

1. 仓储合理化的标志

(1)质量标志。保证被仓储物的质量,是完成仓储功能的根本要求,只有这样,商品的使用价值才能通过物流之后得以最终实现。在仓储中增加了多少时间价值或是得到了多少利润,都是以保证质量为前提的。所以,仓储合理化的主要标志中,为首的应是反映使用价值的质量。现代物流系统已经拥有很有效的维护货物质量、保证货物价值的技术手段和管理手段,也正在探索物流系统的全面质量管理问题,即通过物流过程的的控制,通过工作质量来保证仓储物的质量。

(2)数量标志。在保证功能实现前提下有一个合理的数量范围。

(3)时间标志。在保证功能实现前提下,寻求一个合理的仓储时间,这是和数量有关的问题,仓储量越大而消耗速率越慢。

(4)结构标志。是从被储物不同品种、不同规格、不同花色的仓储数量的比例关系对仓储合理性的判断,尤其是相关性很强的各种货物之间的比例关系更能反映仓储合理与否。

(5)分布标志。指不同地区仓储的数量比例关系,以此判断当地需求比,以及对需求的保障程度,也可以此判断对整个物流的影响。

(6)费用标志。考虑仓租费、维护费、保管费、损失费、资金占用利息支出等,才能从实际费用上判断仓储的合理与否。

2. 仓储合理化的要求

一般来说,仓储合理化的实施要点可以归纳如下:①进行仓储物的 *ABC* 分析;②在 *ABC* 分析基础上实施重点管理;③在形成了一定的社会总规模前提下,追求经济规模,适当集中库存。所谓适度集中库存是利用仓储规模优势,以适度集中仓储代替分散的小规模仓储来实现合理化。

(1)适度集中库存是“零库存”这种合理化形式的前提

①加速物资总的周转,提高单位产出。具体做法诸如采用单元集装存储,建立快速分拣系统都利于实现快进快出,大进大出。

②采用有效的“先进先出”方式。保证每个被储物的仓储期不至过长。“先进先出”是一种有效的方式,也成了仓储管理的准则之一。

有效的先进先出方式主要有:

A、贯通式货架系统。

B、“双仓法”仓储。给每种被储物准备两个仓位或货位,轮换进行存取,再配以必须在一个货位中取光才可补充的规定,则可以遵循信号实现“先进先出”。

C、计算机存取系统。采用计算机管理,在存时向计算机输入时间记录,编入一个简单的按时间顺序输出的程序,取货时计算机就能按时间标志给予指示,以保证“先进先出”。

(2)减少仓储设施的投资,提高单位仓储面积的利用率,以降低成本、减少土地占用。

(3)采用有效的仓储定位系统

仓储定位的含义是被储物位置的确定。仓储定位系统可采取先进的计算机管理,也可采

取一般人工管理,行之有效的方式主要有:

①"四号定位"方式。②计算机定位系统。

(4)采用有效的监测清点方式

①"五化"码。是我国手工管理中采用的一种科学方法。储存物堆垛时,以"五"为基本计数单位,堆成总量为"五"的倍数的垛形,如梅花五、重迭五等,堆码后,有经验者可过目成数,大大加快了人工点数的速度,且少差错。

②光电识别系统。在货位上设置光电识别装置,该装置对被存物扫描,并将准确数目自动显示出来。这种方式不需人工,清点就能准确掌握库存的实有数量。

③计算机监控系统。用计算机指示存取,可以防止人工出错。

5.3.3 降低仓储成本的途径

1. 分类管理
2. 适度集中库存
3. 加速周转、提高单位仓容产量
4. 先进先出
5. 提高储存密度,提高仓容利用率
6. 采用有效的储存定位系统
7. 采用有效的监测清点方式
8. 充分利用现代仓储技术和设备
9. 盘活资产和合理使用外协
10. 加强劳动管理
11. 降低经营管理成本
12. 从物流管理的层面考虑降低仓储成本

物流窗口:

山姆会员商店是世界最大的零售商——美国沃尔玛百货有限公司的一个分支机构,其名称取自于已故的富有传奇色彩的著名零售商——沃尔玛连锁店公司的创始人山姆·沃尔顿先生。该商店是专门服务于会员的仓储式购物俱乐部,它仅向会员让利销售质优价廉的商品。第一家山姆会员商店于1983年在美国诞生,目前已在全世界拥有超过500家山姆会员商店。

在中国,第一家山姆会员商店于1996年8月12日诞生于深圳,位于深圳福田区香梅北路香蜜湖北侧,总营业面积为20000多平方米。

山姆会员商店就像是会员们的采购代理,它以"会员优惠价格"向公司和个人提供超值的名牌商品。会员可在山姆会员商店宽敞的购物环境中享受山姆会员商店提供的服务。山姆会员商店的主营商品有3500多个品种,其中包括鲜食、干货、冷冻食品、饮料、烟酒、糖果、日用品、办公用品、五金家电等。所售商品多采用大箱包装或组合包装,目的是为会员省更多的钱。

在2001年财年,山姆会员商店的营业利润达到10.28亿美元,在前一年9.42亿美元的基础上提高了9.1%。

思考题：

1. 什么是库存管理？
2. 如何理解库存管理系统？
3. 什么是仓储管理技术？
4. 订货点技术有什么特点？
5. 库存控制技术的要素有哪些？
6. 仓储成本管理应该具备哪些原则？
7. 如何做到仓储的合理化？
8. 降低仓储成本的途径有哪些？

参考阅读材料：

1. 朱金玉：《现代物流基础》，中国物资出版社，2003 年
2. 毛禹忠：《 物流管理》，机械工业出版社，2004 年
3. 中国锦程物流网

案例讨论：

仓储超市：沃尔玛后来居上

1. 仓储式超市的诞生

1976 年，美国人 *Sol Price* 在零售业中采用了一种非常前卫的新概念：他把广受消费者欢迎的很大一部分货物放在光溜溜的大仓库里，然后有选择地以最低价向那些加入他俱乐部的小业主的代理人出售。*Sol* 的第一个仓库座落在圣地亚哥（*San Diego*）的郊区。为纪念他的名字同时也表明这种零售业态最主要特征，俱乐部就被称为"普拉斯价格俱乐部（*Price Club*）"。

事实上，"普拉斯价格俱乐部"的构思只有部分是新的。折扣之说久已有之。比如 *E. J. Korvette* 在上个世纪 50 年代就曾以低价位手段赢得过成功。*Sol Price* 本人也曾有过类似的商业经历。50 年代他就发起成立了 *FedMart*（"联合商业中心"），一种只在西海岸有效的折扣，起初只用于有会员身份的零售商，但后来就推而广之。*FedMart* 方式在 70 年代中期被一名德国投资者采用。

大规模类仓储式的零售概念早在美国人之前就在欧洲广为流行。在欧洲的日用食品、医药零售商经常从大批发超市处采购货源。

不过 *Price Club* 在许多方面还是有独创的，比如它的库存品种比传统的超市要少（300 种比 25,000 种）而面积却大得多（100000 平方英尺）。同时仓库的布置很简单，位置一般不太便利。像大多数效仿者一样，*Price Club* 选择偏僻的位置，一般位于工业区的车场，因为那种地方房价低廉。仓库的地板是水泥的，货架也不装饰。服务项目很少。不接受信用卡，也不提供货物运输，是那种典型的一手交钱一手交货的买卖。

更有甚者，由于会员是要交费的，所以连顾客的人数都有所限制，这样做的目的是以经常性购买或批发性购买的小企业主顾作为核心。如果个人也想成为会员，那么他必须是政府雇员或是某个打算加入俱乐部的单位的成员。

Price Club 的核心目标是保持低成本。从其内部运转看，*Price Club* 的概念主要是建立在大批量、低利润率（大约只有 10%，而传统零售商达 30%），以及货物高周转率之上。他们相

信极低的价位会抵销仓库位置给人们带来的种种不便。

从上个世纪70年代后期直至80年代早期，*Price Club* 缓慢而稳步扩大。截止1983年，即第一个仓储商店开业8年之后，*Price Club* 才扩张到12个，而且绝大多数都座落在发源地的南加州。这是因为 *Price Club* 意在维持对其所创经营方式的控制。它知道飞速的发展已经使其他一些创业者陷入困境，而它应该避免这些麻烦。可以说 *Price Club* 是个在财务上非常保守的销售商，在稳定性与销售量飞速上升这两者之间它更重前者。

几乎有7年时间 *Price Club* 没有碰到大的竞争对手。也没有一个零售业巨头采取反击行动，因为许多权威们觉得如此超前的 *Price Club* 只不过是昙花一现，很少有长期发展下去的可能。一位专家在1983年对上述观点表示首肯，并评论道："不会有足够数量的小货主去支持这种仓储式销售，顾客们对种种不便也将无法忍受。"

但到了80年代后期，观点就转向了。*Price Club* 已经广为人知，并公开为扩张而筹资了。同行们也终于认识到仓储式零售业态是个蒸蒸日上的市场。1983年竞争者蜂拥而入。在经过了7年的反应迟钝之后，效仿者竟一下子同时拥了进来，真可谓奇事。

2. 仿效者进入

1983年进入的竞争者中有最有潜力的是 *Sam"s Club*（山姆俱乐部），这是一家起源于阿肯色州的折扣销售商，创建了 *Wal－Mart*（沃尔玛）。*Sam"s Club* 很快在德克萨斯州建立了滩头阵地。

另一个竞争对手是华盛顿西雅图（*Seattle*）市的 *Costco*。*Costco* 的主要市场范围在西北太平洋及佛罗里达。*Costco* 起初是法国最大的零售商 *S A. Carrefour* 投资设立的，1985年为筹资公开上市发行股票。

步伐成员仓储销售公司（*Pace Membership Warehouse Inc.*），发家于丹佛郊区，在1983年夏开办了它的第一个100,000平方英尺的商店。起初它的经营范围局限于洛基山脉区域，但后来扩展到大西洋海岸。就像 *Price Club* 一样，步伐公司也是以一名独立商开始的。它由 *Henry Haimsohn* 于1983年7月份开始创立，1985年上市筹资。然而到80年代中期它的 *O－T－C* 股票收入已严重不足。许多投资者都打赌作为一名独立商的步伐公司在一个很快将为零售业巨头控制的市场上是无法参与竞争的。但是，到了80年代后期，步伐公司成员仓储销售公司的 *Kmart*（"凯玛特"）已经使零售业巨头的投资者们谈之色变。

最后一个也是最小的市场后入者是 *BJ"s Wholesale Club*（"*BJ* 批发俱乐部），该俱乐部是由三个俱乐部于1956年合并的，*BJ"s* 的发起者是 *Zayre"s*，这是一家东北地区的连锁折扣店。截止1986年 *BJ"s* 虽然只扩展到8家俱乐部但它却已经在潜力巨大的东北部地区扎根下来。

绝大多数市场后进者都是 *Price Club* 的效仿者。《商业周刊》（*Business Week*）在80年代中期写到："绝大多数业主都毫不知羞耻地照搬 *Price Club* 模式"。但尽管市场首入者已在市场上开创了7年，后入的效仿者们仍想方设法赢得重要得市场份额。到1984年底，仅在后入者进入市场之后一年，市场上已经四足鼎立——"普拉斯价格俱乐部（*Price Club*）"，"山姆俱乐部（*Sam"s Club*）"，*Costco* 和 *Pace*（步伐），这四者加起来占了行业总销售额的80%。

Price Club 在整个80年代中期都一直是市场的领导者。1985年，标准普尔指数500种成分股中去掉了 *Nabisco* 而将 *Price Club* 加入其中。*Price Club* 达到了事业的顶峰。

但市场不久就开始转变了。到80年代中期仓储式销售已被人们普遍接受。市场需求大幅度上升，各地的消费者们嚷着在他们那儿也得有个仓储俱乐部。

3. 后来者居上

现在，用于扩张的资金成了取得成功的关键因素。获得扩张资金的能力成了谁将成功谁将失败的最好的指示灯。规模开始成为影响最大的一个要素。那些发展最迅猛的俱乐部有可能实现最大的规模效益并在空白地区建立起支配性地位。在 *Price Club* 设立的第一个俱乐部 10 年之后，在美国建立全国的仓储零售商店的连锁店成为一种狂潮。

以飞速发展、投资扩张为特征的市场，偏爱那些资金实力雄厚的大商家，尤其受偏爱的就是 *Sam"s Club*（沃尔玛），它的母公司为它无限制提供了极有价值的投资资本，同时还有作为市场支配者的美誉。

讨论问题：

1. 沃尔玛最大的经营特色是什么？
2. 通过沃尔玛的成长历程，你对现在物流中的仓储管理业有何认识？

第6章 仓储经营与商务管理

六

＊本章主要内容

●仓储经营管理

●仓储商务管理

＊**引导案例**

作为中国最大的家电制造业集团，海尔集团近年面临国内国际同行业的激烈竞争。对外购件，海尔集团在战略上寻求新的、更有利的经营途径。1998年底，海尔集团以现代物流革命为突破口，为了使有限的时间、资金、人力等企业资源得到更有效的利用，对外购件的库存管理进行了研究，把外购件库存物资进行分类，将管理的重点放在重要的库存物资上。

据统计，2004年我国社会物流总额达38.4万亿元，2005年则达到48万亿元，同比增长25.4%，物流总值高速增长。由此可见我国现代物流整体规模扩大，发展速度加快，运行效率提高，对经济发展的支撑和促进作用更加明显。随着我国生产力水平的提高，以整合交通运输、仓储、配送等环节而成一体，实现企业与社会成本最低、效益最大的物流业与互联网经济一起被人们当成"新经济"的重要内容，被广泛地称作第三利润源泉。但这第三利润源泉的源头就是仓储管理。仓储是企业物料配送的一个重要环节，其人员和设备配置以及管理效率在很大程序上影响着整个供应链的操作成本。在提高服务水平，降低库存，节约时间，成本最小化的压力下，仓储管理显然是越来越重要了。时值今日，仓库已不再是简单的储存场所，它是集中反映工厂物资活动状况的综合场所，是连接生产、供应、销售的中转站，对促进生产提高效率起着重要的辅助作用。同时，围绕着仓储实体活动，清晰准确的报表、单据账目、会计部门核算的准确信息也同时进行着，因此仓储是物流、信息流、单证流的合一，是物流中心的重要一环。众多的企业已经意识到仓储管理的重要作用，逐渐加大仓储现代化改造的步伐。包括两方面：其一，加大对仓库的硬件投入。这包括库房建设和改造、购置新型货架、托盘、数码自动识别系统和分拣、加工、包装等新型物流设备，大幅度提升现有仓储自动化水平和物流运作效率，增加物流服务功能。其二，加大对仓库的软件投入，加强物流信息化建设。实现仓储管理、商品销售、开单结算、配送运输、信息查询、客户管理、货物跟踪查询等功能，为客户提供更为方便、可靠、快捷的物流服务。

在实际操作中，仓储管理与市场和产品的稳定性，物料类型，仓储设备的类型和数量，仓库的规模和数量，信息管理水平和单元负载的选择都有着重要关联。因此，要进行有效的仓储管理，必须选择适当的负载单元，充分利用仓库和仓储设备，最大程度减少操作环节，完善信息管理系统以及保证良好的操作环境和安全等等。只有这样，才能很好地发挥仓储管理有供应链中的作用。然而随着制造环境的改变，产品周期越来越短，多样少量的生产方式，对库存限制的要求越来越高，光靠人工去记忆去处理已十分困难。因而，"信息化是现代仓储管理的核心"的理念已经成为企业及生产厂的共识。占据中国仓储管理软件市场份额第一的，由顺和达公司生产的产品"仓管王"以独有的上级审批功能，多账套处理功能，强大的统计功能，支持数据的移入移出，支持网络应用，……为企业提供仓储管理的追、收、查、储、拣、发、盘、退各环节的一揽子解决方案，大大节约了原来用于手写、保管各种单据的人工成本和时间成本，提高基层员工的工作效率和积极性；即时把握住物资库存动态，避免造成库存积压，减少报废，帮助企业以最快速、最正确、最低成本的方式为客户据供高效率、低成本的现代物流服务，成为业内的物业管理专家。

6.1 仓储经营管理

6.1.1 仓储管理与 *WMS*

1. 仓储管理在物流中的地位

从某种意义上讲，仓储管理在物流管理中占据着核心的地位。从物流的发展史可以看出，物流的研究最初是从解决"牛鞭效应"开始的，即在多环节的流通过程中，由于每个环节对于需求的预测存在误差，因此随着流通环节增加，误差被放大，库存也就越来越偏离实际的最终需求，从而带来保管成本和市场风险的提高。解决这个问题的思路，从研究合理的安全库存开始，到改变流程，建立集中的配送中心，以致到改变生产方式，实行订单生产，将静态的库存管理转变为动态的 *JIT* 配送，实现降低库存数量和周期的目的。在这个过程中，尽管仓库越来越集中，每个仓库覆盖的服务范围越来越大，仓库吞吐的物品越来越多，操作越来越复杂，但是仓储的周期越来越短，成本不断递减的趋势一直没有改变。从发达国家的统计数据来看，现代物流的发展历史就是库存成本在总物流成本中所占比重逐步降低的历史。

从许多微观案例来看，仓储管理已成为供应链管理的核心环节。这是因为仓储总是出现在物流各环节的接合部，例如采购与生产之间，生产的初加工与精加工之间，生产与销售之间，批发与零售之间，不同运输方式转换之间等等。仓储是物流各环节之间存在不均衡性的表现，仓储也正是解决这种不均衡性的手段。仓储环节集中了上下游流程整合的所有矛盾，仓储管理就是在实现物流流程的整合。如果借用运筹学的语言来描述仓储管理在物流中的地位，可以说就是在运输条件为约束力的情况下，寻求最优库存（包括布局）方案作为控制手段，使得物流达到总成本最低的目标。在许多具体的案例中，物流的整合、优化实际上归结为仓储的方案设计与运行控制。

这里必须说明一点，传统物流与现代物流差别最大的也是体现在库存环节上。传统的仓储业是以收保管费为商业模式的，希望自己的仓库总是满满的，这种模式与物流的宗旨背道而驰。现代物流以整合流程、协调上下游为己任，静态库存越少越好，其商业模式也建立在物流总成本的考核之上。由于这两类仓储管理在商业模式上有着本质区别，但是在具体操作上如入库、出库、分拣、理货等又很难区别，所以在分析研究必须注意它们的异同之处，这些异同也会体现在信息系统的结构上。

2. 仓储管理的主要内容

仓储管理的内容应该包括三个部分：仓储系统的布局设计、库存最优控制、仓储作业操作。这是三个层面的问题，彼此又有联系。

仓储系统布局是顶层设计，也是供应链设计的核心。就是要把一个复杂纷乱的物流系统通过枢纽的布局设计改造成为“干线运输 + 区域配送”的模式，枢纽就是以仓库为基地的配送中心。在相应的信息系统设计中，表现为“联库管理”的模式，分为集中式、分布式和混合式三类，其中配送中心的选择和设计是整个系统布局的关键。这部分内容通常并不包含在仓储管理系统 *WMS* 之中，但是对于布局设计变化的适应性、通用性也会成为客户选择 *WMS* 的一个重要依据。

库存的最优控制部分是确定仓库的商业模式的，即要（根据上一层设计的要求）确定本仓库的管理目标和管理模式，如果是供应链上的一个执行环节，是成本中心，多以服务质量、运营成本为控制目标，追求合理库存甚至零库存；如果是独立核算的利润中心，则是完全不同的目标和管理模式，除了服务质量、运行成本外，更关心利润的核算，因此计费系统和客户关系管理成为其中极其重要的组成部分，因为在计费系统中固化了市场营销的战略和策略。

仓储作业的操作是最基础的部分，也是所有 *WMS* 最具有共性的部分，正因为如此，仓储作业的操作信息化部分成为 *WMS* 与其他管理软件如进销存、*ERP* 等相区别的标志。这部分内容不仅要根据上一层确定的控制目标和管理模式落实为操作流程，还要与众多的专用仓储设备自动控制系统相衔接，所以是技术上最复杂的部分。国产 *WMS* 与国外先进的仓储软件相比，最大的差距可能也就在这里，市场价格会相差数十倍、上百倍，也是这个原因。

3. *WMS* 在我国的应用

仓储管理系统（*WMS*）是仓储管理信息化的具体形式，它在我国的应用还处于起步阶段。目前在我国市场上呈现出二元结构：以跨国公司或国内少数先进企业为代表的高端市场，其应用 *WMS* 的比例较高，系统也比较集中在国外基本成熟的主流品牌；以国内企业为代表的中低端市场，主要应用国内开发的 *WMS* 产品。下面主要结合中国物流与采购联合会征集的物流信息化优秀案例，从应用角度对国内企业的 *WMS* 概况做一个分析。

第一类是基于典型的配送中心业务的应用系统，在销售物流中如连锁超市的配送中心，在供应物流中如生产企业的零配件配送中心，都能见到这样的案例。北京医药股份有限公司的现代物流中心就是这样的一个典型。该系统的目标，一是落实国家有关医药物流的管理和控制标准 *GSP* 等，二是优化流程，提高提高效率。系统功能包括进货管理、库存管理、订单管理、拣选、复核、配送、*RF* 终端管理、商品与货位基本信息管理等功能模块；通过网络化和数字化方式，提高库内作业控制水平和任务编排。该系统把配送时间缩短了 50%，订单处理能力提高了一倍以上，还取得了显著的社会效益，成为医药物流的一个样板。此类系统多用于制造业或分销业的供应链管理中，也是 *WMS* 中最常见的一类。

第二类是以仓储作业技术的整合为主要目标的系统，解决各种自动化设备的信息系统之间整合与优化的问题。武钢第二热轧厂的生产物流信息系统即属于此类，该系统主要解决原材料库（钢坯）、半成品库（粗轧中厚板）与成品库（精轧薄板）之间的协调运行问题，否则将不能保持连续作业，不仅放空生产力，还会浪费能源。该系统的难点在于物流系统与轧钢流水线的各自动化设备系统要无缝连接，使库存成为流水线的一个流动环节，也使流水线成为库存操作的一个组成部分。各种专用设备均有自己的信息系统，*WMS* 不仅要整合设备系统，也要整合工艺流程系统，还要融入更大范围的企业整体信息化系统中去。此类系统涉及的流程相对规范、专业化，多出现在大型 *ERP* 系统之中，成为一个重要组成部分。

第三类是以仓储业的经营决策为重点的应用系统，其鲜明的特点是具有非常灵活的计费系统、准确及时的核算系统和功能完善的客户管理系统，为仓储业经营提供决策支持信息。华润物流有限公司的润发仓库管理系统就是这样的一个案例。此类系统多用于一些提供公共仓储服务的企业中，其流程管理、仓储作业的技术共性多、特性少，所以要求不高，适合对多数客户提供通用的服务。该公司采用了一套适合自身特点的 *WMS* 以后，减少了人工成本，提高了仓库利用率，明显增加了经济效益。

上述三类 *WMS* 只是从应用角度来做的一个简单分类。第一类 *WMS* 比较标准，但是并非所有企业就能一下子用起来。第二类是企业内部物流发展进程中经常会用到的，当生产企业或商贸企业在推进其信息化的时候，物流部分往往先从自动化开始，然后与企业的其他信息系统整合起来。第三类则是传统仓储企业向现代物流业过度的进程中经常会见到的情况。*WMS* 的这些分类反映了我国物流需求还不很成熟的现状，所以各自有其用武之地。

4. *WMS* 的发展动向

从中外物流发展的动向来看，有一些值得关注的特点，可能反映了仓储管理和 *WMS* 发展变化的趋势。

第一，随着物流资源的整合，在网络建设过程中，提出了在大型物流网络中，仓储管理的集中模式与分散模式的关系问题。在现实应用中既有集中管理的仓库，也有分散管理的仓库。前者如国家储备粮系统，后者如连锁超市的配送中心。分散与集中各有其市场需求，似乎并不会有孰优孰劣的问题。但是近年来的研究表明，自然界多数复杂系统的构成，是由简单系统采用"分布式"模式结合起来的。由此可以认为，集中总是相对的，分散却是绝对的。当我们构造一个大系统模型时，分布式系统才是基础。技术方案的思路也就变成了如何在分布式仓库网络基础上，解决那些需要集中管理的困难。*IBM* 推出的 *SOA*（*Service Oriented Architecture*）构架就是此类研究的一个典型代表。在此基础上 *WMS* 的基本结构、标准模块和数据交换接口标准等方面的研究正在深入。

第二，以 *RFID* 为代表的新技术正在深刻地影响着仓储管理和 *WMS*，甚至孕育着一场"物流革命"。由于种种原因，*RFID* 还不可能马上普及应用到所有的商品上，全世界也不会很快就采用统一的物品编码标准。但是在物流环节可以通过车辆、集装箱、托盘、货架等设备应用 *RFID* 技术，提高物流管理水平。事实上我们已经看到在不少 *WMS* 案例中采用了 *RFID* 技术。因此我们预期物流设备的 *RFID* 加上商品的条形码可能是未来一个时期在 *WMS* 中探索 *RFID* 应用推广的一条实用之路。

第三，*JIT* 配送将越来越成为 *WMS* 服务的主要市场需求。我们在上一段中把 *WMS* 应用分为三类，并指出这是由应用水平决定的。随着市场逐步成熟，仓储管理在流程中的整合作用越来越明显，传统仓库将向配送中心转化。*JIT* 生产方式的普遍化也将导致 *JIT* 配送需求的增长。*WMS* 的发展要基于需求的这个变化趋势。与此同时，配送需求的专业化市场细分也在深入，要求 *WMS* 更加支持 *JIT* 配送的专业化。

第四，商业智能技术(*BI*)在*WMS*中的应用将越来越多。商业智能就是利用数据挖掘技术开发积累的数据信息，使之变成可以利用的知识。例如利用库存数据分析市场变化规律，发现市场异常现象，研究仓库作业的优化方案等等。信息的作用在于应用，在于支持决策。在低水平的应用中，往往是系统采集数据，人工进行决策。经过一定的积累，应该过渡到系统具有决策的功能，这标志着系统上了一个新的台阶。因此*WMS*中*BI*模块将成为一个越来越重要的组成部分，促进了*WMS*的建模理论和方法的研究，以及优化方法和算法的研究。

5. 解析仓储经营管理

仓储是集中反映工厂物资活动状况的综合场所，是连接生产、供应、销售的中转站，对促进生产提高效率起着重要的辅助作用。仓储是产品生产、流通过程中因订单前置或市场预测前置而使产品、物品暂时存放。它是集中反映工厂物资活动状况的综合场所，是连接生产、供应、销售的中转站，对促进生产提高效率起着重要的辅助作用。同时，围绕着仓储实体活动，清晰准确的报表、单据账目、会计部门核算的准确信息也同时进行着，因此仓储是物流、信息流、单证流的合一。随着接单和经营模式不同，仓储模式也不同。下面我们逐个介绍不同接单模式下的仓储管理重点，与经营方式相关联的仓储模式重要名词解释如下。

经营模式与仓储模式相关联的重要名词解释：

(1)*BTS /BTF*：*Build to Stock / Build to Forecast*，根据事前与客户协议的库存水平自动补货的一种交易模式。

(2) *BTO*：*Build to Order*，根据客户订单进行生产排配、物料采购、交货安排的弹性接单交易模式。

(3) *CTO*：*Configuration to Order*，依客户选配订单由标准半成品起做测试组装交货的弹性接单交易模式。

(4) *VMI*：*Vendor Managed Inventory*，供应商免费存放，在距离组装地1－2小时车程、3－14天的订单或预测前置库存。

(5) *VMSA*：*Vendor Managed Staging Area*，制造商免费存放，在距离客户销货地1－2小时车程，3－14天的订单或预测前置成品库存。

*BTS / BTF*是传统的接单方式，在客户提供的预测需求下拟定生产计量，按既定的规格生产半成品、成品入库，客户下订单与交货通知时再由库存出货达交。其交期承诺的关键要素在“半成品在手库存量和成品在手库存量”能给已排定的生产计量补货并满足订单需求，必要时建立*Hub*(中转仓)与最后组装线以满足客户最大需求。

(6)*VMI*:在原物料方面，要求贵重与自制的供应商进驻*VMI Hub*，生产前段尽量做到无库存(库存属供应商)，要货时再调动，其真义已如名词解释;在半成品方面，依预计需求备料，但注意市场需求变量，随时调整库存量。最好用*Max/ Min*(最大需求量/最小需求量)加配套管制其补充量。半成品需用*SFC*(现场车间管理系统－*Shop Floor Control*，在工令投入前自动抓取库存信息，自动排配出较佳出货计划进行供应链管理活动)管制为佳。

(7)*VMSA*:设在客户处的*Hub*，根据客户销售状况及*Forecast*的变量与客户共同协商调整*Hub*的*Min /Max*，要做到客户提货时自动反映库存与补货量回制造基地。

在*BTO*接单方式下，客户下订单后才排生产计划，仍按*Forecast*备料，愈靠近客户做最后组装愈有利，其交货期承诺的关键要素在于原物料供应与产能产量爬坡的速度。

(8)*VMI*:在原物料方面，贵重与自制的供货商进驻*VMI Hub*，生产前段尽量做到无库存

(库存属供货商),供应商做到线边仓服务。在成品拣料方面,成品库存存放于出货口,按同一包装号、*SKU* 号排列,出货时把打包完成的订单货物放置到托盘上。单据上有发货通知(*Delivery Note*)和运输序列(*Transportation Order*)两种出货指示表单。从拣料到成品离开出货口,最好不要超过 4 - 8 小时。

(9)*VMSA*:设在客户处的 *Hub*,根据客户销售状况及 *Forecast* 的变量与客户共同协商调整 *Hub* 的 *Min / Max*,在客户提货时自动反应库存与补货量回制造基地。

CTO 是随着产品多样少量化的市场趋势,允许客户就既定规格进行产品细节上的多样选择组态,客户下单后最终确认"组态的技术性"后,再根据物料状况,确定组装生产计划,作交货期承诺。

(10)*VMI*:要求贵重与自制的供应商进驻 *VMI Hub*,生产前段尽量做到无库存(库存属供货商),要货时再调动。在 *CTO* 模式下,*VMI* 将发挥及时正确供料的功能。

(11)*Pick To Light*(生产时依灯号指示拣料):依据生产工单拣料,因 *CTO* 订单小样多,拣料较频繁;因机种不同但又很接近,所以拣料区应设定 *N* 个区域,隔离各机种不同拣料并标示。*Pick To Light* 的灯号管制与工令条形码信息极为相关。

(12)*Merge*:*CTO* 模式中,将终端用户所需最终产品的高组合件在运输途中 *Bounded*(绑在一起),一起出货至指定地点交货,是为 *Merge*。通常 *Merge* 都是委托交给物流业者来做,第四方物流能够做到 *Merge* 功能,下一步即可做到在最终客户桌上测试组装及代收款业务功能。

以上几种模式在 *JIT* 供料模式均相同,即要求一般物料供应商做 *JIT* 线边仓服务。

随着制造环境的改变,产品周期越来越短,多样少量的生产方式,对库存限制的要求越来越高,因而必须建立及执行供应链管理系统,借助电脑化、信息化将供应商、制造商、客户三者紧密联合,共担库存风险。

八部曲关键管理模式

仓储管理可以简单概括为八部曲关键管理模式:

第一部曲:追。

仓储管理应具备资讯追溯能力,前伸至物流运输与供应商生产出货状况,与供应商生产排配与实际出货状况相衔接。同时,仓储管理必须与物流商进行 *ETD/ETA* 连线追溯,分别是:*ETD*(*Estimated to Departure*)——离开供应商工厂出货的码头多少量?离开供应商外包仓库的码头多少量?

第三方物流与第四方物流载具离开出发地多少量?*ETA*(*Estimated to Arrival*)——第三方物流与第四方物流载具抵达目的地多少量?抵达公司工厂的码头多少量?抵达公司生产线边仓多少量?与 *VMI Min/Max* 库存系统连线补货状况。

第二部曲:收。仓库在收货时应采用条码或更先进的 *RFID* 扫描来确认进料状况,关键点包括:在于供应商送货时,送货资料没有采购 *VPO* 号,仓库应及时找相关部门查明原因,确认此货物是否今日此时该收进;在清点物料时如有物料没有达到最小包装量的散数箱时,应开箱仔细清点,缺认无误,方可收进;收货扫描确认时,如系统不接授,应及时找相关部门查明原因,确认此货物是否收进。

第三部曲:查。仓库应具备货物的查验能力,对于甲级流氓(只有几家供应商可供选择的有限竞争市场和垄断货源的独家供应市场的 *A* 类物料)特别管制,严控数量,独立仓库,24

小时保安监控;建立包材耗材免检制度，要求供应商对于线边不良包材耗材无条件及时补货退换;对于物料储存时限进行分析并设定不良物料处理时限。

第四部曲:储。物料进仓做到不落地或至少做到(储放在栈板上，可随时移动)，每一种物料只能有一个散数箱或散数箱集中在一个栈板上，暂存时限自动警示，尽量做到储位(*Bin-Location*)管制，做到*No Pick List*(工令备捡单)，不能移动!

第五部曲:拣。拣料依据工令消耗顺序来做，能做到依灯号指示拣料则属上乘(又称*Pick to Light*)，拣料时最好做到自动扫描到扣账动作，及时变更库存信息告知中央调度补货。

第六部曲:发。仓库发料依据工令备拣单发料,工令、备料单与拣料单应三合一为佳，做到现场工令耗用一目了然，使用自动扫描系统配合信息传递运作。

第七部曲:盘。整理打盘始终遵循散板散箱散数原则。例如1种物料总数103个，是10箱(每箱10个)加3个零数，在盘点单上盘点数数方法应写成10箱×10个+3个=103个。对于物料要进行分级分类，从而确定各类物料盘点时间，定期盘点可分为日盘/周盘/月盘;日盘点搭配*Move List*(库存移动单)盘点;每月1号中午12点结账完成的目标要设定。

第八部曲:退。以整包装退换为处理原则，处理时限与处理数量应做到达到整包装即退或每周五下午3点整批退光，做到*Force Parts*(线边仓自动补换货)制度取代*RMA*(退料确认:*Return Material Authorization*)做法，与*VMI Hub*退货暂存区共享原则，要求供应商做免费包装箱供应。

仓储管理世说新语:

a. 维护品质——没有破箱破包，恒温恒湿，倒流区隔。

b. 安全性——高度压力，走道净空。

c. 空间的利用——频率与省力。

d. 节省人力——驾车打单盘点多能工。

e. 降低成本——自修托盘，包材转卖，临时工。

f. 库存转嫁供货商——免费存放的*VMI*制度。

6.1.2 仓储经营组织

1. 仓储经营的意义

改变传统的仓储经营观念，开发全新的仓储经营服务方式是现代仓储业的首要任务。在市场经济环境下客户有权选择仓储企业，这使那些仓储货源按计划保证的仓储企业面临着市场竞争的挑战。从事物流仓储活动的企业不得不以自身的现代设施设备、良好的服务以及优惠的价格积极参与竞争，在竞争中获取更大的效益。因此，仓储企业如何开展多种经营活动，获取企业效益和社会效益具有重要的意义。

(1)搞好仓储经营活动是实现社会再生产过程顺利进行的必要条件

仓储经营的意义正是由于生产与消费在空间、时间以及品种、数量等方面存在着差异引起的。通过仓储经营活动，发挥仓储经营连接生产与消费的纽带和桥梁作用，借以克服众多的相互分离又相互联系的生产者之间、生产者与消费者之间在商品生产与消费地理上的分离，衔接商品生产与消费时间上的不一致，以及调节商品生产与消费在方式上的差异，保证社会再生产的顺利进行。

(2)搞好仓储经营活动是充分发挥“物”的潜力的重要手段

任何一种物资，在生产至消费之前，由于其本身的性质，所处的条件以及自然的、社会的、经济的、技术等因素，都可能使物资在数量上减少，质量上降低，如果不创建必要的保护条件，就不可避免地使物资造成损害。因此，必须进行科学的管理，加强对物资的养护。搞好仓储经营活动，使"物"在效用最高的时间发挥作用，充分发挥"物"的潜力，实现时间上的优化配置，提高物的使用价值。同时，在仓储经营过程中，应努力做到流向合理、加强物资流转速度，不断提高工作效率，使有限的物资能及时发挥最大的效用。

(3)搞好仓储经营活动是提高经济效益的有效途径

仓储活动是物质产品在社会再生产过程中必然出现的一种形态，这对整个社会再生产，对国民经济各部门、各行业的生产经营活动的顺利进行，都有着巨大的作用。然而，在仓储活动中，为了保证物资的使用价值在时空上的顺利转移，必然要消耗一定的物化劳动和活劳动。尽管这些合理费用的支出是必要的，但由于它不能创造使用价值，因而，在保证物资使用价值得到有效保护，有利于社会再生产顺利进行的前提下，费用支出得越少越好。因此，搞好仓储经营活动，减少物资在仓储过程中的物质损耗和劳动消耗，就可以加速物资的流通和资金的周转，从而节省费用支出，降低物流成本，开拓"第三利润源泉"，提高社会的、企业的经济效益。

(4)现代仓储的发展客观上需要仓储企业开展多种经营活动

现代仓储业的发展，对仓储经营及服务的要求越来越高。传统的仓储功能已远不能满足这些要求，因此，仓储企业通过开展多种经营活动，充分利用现有的仓储经营设施向社会开放，以适应现代仓储发展的客观需要。

2. 现代仓储经营组织

仓储经营组织是按照规定的经营目标，将仓储作业人员与仓储作业手段有效的结合起来，完成仓储作业过程各环节的职责，为商品流通提供良好的仓储服务，实现仓储经营的高效益。

仓储经营的目标是按照仓储活动的各项要求和仓储管理上的需要，把与仓储经营有直接关系的部门、环节、人尽可能地合理组织起来，使他们的工作协调、有效地进行，加速商品在仓库中的周转，合理地使用人力、物力，以取得最大的经济效益。

具体地讲，仓储经营的目标是实现仓储经营活动的"快进、快出、多储存、多经营、保管好、费用省"。

"快进"是物资运抵到港口、车站或仓库专用线时，要以最快的速度完成物资的接运、验收和入库作业活动。

"快出"是物资出库时，要及时迅速和高效地完成备料、复核、出库和交货清理作业活动。

"多储存"是在库容合理规划的基础上，最大限度地利用有效的储存面积和空间，提高单位面积的储存量和面积利用率。

"多经营"是仓储采用多种经营方式提高企业的收益，如流通加工、产品配套及组装、配送与配载、订货决策支持、物流系统设计咨询、物流信息处理等。

"保管好"是按照物资性质要求和储存条件，合理安排储存场所，采取科学的保管方法，使其在保管期内质量完好，数量准确。

"费用省"是物资输入和输出以及保管的整个过程，都要努力节省人力、物力和财力消耗，以最低的仓储成本取得最好的经济效益。

在仓储经营组织过程时，应综合考虑各方面的因素，并注意以下几个方面：第一，保证仓储作业过程的连接性；第二，实现仓储作业过程的比例性；第三，采取仓储经营方法的多样性；第四，充分调动全体员工的积极性；第五，具有有利于人才培养的机制；第六，具有良好的风险防范机制。

6.1.3 仓储经营方法

随着物流业的快速发展，为了能最经济地满足来自市场的需求和挑战，现代仓储通过扩大自己的业务范围，提供更多的增值服务项目，使自己能在激烈的市场竞争中获得更多的利益。

面对消费者价值取向的日益多重化，经营者深刻意识到加强现代仓储的多种经营，改进为客户服务的方式是创造持久的竞争优势的有效手段。现代仓储经营活动主要包括以下几种：

1. 流通加工

现代仓储提供的流通加工业务主要包括：

(1)弥补生产领域加工不足的深加工

有许多产品在生产领域的加工只能到一定程度，这是由于存在许多限制因素限制了生产领域不能完全终极的加工。例如：钢铁厂的大规模生产只能按标准规定的规格生产，以使产品有较强的通用性，使生产能有较高的效率和效益；木材如果在产地完成成材加工或制成木制品的话，就会造成运输的极大困难，所以原生产领域只能加工到圆木、板、方材这个程度，进一步的下料、切裁、处理等加工则由流通加工完成。这种流通加工实际是生产的延续，是生产加工的深化，对弥补生产领域加工不足有重要意义。

(2)为适应多样化需要的流通加工

生产部门为了实现高效率、大批量生产，其产品往往不能完全满足客户需求。为了满足客户对产品多样化的需要，同时又保证社会高效率的大生产，将生产出来的单调产品进行多样化的改制加工是流通加工中重要地位的一种加工形式。例如：对钢材卷板的舒展、剪切加工；平板玻璃按需要规格的开片加工；木材改制成枕木、方材、板材等加工。

(3)为保护产品所进行的加工

在物流过程中，直到用户投入使用前都存在对产品的保护问题，防止产品在运输、储存、装卸、搬运、包装等过程中遭受损失，使使用价值能顺利实现。主要采取稳固、改装、冷冻、保鲜、涂油等方式。

(4)为提高物流效率、方便物流的加工

有些产品本身的形态使之难以进行物流操作，进行流通加工后，可以使物流各环节易于操作，如：鲜鱼冷冻、过大设备解体、气体液化等。这种加工往往改变“物”的物理状态，但并不改变其化学特性，并最终仍能恢复物理状态。有些产品的加工，如贴标签、贴条形码等也属于这种类型的加工。

(5)为促进销售的流通加工

流通加工可以从几个方面起到促进销售的作用。如将过大包装(这是提高物流效率所要求的)或散装物分装成适合一次销售的小包装的分装加工；将原以保护产品为主的运输包装改换成以促进销售为主的装饰性包装，以起到吸引消费者、指导消费的作用；将蔬菜、肉类洗净切块以满足消费者要求等等。这种流通加工可能是不改变“物”的本体，只进行简单改装的加工，也有许多是组装、分块等深加工。

(6)生产 - 流通一体化的流通加工

现代仓储与固定的制造商和分销商进行长期合作，进行合理分工、合理规划、合理组织，统筹进行生产与流通加工的安排，这种形式可以促成产品结构及产业结构的调整，充分发挥企业集团的经济技术优势，是目前流通加工领域的新形式。

2. 产品配套、组装

当某产品需要由一些组件或配件组装配套而成时，可通过现代仓储提供配套组装的增值服务来完成。在储存过程中，配件不出仓库就直接由装配工人完成配装，提高了物流的效率，节约了供应链成本，不仅使得现代仓储的竞争力增强、效率提高，而且也使得制造商和分销商的压力减轻。

3. 配送与配载

(1)配送

配送是在经济合理区域范围内，根据用户的要求，对物品进行拣选、加工、包装、分割、组配等作业，并按时送达指定地点的物流活动。

现代仓储经营人利用商品大量储存在仓库内等待向消费者送货的条件，向存货人提供分批、分时的送货业务，并进行商品组合、分类等处理，具有极其便利的条件。

(2)配载

配载是指向运输线路和运输工具安排货载的技术业务。大型化的运输工具需要大量的货载支持，需要经仓储的集货。大量聚集在现代仓储的货物需要高效的配载安排，保证运输工具的满载和待运货物的及时出运。

在进行车辆配载时，要坚持方便装卸，充分利用运输工具，保证商品安全，满足用户需求的原则。力求做到满载满装，合理安排待运商品的配载，以最少的运力来满足配送的需要。

简单的配载一般通过经验和手工计算来完成。在装载商品种类较多、车辆种类又较多的情况下，可采用计算机进行优化配载。

4. 订货决策支持

由于现代仓储掌握了大量的货物信息资料，便于对每种货物的需求情况做出统计分析，从而为客户提供订货及库存控制的决策支持，甚至帮助客户做出相关的决策。

5. 物流系统设计咨询

现代仓储为更好地为客户服务，应充当货主的物流专家，因而必须为货主设计物流系统，代替货主选择和评价运输商、仓储商及其他物流服务供应商。国内有些专业物流公司正在进行这项尝试，这是一项增加价值、增加公共现代仓储竞争力的服务。

6. 物流信息处理

随着计算机成为现代仓储的主要工作手段，因此将各个物流环节的各种物流作业中产生的物流信息进行实时采集、分析、传递，并向客户提供各种作业明细的咨询信息，对现代仓储是相当重要的。

6.1.4 多种仓储经营方式

1. 保管仓储的概念和特点

保管仓储:是指保管人储存存货人交付的仓储物，存货人支付仓储费的一种仓储经营方法。

保管仓储的经营特点:

(1)保管仓储的目的在于保持保管物原状;

(2)仓储管理的物品一般都是数量大、体积大、质量高的大宗货物、物资;

(3)保管仓储活动是有偿的保管;

(4)保管仓储经营的整个仓储过程均由保管人进行操作，仓储经营人的投入较多。

2. 混藏仓储经营的概念和特点

混藏仓储:是指存货人将一定品质、数量的货物交付保管人储藏，而在储存保管期限届满时，保管人只以相同种类、相同品质、相同数量的替代物返还的一种仓储经营方法。

混藏仓储的经营特点:

(1)混藏仓储的对象是种类物;

(2)混藏仓储的保管物并不随交付而转移所有权;

(3)混藏仓储是一种特殊的仓储方式。

3. 消费仓储经营的概念和特点

消费仓储:是指存货人不仅将一定数量品质的种类物交付仓储管理人储存保管，而且与保管人相互约定，将储存物的所有权也转移了保管人处，在合同期届满时，保管人以相同种类、相同品质、相同数量替代品返还的一种仓储方法。

消费仓储的经营特点:

(1)消费仓储是一种特殊的仓储形式，其性质与保管仓储基本相同;

(2)消费仓储以种类物作为保管对象，仓储期间转移所有权于保管人;

(3)消费仓储以物的价值保管为目的，保管人仅以种类、品质、数量相同的物进行返还。

4. 仓储租赁经营的概念

仓储租赁经营:是通过出租仓库、场地，出租仓库设备，由存货人自行保管货物的仓库经营方式。

5. 流通加工的概念

流通加工:是指物品从生产地到使用地的过程中，根据需要施加包装、分割、计量、分拣、刷标志、拴标签、组装等简单作业的总称。

6. 仓储多种经营的作用

(1)能适应瞬息万变的物流市场;

(2)能更好的减少风险;

(3)是实现仓储企业的经营目标的需要。

7. 仓储增值服务的项目

(1)托盘化

(2)包装

(3)贴标签

(4)产品配套、组装
(5)上油漆
(6)简单的加工生产
(7)退货和调换服务
(8)订货决策支持

6.2 仓储商务管理

6.2.1 仓储商务管理概述

1. 仓储商务及仓储商务管理的概念

仓储商务:是指仓储经营人利用所具有的仓储保管能力向社会提供仓储保管产品和获得经济收益所进行的交换行为。

仓储商务管理:是仓储经营人对仓储商务所进行的计划、组织、指挥和控制的过程。

2. 仓储商务管理的作用

(1)最充分利用企业资源
(2)满足社会需要
(3)减少成本
(4)降低风险
(5)塑造企业形象
(6)提高经营收益

3. 仓储商务管理的原则

(1)满足社会需要
(2)适应市场竞争
(3)守法、依法商务
(4)追求效益最大化

4. 仓储商务的内容和过程

(1)仓储经营决策
(2)市场调查和市场宣传
(3)积极营销和妥善选择商机
(4)订立仓储合同
(5)存货人向仓库存货
(6)保管人接受货物和保管货物
(7)存货人(仓单持有人)提货

案例分析：

秦山三核的现代仓储管理

核电作为一种安全、清洁的能源，已被实践所证实。为满足电力需要、优化能源结构、促进经济持续发展、缓解运输压力等，国家适时提出了发展核电的重大决策，使中国核电发展驶向快车道，核电的重要性将日益显现。发展核电，核电建设与运营管理水平必须提高；核电企业的仓储管理作为其中的重要组成部分，也必须具备与之相适应的水平；因为仓储管理直接关系到核电机组安全稳定运行和核电企业的经济效益，是核电物流的中心环节。核电仓储管理与一般物流仓储管理相比有着鲜明的特点，它不同于一般的仓储管理。而秦山第三核电有限公司（以下简称秦山三核）又是*CANDU*－6型核电机组，是国内绝无仅有的，它所要求的备件与国内其他核电站不尽相同，备件的种类数以万计，这就更增大了仓储管理的难度。如何在国际物流迅猛发展的大环境下，结合自身的特点，吸取众家之长，提高秦山三核仓储管理水平，使之为秦山三核机组安全、稳定、高效运行做出应有的贡献，是核电仓储管理的目的。

一、核电企业仓储管理的特点

由于仓储管理的目的不同，核电企业的仓储管理，与传统的仓储企业有所不同，具体体现在以下几个方面：

1. 备件种类繁多

秦山三核仓库内存有3万多项不同的物资，分布在9个仓库和两个堆场中的6000个货位上，但大部分的数量只有几个或几十个，有的甚至只有一个，这样在管理上要求管理者要做更多细致的工作。

2. 部分备件储存、保养要求高

部分备件，特别是战略备件，不但对“两防两控”有严格的要求，而且还有着特殊的维护保养要求（如有些设备备件需要在氮气环境下保存）。核电备件的完好、可用性，关系着核电机组的安全、稳定运行，备件特别是战略备件必须保持完好、可用状态，这些备件需要编制专项维护保养方案，仓储部门根据方案的要求进行维护保养，如果自己没有能力或需要专业技术人员进行的重要性保养，要及时向其他有关部门提出作业申请，协助完成维护保养工作。

3. 严格的入、出库管理

（1）入库 。物资入库控制是从采购员通知到货开始的。物资到货后，采购员提交生成的交货单；仓储人员将到货信息通知验收组，验收组接到通知后，马上组织有关部门进行验收。验收首先要按照合同要求，确定相关文件的完整性及是否符合规范，其次检查到货物资是否符合合同要求，然后填写验收报告，如有不符合项，则发出*NCR*（不符合项报告）；仓储人员根据验收结果，认真核查货物，并将规范化的货物标示贴在货物明显的部位，同时按照货物储存级别，分配货物货位，并实施货物就位；最后仓储人员将信息输入仓储管理系统，生成*MRR*（物资入库报告），完成货物入库。（2）出库。领用人首先填写材料（设备）领用单，经领用部门主管审核、签字并加盖本处室印章后，并办理相关审批手续，最后到商务合同处仓储部门，由仓储人员发放并生成*MIT*（出库报告）。

4. 相对稳定的备件库存

物资库存在很大程度上影响着企业生产成本的高低。企业应在保证供应的前提下，尽量降低库存水平。由于核电的特殊性，库存控制尤为复杂，它受非常多的因素制约，特别是运行安全问题异常敏感，涉及到政治和社会各方面，安全性是核电站最为重要的指标体系，秦山三核的库存控制，主要从保证满足核电站安全、稳定运行的需要考虑的，库存控制有待优化。

二、现代化仓储管理

核电行业属于高科技产业，传统的仓储管理难以满足要求，必须采用现代化的管理手段，即必须具有：大型、立体仓库和优良的机械化设备、设施等硬件，以及自动化仓库控制系统、现代化仓储管理系统和高素质的管理人才等软件。

1. 大型立体仓库与优良的机械化设备

大型立体仓库与优良的机械化设备为核电仓储管理打下了良好的硬件基础。秦山三期工程在建设高峰期，每天的货物吞吐量在几百吨以上，如果秦山三核没有上万平方的大型、立体仓库，没有性能优良的装卸平台，没有大、中、小型性能超群的叉车、高位叉车与单、双梁式起重设备等，这些工作是不可能顺利完成的。秦山三核提前竣工投产，与大型立体仓库及这些优良的机械化设备是分不开的。

2. 自动化仓库控制系统

自动化仓库控制系统的目的是“两防两控”——－防火、防盗，温度、湿度控制，包括以下子系统：(1) 火灾报警系统。全面监控所有仓库及商务合同处办公楼火灾情况，一旦发现火情，能够迅速发出火灾报警信号。(2) 防盗报警系统。全面监视仓库及商务合同处办公楼，发现异常情况时可及时发出防盗报警信号。(3) 温湿度检测系统。由于秦山三核部分备件对仓库的温、湿度条件要求比较严格，为此在部分库房安装了温湿度检测系统，监测库内控制点温、湿度数据。巡检人员发现温、湿度超出规定范围时，立即检查库房温、湿度控制设备（空调、除湿机等）工作是否正常，并报告维护保养人员异常情况，使库房温、湿度尽快恢复到规定的范围内。

3. 现代化仓储管理系统

由于核电仓储管理的复杂性，开发和利用现代化仓储管理系统是管理水平提高的一个重要标志。秦山三核仓库内存有 3 万多项不同的物资，分布在 9 个仓库和两个堆场中的 6000 个货位上，手工台帐操作难以满足实际要求，只有应用现代化仓储管理系统，才能有效地管理仓储业务。现代化仓储管理系统必须具备以下三个条件：(1) 一套完整的仓储信息管理系统，为仓储运作提供电子化管理；(2) 一个能快速、方便、安全、可靠的交换数据方法即电子数据交换平台，实现各部门间的数据转换；(3) 为用户提供个性化的物流信息服务。秦山三核的仓储管理系统软件的开发经历了三个阶段。(1) 第一阶段，*CMMS* 系统 由于秦山三期工程采用交钥匙模式，建造期间（2001 年 7 月秦山三核仓储部门成立前），仓储管理是应用承包商 *AECL* 的 *CMMS* 系统实现的。虽然 *CMMS* 系统是一个功能强大的现代化仓储管理系统，但该系统是为建造期间设计的，又是全英文版本，建造完成后，已不再适合秦山三核运行期间使用。(2) 第二阶段，材料管理系统 2001 年 7 月秦山三核仓储部门成立至 2005 年 6 月，仓储管理是应用秦山三核自行开发的材料管理系统实现的。该系统具有比较完备的仓储管理功能，能很好地完成货物从入库到发放的仓储管理工作，并有较为完善的查询功能，但由于是单一的仓储管理软件，与申请、计划、合同、采购、财务等板块之间没有交换数据的平台，应用面狭窄，有一定的局限性。(3)第三阶段，物资供应管理系统从2005年6月起，通过采用物资供应管理系统，仓储管理进入了一个崭新的阶段。物资供应管理系统在仓储管理系统基础上，扩展并完善了系统功能，如增加维护保养模块，并使物资申请、计划、合同、采购、仓储、财务等工作在统一平台上进行，可实现不同部门间快速、方便、安全、可靠的数据交换，大大提高了工作效率。如备件发放，当领用部门在物资供应管理系统中填写好一个领料单，并确认无误后，点击提交按钮，这时仓储部门马上得到领料信息，从而提前做好发放的准备工作(动态盘库、备货准备等)。虽然该系统较前两个阶段的管理系统有了很大改进，但金无足赤，此系统在个性化服务方面，还有待于进一步完善。

4. 高素质的管理人才

纵观国际物流业，任何一个优秀的企业，无不拥有一批专业的管理人才，物流业的竞争与其他行业一样，归根结底是人才的竞争。秦山三核现在的一些仓储管理者，是经过多年实际经验锤炼出来的，有着丰富的经验和良好的工作方法，面对各种困难，都能找出最佳的解决方法。如动态盘库就是在长期的实践中总结出来的工作方法。动态盘库的理念是基于一般情况下不发生交易(物资入库与出库的过程)的货物库存是不会自行改变的，只有交易时数量才会改变。具体的做法是：每次交易前，在秦山三核物资供应管理系统中确定货物在当前货位的库存，由仓库管理员到此货位上盘点货物的数量，如果与物资供应管理系统中的库存相符，则完成交易，任务结束；否则，认真清查历次交易记录，直到问题解决。

三、问题探讨

1. 库存最优化控制

虽然由于核电的特殊性，库存控制受非常多的因素制约，实施控制非常困难，但库存控制还是可以由易到难，循序渐进地开展工作的。秦山三核在消耗性材料、非常容易采购的通用件方面已经有了“零”库存的理念，并对这些材料逐渐在实施“零”库存计划，但对于优化备件库存方面，由于重水堆的特殊性，以及采购周期的限制，使这部分备件的库存量不尽合理，还须进一步完善，使库存达到最优化。

2. 开拓视野，推动核电物流网络建设

当今网上商务迅速发展，并驱动物流各环节高速数字化。物流技术所提供的一套更为完善的功能是电话和传真机时代很难想像的。人工流程变成自动化，公司之间可以公开地分享数据，合作伙伴之间可以在整个供应链上进行实时协作。秦山地区的核电发展随着秦山一期和二期的扩建工程展开、三期项目部的成立，核电事业的发展蒸蒸日上、蓬勃发展，如果核电系统能通过核电物流网络建设，互通有无、公开分享数据，并通过研讨、协商建立起一个物流系统，将各家的设备和通用备件输入共享数据库，充分利用这些资源，将大大提高资源的利用率，节约大量人力与财力，做到互惠互利，取长补短。

四、结束语

核电企业仓储管理，关系着核电物流的方方面面，随着核电仓储管理水平的整体提升，完善的仓储管理必将为核电机组的安全、稳定、高效运行做出贡献，也必将为核电的稳步、快速发展增加筹码。

6.2.2 仓储合同

1. 仓储合同的定义和种类

(1)仓储合同的定义

《合同法》第381条:"仓储合同是保管人储存存货人交付的仓储物,存货人支付仓储费的合同。"

(2)仓储合同的种类

● 一般保管仓储合同

●混藏式仓储合同

●消费式仓储合同

●仓库租赁合同

2. 仓储合同当事人

仓储合同的当事人双方分别为存货人和保管人。

3. 仓储合同的标的和标的物

合同的标的却是仓储保管行为,包括仓储空间、仓储时间和保管要求和过程。

4. 仓储合同的订立

仓储合同的订立经过要约和承诺的过程。

订立仓储合同的原则:

(1)平等的原则。

(2)等价有偿的原则。

(3)自愿与协商一致的原则。

(4)合法和不损害社会公共利益

合同的形式:合同法规定,合同可以采用书面形式、口头形式或其他形式。采用电报、电传、传真和电子数据、电子邮件也可以作为书面形式。

5. 仓储合同的条款

(1)存货人、保管人的名称、地址。

(2)仓储物的品种、数量、质量、包装、件数和标记。

(3)交接时间和地点、验收方法。

(4)仓储物的损耗标准。

(5)储存场所。

(6)储存期间。

(7)仓储费。

(8)仓储物的保险约定。

(9)违约责任。

(10)合同变更解除的条件。

(11)争议处理。

6. **仓储合同的生效和无效**

(1)仓储合同的生效

仓储合同为诺成性合同，在合同成立时就生效。仓储合同生效的条件为合同成立，具体表现为：双方签署合同书；合同确认书送达对方；受要约方的承诺送达对方；公共保管人签发格式合同或仓单；存货人将仓储物交付保管人，保管人接受的。

(2)仓储合同的无效

无效合同的形式：一方以欺诈、胁迫手段订立合同，损害国家利益的仓储合同；恶意串通，损害国家、集体或者第三人利益的仓储合同；以合法形式掩盖非法目的的仓储合同；损害社会公共利益的仓储合同；违反法律、行政法规强制性规定的仓储合同；无效代理的合同。对于由于因重大误解订立的合同、在订立合同中显示公平的合同当事人一方有权请求人民法院或者仲裁机构给予变更或者撤销。无论无效合同在什么时候被认定，都是自始无效。

7. **仓储合同的变更、解除**

(1)仓储合同变更

对已生效的仓储合同的内容进行修改或者补充 。

(2)仓储合同的解除

●存货人与保管人协议解除合同。

●出现法律规定的仓储合同解除条件而解除合同。

●合同的目的不能实现 ;预期违约 。

6.2.3 仓储合同的内容

1. **仓储合同范本**

仓储合同

保管人:____

存货人:____

第一条　　仓储物

名称	规格	数量	质量	包装	件数	仓储费

合计人民币金额(大写)

第二条　储存场所、储存物占用仓库位置及面积：

____。

第三条　仓储物(是/否)有瑕疵。瑕疵是：

____。

第四条　仓储物(是/否)需要采取特殊保管措施。特殊保管措施是：

______________________________。

第五条　仓储物入库检验的方法、时间与地点：

____。

第六条　存货人交付仓储物后，保管当给付仓单。

第七条　储存期限：从______年______月______日至______年______月______日。

第八条　仓储物的损耗标准及计算方法：

____。

第九条　保管人发现仓储物有变质或损坏的，应及时通知存货人或仓单持有人。

第十条　仓储物（是/否）已办理保险，险种名称：________________

保险金额：____________________

保险期限：____________________ 保险人名称：________________。

第十一条　仓储物出库检验的方法与时间：

____。

第十二条　结算方式与时间及期限：

____。

第十三条　储存期间届满，存货人或者仓单持有人应当凭仓单提取仓储物。存货人或者仓单持有人逾期提取的，应当加收仓储费具体如下：

____。

提前提取的，不减收仓储费。

第十四条　存货人未向保管人支付仓储费的，保管人（是/否）可以留置仓储物。

第十五条　违约责任：

____

____________。

违约损失赔偿额计算方法：

____。

第十六条　本合同解除的条件：

（一）____。

（二）____。

第十七条　合同争议的解决方式：本合同项下发生的争议，由双方当事人协商解决；协商不成的，提交苏州市仲裁委员会仲裁。

第十八条　其他约定事项：

____

____。

存货人（章）： 住所：　　　　邮政编码： 法定代表人： 委托代理人： 电话：　　　　传真：	保管人（章）： 住所：　　　　邮政编码： 法定代表人： 委托代理人： 电话：　　　　传真：

2. 存货人的权利与义务

(1)告知义务

(2)妥善处理和交存货物

(3)支付仓储费和偿付必要费用

(4)查验、取样

(5)及时提货

3. 保管人的权利和义务

(1)合适的仓储条件

(2)验收货物

(3)签发仓单

(4)合理化仓储

(5)返还仓储物

(6)危险通知义务

4. 违约责任和免责

(1)违约责任:不能履行合同约定的义务或者履行合同义务不符合合同的约定的不为或行为。

(2)违约责任的承担方式有支付违约金、赔偿损失、恢复原状、继续履行合同、采取补救措施、定金惩罚。

(3)免责:不可抗力 、仓储物自然特性 、存货人的过失、合同约定的免责。

6.2.4 仓单

1. 仓单的定义

仓单是保管人在接受仓储物后签发的表明一定数量的保管物已经交付仓储保管的法律文书。

根据《合同法》规定:“存货人交付仓储物时,保管人应当给付仓单”。

2. 仓单的作用

(1)签发仓单表明保管人已接受了仓单上所记载的仓储物;

(2)仓单是仓储保管人凭以返还保管物的凭证;

(3)仓单是确定保管人和仓单持有人、提货人责任和义务的依据;

(4)同时仓单还是仓储合同的证明。

3. 仓单的法律特性、功能

(1)仓单是提货凭证——物权交易

(2)仓单是所有权的法律文书——物权证明

(3)仓单是有价证券——金融工具

(4)仓单是仓储合同的证明——保管人承担责任的证明

4. 仓单的形式与内容

(1)仓单簿为一式两联,第一联为仓单,在签发后交给存货人;第二联为存根,由保管人保存，以便核对仓单。

(2) 仓单的内容：⑴存货人的名称或者姓名、住所；⑵仓储物的品名、数量、质量、包装、件数和标记；⑶仓储物的耗损标准；⑷储存场所；⑸储存期间；⑹仓储费；⑺仓储物的保险金额、期间以及保险人的名称；⑻填发人、填发地和填发日期。

(3) 仓单业务

存货人将仓储物交给保管人时可要求保管人签发仓单时，保管人必须签发仓单。

仓储保管人只签发一式两份仓单 。

(4) 仓单转让 ：通过背书转让的方式进行。仓单的转让需要保管人签署 。

(5) 提交仓单办理提货 。

(6) 仓单灭失提货：人民法院的公示催告；提供担保提货。

物流窗口：

家乐福仓储.经典案例

家乐福的做法是将仓库、财务、*OP*、营业部门的功能和供应商的数据整合在一起。从统一有视角来考虑订货、收货、销售过程中的各种影响因素。因此，看家乐福仓储作业的管理就必须联系它的 *OP*、财务、营业部门来看，这是一个严密的有机体。家乐福的仓库在每日的收货、发货之外还会根据每日存货异动的资料，存量资料的数据传输给 *OP* 部门，*OP* 就会根据累计和新传输的资料生成各类分析报表。同时，家乐福已逐步将周期盘点代代替传统一年两次的“实地盘点”。在实行了周期盘点后，家乐福发现，最大的功效是节省了一定的人力、物力、财力，没有必要在两次实地盘点的时候大规模的兴师动众了，同时，盘点的效率得也到了提高。

思考题：

1. 什么是仓储经营组织？
2. 仓储经营方法有哪些？
3. 常见的仓储经营方式有哪些？
4. 什么是仓储商务管理？
5. 仓储合同的条款包括了哪些内容？
6. 什么是仓单？仓单有哪些形式与内容？

参考阅读材料：

1. 蒋祖星：《仓储与配送管理》，机械工业出版社 2004 年
2. 中国锦程物流网
3. 中国物流论坛

案例讨论：

2004年6月3日，某市盛达粮油进出口有限责任公司(下称盛达公司)与该市东方储运公司签订一份仓储保管合同。合同主要约定：由东方储运公司为盛达公司储存保管小麦60万公斤，保管期限自2004年7月10日至11月10日，储存费用为5万元，任何一方违约，均按储存费用的20%支付违约金。合同签订后，东方储运公司即开始清理其仓库，并拒绝其他有关部位在这三个仓库存货的要求。同年7月8日，盛达公司书面通知东方储运公司：因收购的小麦尚不足10万公斤，故不需存放贵公司仓库，双方于6月3日所签订的仓储合同终止履行，请谅解。东方储运公司接到盛达公司书面通知后，遂电告盛达公司：同意仓储合同终止履行，但贵公司应当按合同约定支付违约金1万元。盛达公司拒绝支付违约金，双方因此而形成纠纷，东方储运公司于2000年11月21日向人民法院提起诉讼，请求判令盛达公司支付违约金1万元。

讨论问题：

1. 仓储合同有哪些法律特征？

2. 东方储运公司的诉讼是否应给予支持，为什么？

第7章 仓储信息管理

七

* 本章主要内容

- 仓储信息管理系统的概念
- 仓储信息管理系统的功能
- 仓储信息管理系统的组成机构
- 自动数据采集技术的概念
- *GPS* 技术和 *GIS* 技术在货物跟踪中的应用
- 一维条码和二维条码
- 射频识别技术工作原理和工作过程
- 物流信息识别技术的应用

* 引导案例

瑞丰国际有限公司自采用 *EDC* 库存管理系统（*EDC* 库存管理系统基于 *Internet/Intranet*，采用符合技术发展趋势的 *WEB* 浏览方式，是一套功能强大的集成业务、办公、商贸、财务、计划、销售、采购、库存于一体的的全方位管理软件）后，通过业务流程重组，使得采购、生产、库存、销售各环节的供应链更顺畅、各职能间工作责任更明确。最明显的改变发生在库存管理上。现在瑞丰国际非常清晰各地分公司的库存，有多少货物可以调拨至驻外仓库，发交给了客户多少产品，都通过系统一目了然。自从上了库存系统后，公司业务发展迅速，现在已成为生产、贸易多元化发展，在全国各地拥有 20 多家分公司的上千人的集团企业。

想一想，瑞丰国际有限公司采用 *EDC* 库存管理系统后，是怎样在库存管理上带来变化的？库存管理信息系统实施过程中能够应用到哪些物流信息技术？让我们在本章中寻找答案。

7.1 仓储信息管理系统

7.1.1 仓储信息管理系统概述

对物流企业或部门，特别是大型的第三方物资流通企业而言，所经营商品种类繁多，数量巨大，其客户众多且分布广泛。客户的订货是物流能够持续运行的本源，物流中最重要的是严格按客户要求的送货时间、地点和数量进行送货，满足顾客的需要。这些需要相应的货源做保障，如何定货、定购多少以及何时定货也是库存管理的一个重要方面。可见，准确及时地掌握库存信息是问题的关键。因此，必须建立一个能迅速而大量处理信息的仓储管理信息系统，以便能迅速开展物流活动并有效的管理库存活动。

1. 仓储信息管理系统概念

仓储信息管理系统也叫库存信息管理系统（*Warehouse Management System*，*WMS*），它是一个实时计算机软件系统，它能够按照库存运作的业务规则和运算法则，对信息、资源、行为、存货和分销运作进行更完善的管理，使其最大化满足有效产出和精确性的要求。

WMS 按照常规和用户自行确定的优先原则，来优化仓库的空间利用和全部仓储作业。对上，它通过电子数据交换等电子媒介，与企业的计算机主机联网，由主机下达收货和定货的原始数据；对下，它通过无线网络、手提终端、条码系统和射频数据通信（*BFDC*）等信息技术与仓库的员工联系。内外相互作用，传达指令，反馈信息，更新数据库，并生成所需的条码标签和单据文件。

一个 *WMS* 的基本软件包支持仓储作业中的全部功能，从进货站台直到发货站台。

（1）收货。货到站台，收货员将到货数据由射频终端传到 *WMS*，*WMS* 随即生成相应的条码标签，粘贴在收货托盘或货箱上，经扫描，这批货物即被确认收到，*WMS* 指挥进库储存。

（2）储存。*WMS* 按最佳的储存方式，选择空货位，通过叉车上的射频终端，通知叉车司机，并指引最佳途径。抵达空货位，扫描货位条码，*WMS* 即确认货物已储存在这一货位，可供以后订单发货。

（3）定单处理。定单到达仓库，*WMS* 按预定规则分组，区分仓库，合理安排。例如：货物有交由航空公司快运的，有交由公路长途运输的，有需要特别护送的等，并且发货时间不一致。*WMS* 可按不同的需求，确定安排如何最佳、及时地交付订单的货物。

（4）拣选。*WMS* 确定最佳的拣选方案，安排订单拣选任务。拣选人由射频终端指引到货位，显示拣选数量。经扫描货物和货位的条码，*WMS* 确认拣选正确，货物的库存量也同时减除。

（5）发货。*WMS* 制作包装清单和发货单，交付发运。称重设备和其他发货系统也能同时与 *WMS* 联合工作。

（6）站台直调。货到收货站台，如已有订单需要这批货，*WMS* 会指令叉车司机直送发货站台，不再入库。除此之外，*WMS* 还能提供更多的附加支持，包括：库存补充、循环盘存、班组工作实时监管等。更先进的 *WMS* 还能连接自动导向车、输送带、回转货架和高架自动储存系统等。

2. 仓储信息管理系统对库存管理的作用

（1）为仓库作业全过程提供自动化的全面记录的途径。

（2）改变传统上的固定货位，实现仓库随机存储，从而最大限度的利用仓库。

（3）提高发货的质量和正确性，减少脱销和退货，提高顾客满意程度。

（4）为仓库的所有活动、资源和库存水平提供即时的正确信息。

使用 *WMS*，配送能力一般能提高20% ~30%，库存和发货正确率超过99%；仓库利用率提高，数据输入误差减少；库存和短缺损耗减少；劳动、设备、消耗等费用降低。这些最终都为仓库带来巨大的经济效益。另外，*WMS* 的应用需与许多电子信息技术相配合，如条码技术、射频通信等，离开这些条件，*WMS* 难展其效。

7.1.2 仓储信息管理系统功能

1. 系统功能概述

库存信息系统需要面向不同的使用者，包括客户、库区和物流中心。其功能概述如下：

(1)面向客户功能

包括客户指令（提货指令、发货指令、结算指令）、反馈信息（货物状况通知、库存变化报表）、指令查询（提货指令查询、发货指令查询、结算指令查询）、编码维护（编码查询、编码添加、编码删除、编码修改）等功能模块，客户可以在此向物流中心下达提货指令、发货指令，以及查询指令、进行指令修改、物品编码维护等。

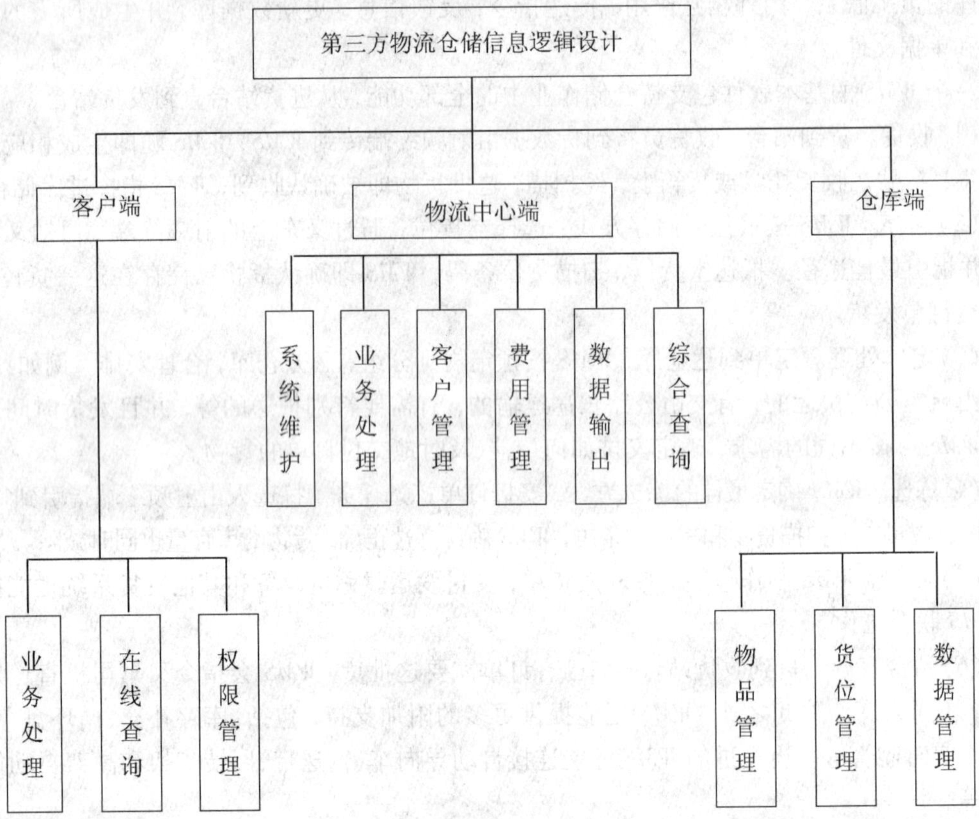

图 7－1　库存信息系统的主要功能结构(2)面向库区功能

包括指令查询（提货指令、发货指令、入库单据、对账单据、对帐单据）、业务处理（入库、出库、对账单）、库存状况（库存变化、现有库存）、异常处理（入库单修改、出库单修改、对账单修改、转库）等功能模块，库区可以在此进行提货指令查询、发货指令查询，进行入库、出库操作，查看现有库存、库存变化，进行异常处理等。

(3)面向物流中心功能

包括指令功能(提货指令处理、发货指令处理)、业务查询(提货指令、发货通知、入库单据、出库单据、对账单据)、信息反馈(货物状况、库存变化、新入库单、新出库单、新对账单)、编码维护(客户编码、库区编码、物品编码)等功能模块，物流中心可以在此进行提货指令、发货指令确认，进行业务查询，查看反馈信息，进行客户编码、库区编码、物品编码维护等。

库存信息系统的主要功能结构如图7－1。

2. 库区端的功能模块

(1)物品控制管理模块

系统的数据库中包含着系统需要处理的每一种货物的信息。这些信息与相关系统中的货物信息相对应。系统正是能够包含如此复杂的产品信息，才能够对库存进行专门地、有效地、准确地控制。通过对数据库的连续性访问，系统确保在有效地利用每一个货位的同时，合理地安排人员及设备在正确的区域内进行正确地操作。另外，在完成以上操作的同时，完成货物数量的累计。

物品控制管理模块的功能包括：

物品的编码处理系统；

物品的指令查询,如提货指令、发货指令等；

物品的调拨导致的库存分布、变化等状况的查询功能系统；

物品的出入库日常业务操作；

物品的异常处理功能，如物品的转储、损货的处理。

(2)货位控制管理模块

货位控制管理模块位于系统的核心，为了使系统能有效地满足客户的需求，所有货位的详细信息都被储藏在系统的数据库中。所以，该系统包含了仓库存储系统和存储单元的详细信息的内部地图。这些信息包括每一个货位的尺寸和承载能力等。系统可以自动在挑货清单或其他工作单上排列出位置顺序。例如，当出货单被录入进系统中后，该系统可以根据车辆、设备、人员通道的限制，计算出最有效的取货路线。

货位控制管理模块的功能包括：

库存超高报警、超低报警(超安全库存报警)功能。

货位信息查询。按照货位信息(货物编号、货物名称、客户等信息)进行查询。

货位调整。对货物信息和货位信息进行增、删、改。

货物盘点。对货物进行盘点，看入库数据是否符合实际。并可以进行查询，包括盘点业务操作(进行盘点、登记信息等)和盘点信息查询。

(3)数据信息查询和统计模块(报表、台账、表单都是数据信息)

数据信息查询和统计模块的功能包括：

采购订单管理；

采购单管理；

销售订单管理；

销售单管理(相当于出货单)；

仓库报表管理；

仓储物流费用管理；

仓库台账管理。

3. 物流中心端的功能模块

物流中心端的功能模块包括：

日常收发业务处理模块：客户提货指令发货指令的处理；

客户管理模块（客户合同，客户查询等）；

系统维护模块（设置客户用户权限操作的功能）；

数据信息输出模块（反馈信息，还有输出的报表等）；

仓储物流费用管理模块；

数据信息综合查询和统计模块。

4. 客户端的功能模块

客户端的功能模块包括：

客户在线查询反馈信息和有关指令（如发货指令）；

客户下达指令模块（面向物流中心，如下达发货指令等）；

客户权限安全管理模块。

7.1.3 仓储信息管理系统组成机构

典型的物流信息系统面向三个角色，即客户、物流中心和库区。客户是指商品的供应者和需求者，一般包括生产企业、商业企业及第三方物流企业；仓库包括生产和供应领域中各种类型的储存仓库和配送中心。在库存管理信息系统中，计算机网络采用的是以企业内部网（*INTRANET*）为主、以连入互联网（*INTERNET*）为辅，将客户、物流中心和分布在全国各地的库区连成一个关系紧密的系统。

下面以中储物流有限责任公司开发研制的仓储管理信息系统——数码仓库信息系统为例，来介绍仓储管理信息系统的组成机构，如图7－2。

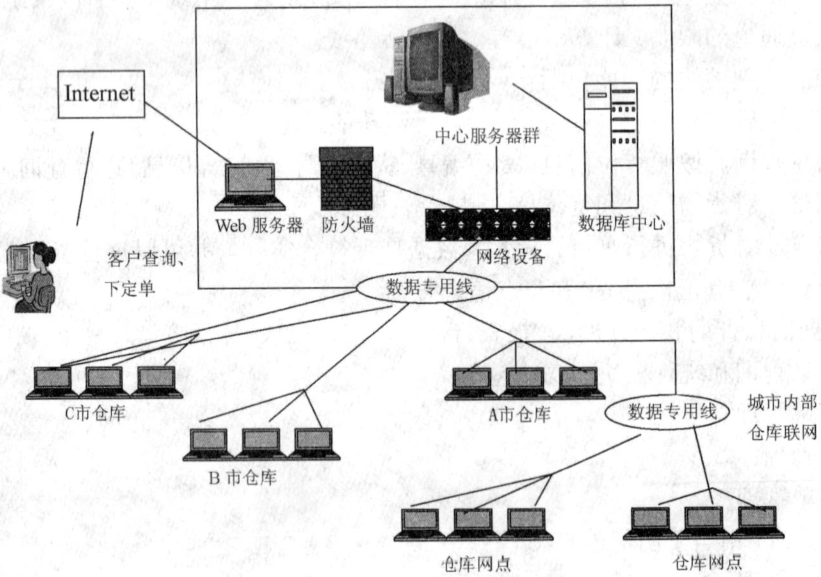

图7－2　仓储信息管理系统组成机构

该系统采用的是典型的集中式方案，即只在总部设数据中心，包括数据库服务器、应用服务器、*DDN* 专线；全国各地仓库只需安装 *PC* 终端，通过本地局域网和电信 *DDN* 专线与总部数据中心相连，通过中心应用服务器访问中心数据库。所有数据都存放在中心数据库，业务数据处理集中在总部进行。

由于全国各地仓库与总部是以电信专线方式连接，这个网络实质上是一个系统内部的专用网络，所以称为内部网(*Intranet*)。在安全性和速度上基本不受外界的影响，比互联网(*Internet*)环境有更强的技术保障。

同时，为加强与外界的联络，总部的数据中心有一个出口连入互联网，这样，部分工作如系统内部与外部的信息交流可以通用互联网方式来实现，客户的存货信息查询也可通过互联网来进行。

7. 2 物流信息的采集与识别技术

7. 2. 1 自动数据采集技术

1. 自动数据采集技术的概念

自动数据采集技术是指不用键盘直接将数据输入到计算机系统、可编程逻辑控制器或者其他微处理器中，它是快速、准确、高效采集物流信息的基础。

手工键盘录入速度慢、容易出错且工作强度大，一直是影响计算机应用的“瓶颈”。自动数据采集技术解决了计算机如何快速录入问题，近几十年在全球范围内得到了广泛的应用。

2. 自动数据采集技术的种类

一般说来，自动数据采集技术有条码技术、磁条磁卡技术、光学字符识别技术、射频识别技术、智能卡技术等。

每一种自动数据采集技术都有自己独特的长处和特点，在某种应用场合比其他技术有更好的适应性。

7. 2. 2 货物识别与跟踪技术

1. 货物识别技术

货物识别技术是自动数据采集技术在物流运作中的典型应用，主要有条形码技术和射频识别技术等。

货物识别技术更高级的运用是和物流信息系统结合起来，在货物分拣运输、仓储配送等方面有着广阔的运用前景，可被广泛应用于生产或物流仓库管理、商店、医药、航空、火车货物运输等。

2. 货物跟踪技术

货物的跟踪主要是利用全球定位系统(*GPS*)、地理信息系统(*GIS*)及数字移动通信(*GSM*)技术，通过装载清单绑定运输工具，通过对运输工具的跟踪来查询货物位置。

GPS 和 *GIS* 应用在物流运输业，明显地提高了物流运输的效率和质量，降低了运输成本，同时也提高了物流的服务水平，大大增强了行业的竞争力。

3. 全球定位系统(*GPS*)技术

GPS 是利用导航卫星进行测时和测距，使地球上任何地方的用户，通过 *GPS* 接收机都能计算出自己所处的方位。

根据数学定理，在空间中任意 3 个点就可以确定一个平面，而假如在这个平面上有一个点，尽管不知道它在什么位置，但是知道它与另外 3 个点的位置关系，通过数学计算就可以求出这个未知点在平面上的坐标；如果还知道它与第四个点的位置关系，就可以求出它在空间直角坐标系中的三维坐标。*GPS* 能够定位，用的就是数学原理。*GPS* 有 24 颗卫星，且分布科学合理，在地球上和近地空间上任何一点，均可以连续同步地观测 4 颗以上卫星，所以能够实现全球、全天候连续导航定位。目前，*GPS* 观测可在一天 24 小时内的任何时间进行，不受阴天黑夜、起雾刮风、下雨下雪等气候的影响。

GPS 系统的特点：

GPS 系统具有性能好、精度高、应用广等特点，是目前最好的导航定位系统。

(1)定位精度高

单位定位精度优于 10 米，采用差分定位，精度可达厘米级和毫米级。

(2)可提供三维坐标

GPS 能够实施高精度三维定位。*GPS* 能连续为各类用户提供精确的三维位置、三维速度和时间信息。

(3)操作简便

随着 *GPS* 接收机不断改进，自动化程度越来越高，有的已达“傻瓜化”的程度。接收机的体积越来越小，重量越来越轻，极大地减轻测量工作者的工作紧张程度和劳动强度，使野外工作变得轻松愉快。

(4)功能多，应用广

随着人们对 *GPS* 认识的加深，*GPS* 系统不仅可用于测量、导航，还可用于测速、测时。测速的精度可达 0.1*M/S*，测时的精度可达几十纳秒。目前 *GPS* 已得到广泛的应用，应用领域不断扩大，例如：汽车自定位、跟踪调度、陆地救援、内河及远洋船对最佳航程和安全航线的实时调度等。

物流窗口 7－1

物流中的 *GPS* 千里眼系统

某大型物流公司引进了物流 *GPS* 千里眼系统，该系统有利于货运公司对货物和司机的管理，其优点有以下一些方面：

(1)货主可用自用手机随时查询送货车辆的位置。

(2)司机什么时间开车、什么时间停车、开多久、停多久，开车地点、停车地点、行驶路线全部自动记录，中心随时知道。

(3)司机什么时间送货到达目的地、什么时间离开目的地。规定超时间进入或离开预定区域都自动向中心报警。

(4)车辆每天行驶的路线和里程、油耗都详细记录在中心并自动形成报表。杜绝司机拉私货和不良驾驶行为，减少各种燃油费、路桥费、违章罚款、车辆损耗(如轮胎损耗)等不必要的费用支出。

(5)司机在任何一个收费站交纳路桥费都会自动向中心汇报登记，有效杜绝司机乱报费用。

(6)司机什么时间在任何一个加油站加油时都会自动向中心汇报登记，有效杜绝司机偷油。

(7)司机低速度和超速度行驶时都会自动向中心报警。

(8)强大的防盗、防抢、求助功能，预防外人或司机偷窃车辆，避免连车带货品一起损失。

(9)每天每月的工作报表，有效地对发动机和内部人员的工作能力和态度，提供有依据的考核惩罚，有效地提高经济效益和管理水平。

(10)几十元系统网内任意拨打和接听电话和中文信息高度指挥，实际掌握车辆和司机的情况。

4. 地理信息系统(*GIS*)技术

地理信息是指与研究对象的空间地理分布有关的信息，地理数据的种类、特征是与其地理位置联系在一起的，具有地域性。地理信息分为自然信息和人文及商业信息。自然信息，如位置、土壤类型、地貌类型、水文特点等；人文信息，如人口、工业类型、经济特点等；商业信息，如公司分销网点策划、以区域划分的设备和营销管理、商业竞争分析、与统计数据结合的行销方案等。

地理信息系统 *GIS* 是一套计算机辅助地理信息资料输入、储存、寻取、分析及展示的系统。

地理信息系统的主要作用是将相关的地理信息数据(无论它来自数据库、电子表格文件或是直接在程序中输入)转换成地理图形显示出来，然后对显示的结果进行浏览、操纵和分析。其显示范围可以从洲际地图到非常详细的街区地图，显示对象包括人口、销售情况、运输路线及其他内容。

物流窗口 7－2

“小红帽”物流配送系统中的 *GIS*

小红帽报刊发行服务有限公司(以下简称“小红帽”)是北京著名的配送企业。该公司全面代理 40 多种报刊的发行工作，还涉及投递广告、收购旧报及送书、送奶、送水上门等多项业务，这些服务极大地方方便了北京广大市民的生活。小红帽在北京地区已先后建立了 10 个发行区站，近 80 个发行分站。

“小红帽”业务主要包括订阅发行、订货送货、报刊零售、广告投递，总公司负责汇集、整理各种业务客户的要求，管理各类业务产品和各业务机构的人事、行政，再将整理后的客户和产品信息作为任务，下达给相关的各下属业务机构执行。总公司要汇总各下属业务机构提交的业务执行情况数据，进行业务分析，由业务分析结果制定出下一步的业务运行和行政、人事管理的计划。

GIS 在“小红帽”配送系统中能够满足以下功能需求：

(1)通过客户邮编和详细地址字符串，自动确定客户的地理位置和客户所在的区站、分站及投递段。

(2)通过基于地理信息系统的查询、地图表现的辅助决策，实现对投递路线的合理编辑(如创建、删除、修改)和客户投递顺序。

(3)用特定的地图符号在地图上表示客户的地理位置，不同类型的客户(如普通客户和会员客户，单位客户和个人客户等)采用不同的符号表示。

(4) 通过地理信息系统的查询功能或在地图上点击地图客户符号，显示此客户符号的属性信息，并可以编辑属性。

(5) 在地图上查询客户的位置。

(6) 通过业务系统调用地理信息系统，以图形的方式显示业务系统的各种相关操作结果的数值信息。

(7) 由上级机构基于综合评估模型和地理信息系统的查询，实现对下级机构区域的拆分与合并。

(8) 由总公司基于广告投递综合评估模型和地理信息系统的查询，实现广告投递区域的选择。

5. 货物跟踪技术的应用

(1) *GPS* 技术与 *GIS* 技术相结合，在物流管理中的应用非常广泛

在货物运输监控系统中，通过车载 *GPS* 接收机，驾驶员能够随时知道自己的具体位置。通过车载电台将 *GPS* 定位信息发送给监控中心，监控中心便可及时掌握各车辆的具体位置，并利用 *GIS* 地理图形显示功能在大屏幕电子地图上显示出来。

车载部分的主要功能：

A. 定位信息的发送功能。*GPS* 接收机实时进行定位并将定位信息通过电台发向监控中心。

B. 数据显示功能。将自身车辆的实时位置在显示单元上显示出来，如经度、纬度、速度、航向等。

C. 调度命令的接收功能。接收监控中心发来的调度指挥命令，在显示单元上显示或发出语音。

D. 报警功能。一旦出现紧急情况，驾驶人员启动报警装置，监控中心立即显示出车辆情况、出事地点、车辆人员等信息。

监控中心的主要功能：

A. 数据跟踪功能。将移动车辆的实时位置以列表的方式显示出来，如车号、经度、纬度、速度、航向、时间、日期等。

B. 图上跟踪功能。将移动车辆的定位信息在相应电子地（海）图背景上复合显示出来。电子地（海）图可随意放大、缩小、还原与切换，有正常接收与随意接收两种接收方式，还可提供运行轨迹的选择功能。

C. 模拟显示功能。可将已知的目标位置信息输入计算机并显示出来。

D. 决策指挥功能。决策指挥命令以通信方式与移动车辆进行通信。通信方式可用文本、代码或语音等，实现调度指挥。

(2) 网络 *GPS* 在物流中的应用：

网络 *GPS* 是指在互联网建立起来的一个公共 *GPS* 监控平台，它同时融合了 *GPS* 技术、*GIS* 技术、*GSM* 数字移动通信技术及 *Internet* 技术等目前世界上先进的科技成果。

网络 *GPS* 综合了 *Internet* 与 *GPS* 的优势与特色，取长补短，解决了原来的 *GPS* 所无法克服的障碍：首先，其可降低投资费用。网络 *GPS* 免除了物流运输公司自身设置监控中心的大量费用，其不仅包括各种硬件配置，还包括各种管理软件。其次，网络 *GPS* 一方面利用互联网实现无地域限制的跟踪信息显示，另一方面，又可通过设置不同权限做到信息的保密。

网络 *GPS* 的工作流程：

车载单元即 *GPS* 接收机在接收到 *GPS* 卫星定位数据后，自动计算出自身所处的地理位置的坐标，后经 *GSM* 通信机发送到 *GSM* 公用数字移动通信网，并通过与物流信息系统连接的 *DDN* 专线将数据输送到物流信息系统监控平台上，中心处理器将收到的坐标数据及其他数据还原后，与 *GIS* 系统的电子地图相匹配，并在电子地图上直观地显示车辆实时坐标的准确位置。各网络 *GPS* 用户可用自己权限上网进行自有车辆信息的收发、查询等工作，在电子地图上清楚而直观地掌握车辆的动态信息（位置、状态、行驶速度等），同时还可以在车辆遇险或出现意外事故时进行种种必要的遥控操作。网络 *GPS* 系统如图 7－3。

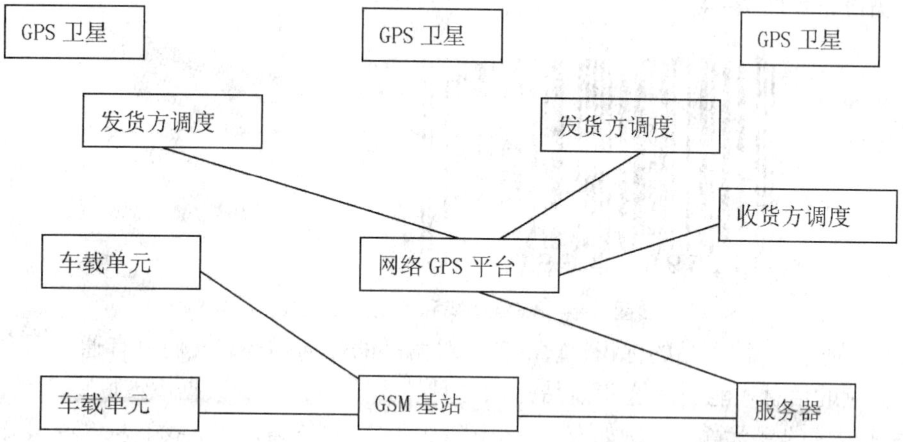

图 7－3　网络 *GPS* 系统

物流窗口 7－3

中货公司顶着 *GPS* 上路

京石高速公路上，一车 *COSCO* 大型集装箱冷藏物流车正在飞速行驶着。乍一看，与其他车辆似无二样，只不过车顶上多了一个直径 35*cm*、状如面包的东西。驾驶室里，一个小型显示屏上正跳动着几行数据——这就是美国高通公司根据物流业的特点专门设计的车辆高度管理系统。

此时此刻，几百里之外的北京麦当劳总部非常想知道，这批正在物流过程中的冷藏货物是否安全到达目的地及到达的确切时间。中远国际货运公司车队调度中心，通过南方卫星通信服务有限公司设立的 *SST* 网络管理中心接收到从通信卫星上发来的信息，然后迅速将信息发到货主的邮箱中。货品非常安全，两小时后抵达目的地。此时，货主也通过因特网查询到货物的流向，货主放心了。

7. 2. 3 条码技术

1. 条码的概念

条码是利用光电扫描阅读设备识读并实现数据输入计算机的一种特殊代码，它按照一定的规则，由不同宽度和高度及具有较强反差的浅色和深色的部分（通常是条形或块状）所组成。这些部分可以代表数字、字母或标点符号，并可以是通过相应的设备进行自动识别的图形。

条码技术是随着电子技术的进步，尤其是在现代化生产和管理领域中，广泛应用计算机技术而发展起来的一门实用的数据输入技术。它属于自动识别范畴，是一种十分有效的识别符号，它提供准确及时的信息来支持信息管理系统。

2. 一维条码

一维条码是由一组按特定规则排列的条、空及其对应字符组成的标记，“条”是指对光线反射率较低的部分，“空”是指对光线反射率较高的部分，这些条和空组成的数据表达一定的信息，并能够用特定的设备识读，转换成与计算机兼容的二进制和十进制信息。这种条码技术只能在水平方向上通过“条”与“空”的排列组合来存储信息，所以叫一维条码。一维条码和条码扫描设备见图 7－4。

4 15981 69100 8

图 7－4　一维条码和条码扫描设备

一维条码只是一种商品的标识，它不含有对商品的任何描述，人们只有通过后台的数据库，提取相应的信息才能明白这些商品标识的具体含义。在没有数据库或联网不便的地方，这一商品标识变的毫无意义。例如有一 6901028072151 的条码标识，我们从 690 可知它产于中国，但不清楚究竟是什么产品。只有当我们将数据传到计算机上，在数据库中找到相应的信息后才知道这是北京牌香烟。此外，一维条码无法表示汉字及图像信息，信息容量较小。

现代高科技的发展，迫切需要一种在有限的几何空间内表示更多的信息的条码，以满足千变万化的信息需求，二维条码应运而生。

3. 二维条码

在水平和垂直方向的二维空间存储信息的条码称为二维条码。可分为堆叠式二维条码和矩阵式二维条码。堆叠式二维条码形态上由多条短截的一维条码组成，矩阵式二维条码如图 7－5；矩阵式二维条码以矩阵的形式组成，在矩阵相应元素位置上用点的出现表示二进制“1”，空的出现表示二进制“0”，由点的排列组合确定了代码表示的含义。堆叠式二维条码和矩阵式二维条码如图 7－5。

二维条码主要有以下特性：信息容量大，纠错能力强，可表示多种语言文字，可表示图像数据，可引入加密机制。

图 7－5　堆叠式二维条码和矩阵式二维条码

物流窗口7-4

二维条形码在天津丰田汽车的应用

天津丰田汽车有限公司是丰田汽车公司在中国的第一个轿车生产基地。在这里，丰田汽车公司投入*TOYOTA*的最新技术，生产专为中国最新开发，充分考虑到环保、安全等条件因素的新型小轿车。使用二维码应用管理解决方案使丰田汽车在生产过程控制管理系统中成功应用了*QR*二维条码数据采集技术，完成了生产过程控制管理系统的组建。

1. 丰田汽车组装生产线数据采集管理

汽车是在小批量、多品种混合生产线上生产的，将写有产品种类生产指示命令的卡片安在产品生产台，这些命令被各个作业操作人员读取并完成组装任务，使用这些卡片存在严重的问题和大的隐患：包括速度、出错率、数据统计、协调管理、质量问题的管理等一系列问题。

系统概要

如果用二维码来取代手工卡片，初期投入费用并不高，但建立了高可靠性的系统。(1)生产线的前端，根据主控计算机发出的生产指示信息，条码打印机打印出1张条码标签，贴在产品的载具上。(2)各作业工序中，操作人员用条码识读器读取载具上的条码符号，将作业的信息输入计算机，主系统对作业人员和检查装置发出指令。(3)各个工序用扫描器读取贴在安装零件上的条码标签，然后再读取贴在载具上的二维条码，以确认零件安装是否正确。(4)各工序中，二维条码的生产指示号码、生产线顺序号码、车身号数据和实装零部件的数据、检查数据等，均被反馈回主控计算机，用来对进展情况进行管理。

应用效果

(1)投资较低。(2)二维条码可被识读器稳定读取(错误率低)。(3)可省略大量的人力和时间。(4)主系统对生产过程的指挥全面提升。(5)使生产全过程和主系统连接成为一体，生产效益大大提高。

2. 丰田汽车供应链采集系统的应用

应用环境

汽车零件供货商按汽车厂商的订单生产零配件，长期供货，这样可以减少人为操作，缩减成本，提高效率。

应用描述

(1)汽车厂家将看板标签贴在自己的周转箱上，先定义箱号。(2)汽车厂家读取看板标签上的一维条码，将所订购的零件编号、数量、箱数等信息制作成*QR*码，并制作带有该*QR*码的看板单据。(3)将看板单据和看板标签一起交给零件生产厂。(4)零件生产厂读取由车辆提供的看板单据上的*QR*码，处理接受的订货信息，并制作发货通知书。(5)零件生产厂将看板标签付在发货产品上，看板单据作为交货书发给汽车生产厂。(6)汽车生产厂读取看板单据上的*QR*码进行接货统计。

应用效果

(1)采用*QRCode*使得原来无法条码化的“品名”、“规格”、“批号”、“数量”等可以自动对照，出库时的肉眼观察操作大幅减少，降低了操作人员人为识别验货的错误，避免了误配送的发生。(2)出库单系统打印二维条码加密、安全、不易出错。(3)验货出库工作，可以完全脱离主系统和网络环境独立运行，对主系统的依赖性小，减少主系统网络通讯和系统资源的压力，同时对安全性要求降低。(4)真正做到了二维条码数据与出库单数据及实际出库的物品的属性特征的统一。(5)加快了出库验收作业时间，缩短了工作的过程，并且验收的信息量大大增加，从而提高了效率、降低了成本、保证了安全、防止了错误的发生。

4. 条码技术的特点

在信息输入技术中，采用的自动识别技术很多。条形码作为一种图形识别技术与其他识别技术相比有以下特点。

(1)简单。条形码易于制作，可印刷。被称为“可印刷的计算机语言”。

(2)信息采集速度快。普通计算机的键盘录入速度是每分钟200字符，而利用条码扫描录入信息的速度是键盘录入的20倍。

(3)采集信息量大。利用条码扫描一次可以采集十几位字符的信息，而且可以通过选择不同码制的条码增加字符密度，使录入的字符量成倍增加。

(4)可靠性高。键盘录入数据，误码率为三百分之一;用光学字符识别技术，误码率约为万分之一;而利用条码扫描录入方式，误码率仅有百万分之一，首读率可达98%以上。

(5)条形码设备结构简单、成本低。条码符号识别设备的结构简单，易于操作，无需进行专门训练。与其他自动识别技术相比较，推广应用条码技术所需费用较低。

(6)灵活、实用。条码符号作为一种识别手段可以单独使用，也可以和有关主关设备有成识别系统实自动化识别，还可和其他控制设备联系起来实现整个系统的自动化管理。在没有自动识别设备时，也可实现手工键盘输入。

(7)自由度大。条码识别装置与条码标签相对位置的自由度要比*OCR*大得多。条码通常只在一维方向上表达信息，但同一条码上所表示的信息完全相同并且连续，这样即使是标签有部分缺失，仍可根据正常部分输入正确的信息。

物流窗口7－5

条码技术在汽车出入库中的应用

美国福特汽车公司每年向欧洲输入150万辆汽车，每辆都有带一个表明其型号、规格和总装厂的条码，汽车入库出库时，用条码识读设备扫描后，即可自动输入计算机系统进行库存管理，取代了过去车辆在发货和转销过程中多达11次的人工记录出厂编号的繁琐工作。

7.2.4 基与射频识别的信息技术

1. 射频识别技术(*RFID*)的概念

射频识别技术(*RFID*)是利用无线电波对记录媒体进行读写，并自动输入计算机的当今最先进的一种自动识别技术。其最大的优点是识别的非接触性，它通过射频信号自动识别目标对象来获取相关数据。识别工作无须人工干预，可工作于各种恶劣环境。短距离射频产品不怕油渍、灰尘污染等恶劣的环境，可以替代条码，例如用在工厂的流水线上跟踪物体。长距离射频产品多用于交通上，识别距离可达几十米，如自动收费或识别车辆身份。

装载识别信息的载体是射频标签(也称应答器、射频卡等)，获取信息的装置称为射频读写器(也称问询器、收发器等)。射频标签与射频读写器之间利用感应、无线电波或微波能量进行非接触双向通信，实现数据交换，从而达到识别的目的。

2. **射频识别技术(*RFID*)工作过程**

(1)读写器将设定数据的无线电载波信号经过发射天线向外发射。

(2)当射频识别标签进入发射天线的工作区时，射频标签被激活后即将自身信息代码经天线发射出去。

(3)系统的接收天线接收到射频识别标签发出的载波信号，经天线的调节器传给读写器。读写器对接到的信号进行解调解码，送后台电脑控制器。

(4)电脑控制器根据逻辑运算判断该射频识别标签的合法性，针对不同的设定作出相应的处理和控制，发出指令信号控制执行机构的动作。

(5)执行机构按电脑的指令动作。

(6)通过计算机通信网络将各个监控点连接起来，构成总控信息平台，根据不同的项目可以设计不同的软件来完成要达到的功能。

物流窗口 7－6

葡萄酒瓶塞里的 *RFID* 技术

意大利 *Arnaldo Caprai* 葡萄酒公司，通过 *RFID* 技术，将一支葡萄酒的来源、葡萄收获状况、风味特点、甚至专家建议的食品搭配等信息都可以存储在一个米粒大小的芯片当中，而这个芯片就镶嵌在软木塞里。可以说，在葡萄酒标签上能看到的信息在这个芯片里都有。有了集成了无线射频技术的 *Smartcorq* 瓶塞，消费者(或者管理人员)用一个小型的手持式阅读器在货价上就可以查询葡萄酒的所有信息。随着技术的完善和普及，*Smartcorq* 最终可以应用到葡萄酒产业的各个层面:生产、进口、分销、零售、消费甚至高级私人酒窖。*Smartcorq* 瓶塞可以有效防止假冒葡萄酒出现在拍卖行和其他高档零售场所。

7.2.5 物流信息识别技术的应用

1. **分拣运输**

铁路运输、航空运输、邮政通信等许多行业都存在货物的分拣搬运问题，大批量的货物需要在很短的时间内准确无误地装到指定的车厢或航班;一个生产厂家生产上百个品种的产品，需要将其分门别类地运送到不同的目的地，必须扩大场地，增加人员，这样常常会出现人工错误。解决问题的办法就是应用物流标识技术，使包裹或产品自动分拣到不同的运输机上。只要将预先打印好的条码标签贴在发送的物品上，并在每个分拣点装一台条码扫描器即可。

现代物流在发展过程中出现了很多配送中心，这些配送中心为了提高吞吐能力，积极采用自动分拣技术。典型的配送中心的作业从收货开始。送货卡车到达后，叉车司机在卸车的时候用手持式扫描器识别所卸的货物，条码信息通过无线数据通信技术传给计算机，计算机向叉车司机发出作业指令，显示在叉车的移动式终端上:把货物送到某个库位存放，或者直接把货物送到发货区或出库站台。在收货站台和仓库之间一般都有运输机系统，叉车把货物放到输送机上后，输送机上的固定式扫描器识别货物上的号码，与其相连的计算机确定该货物的存放位置。输送机沿线的装载装置根据计算机的指令把货物转载到指定的巷道内，巷道堆垛机随即把货物送到指定的库位。出库时，巷道堆垛机取出指定的托盘，由输送机系统送到出库台，叉车到出库台取货。首先用手持式扫描器识别货物上的条码，计算机随即向叉车司机提出作业指令：把货物直接送到出库台，或者为发货区补充货源。发货员在手持式终端上输入订单号，然后计算机通过货架上的指示灯指出需要拣货的位置，拣货员用手持式扫描器识别货品上的条码，经计算机确认无误后在货架上显示出拣选的数量。拣出的货品放入的货盘内，连同订单一起运到包装区。包装工人进行检验和包装后，将实时打印的包含发运信息的条码贴在包装箱上。包装箱在通过分拣机时，根据扫描器识别的条码信息被自动拨到相应的发运线上。

2. 仓储配送

仓储配送是产品流通的重要环节。以美国最大的百货公司沃尔玛(*WAL－MART*)为例，该公司在全美有25个规模很大的配送中心，一个配送中心要为100多家零售店服务，日处理量约为20多万个纸箱。每个配送中心分三个区域：收货区、拣货区和发货区。在收货区，一般用叉车卸货。先把货品堆放到暂存区，工人用手持式扫描器分别识别运单上和货物上的条码，确认匹配无误再作进一步处理：入库或者直接送到发货区(称作直通作业)，可以节省时间和空间。在拣货区，夜班时打印出隔天需要向零售店发运的纸箱的条码标签。白天拣货员打开一只只空箱，在空箱上贴上条码标签，然后用手持式扫描器识读。根据标签上的信息，计算机随即发出拣货指令。在货架的每个货位上都有指示灯，表示那里需要拣货以及拣货的数量。当拣货员完成该货位的拣货作业后，按一下"完成"按钮，计算机就可以更新其数据库。装满货品的纸箱经封箱后运到自动分拣机，在全方位扫描器识别纸箱上的条码后，计算机指令拨叉机构把纸箱拨入相应的装车线，以便集中装车运往指定的零售店。

物流窗口 7－7

红河卷烟厂利用条码技术在货物识别方面的应用

成箱的纸烟从生产线下来汇总到一条运输线上，在送往仓库之前，先要用扫描器识别其条码，登记生产完成的情况，纸箱随即进入仓库，运到自动分拣机。另一台扫描器识读纸箱上的条码，如果这种品牌的烟正要发运，则该纸箱被拨入相应的装车线；如果需要入库，则由第三台扫描器识别其品牌，然后投入相应的自动码托盘机，码成整托盘后通知运输机系统入库储存。

3. 机场通道

当机场的规模达到一个终端要在2小时内处理10个以上的航班时，必须实现自动化，否则会因为来不及处理行李导致误机。如果航班更多时，实现自动化更是必须的了。

在自动化系统中，货物识别技术的优势充分体现出来。条码标签是一个纸牌，系在行李的手把上。根据国际航空运输协会的标准要求，条码应包含航班号和目的地等信息。当运输系统把行李从登记处运到分拣系统时，一组通道式扫描器(通常由8台扫描器组成)包围了运输机的各个侧面：上下、前后、左右，扫描器对准每一个可能放标签的位置，甚至是行李的底部。为了提高首读率，通常会印制两个相同的条码，在标签上互相垂直。当扫描器读到条码时，将数据传输到分拣控制器中，然后根据对照表，行李被自动分拣到目的航班的传送带上。

大型机场每小时可能要处理80至100个航班，这使得条码识别首读率特别重要。任何未被扫描器读出的行车都将被分拣到编码点，由人工输入数据，速度是每分钟10至20件。对于印刷清晰、装载有序的向前分拣系统，首读率应该大于90%。

4. 货物通道

在美国有三个最大的邮包投递公司，即联邦快递、联合包裹服务和*RPS*，每天要处理大约1700万件包裹，其中700万件是要在1至3天内送达的快件。这些包裹的处理量之大令人难以置信，而且数量还在不断增长，运输机系统变得更复杂，速度比以往更快。

几乎和机场一样，货物扫描通道也是由一组扫描器组成，这些扫描器可以识读任意方向、任意面上的条码，无论包裹多大，无论运输机的速度多快，无论包裹间的距离多小。所有的扫描器一起运作，决定当前哪些条码需要识读，然后把一个个信息传送给计算机或控制系统。

货物扫描通道为采集包裹数据提供了极好的途径。新一代的货物通道可以以很高的速度同时采集包裹上的条码标识符、实际的包裹尺寸和包裹的重量等信息，而且这个过程不需要人工干预。因为包裹投递服务是按尺寸和重量收费的，这些信息对计算营业额十分重要，现在就可以利用货物通道准确高效地获取这些信息，从而更好地满足用户的需要。

5. 运动中称重

物流识别技术与其他自动化技术相结合，可以大大提高物流现代化水平。在运动中称重与条码自动识别相结合，即把电子称放在输送机上以得到包裹的重量而不中断运输作业。

运动中称重使系统能保持很高的通过能力，同时实时提供重量信息、计算净重、检验重量误差、验证重量范围。在高效的物流搬运系统中，运动中称重可以与其他自动化过程如条码扫描、标签打印及粘贴、包裹分拣、码托盘、库存管理、发运和其他功能共同集成。

作为自动化物流搬运和数据采集的组成部分，运动中称重系统已广泛应用于制造业、食品加工业以及包裹配送和零售配送中。

思考题：

1. 名词解释

(1)仓储信息管理系统

(2)自动数据采集技术

(3)条码技术

(4)射频识别技术

2. 填空题

(1)仓储信息管理系统的功能包括面向________的功能、面向________的功能和面向________的功能。

(2)一般地说，自动数据采集技术主要有____________、______________、______________、______________和智能卡技术等。

(3)货物识别技术主要有______________技术和______________技术。

(4)条码技术与其他货物识别技术相比，具有____________、____________、__________、__________、__________、__________和自由度大等特点。

3. 问答题

(1)简述仓储信息管理系统的功能。

(2)简述仓储信息管理系统的组成机构。

(3)简述网络 *GPS* 技术在货物跟踪中的应用。

(4)二维条码与一维条码相比有何优越性。

(5)简述 *RFID* 的工作过程。

(6)你认为在物流系统中，货物识别技术还有哪些方面的应用。

参考阅读材料：

1. 林自葵:《物流信息管理》,清华大学出版社,2006

2. 王铁宁:《纪红任.信息物流员》中国劳动社会保障出版社,2006

3. 牛东来:〈现代物流信息系统》,清华大学出版社,2004

案例讨论：

顺德华强本邦电器有限公司条码仓库管理系统

顺德华强本邦电器有限公司是华南地区大型的照明电器生产厂家，在国内市场拥有很高的市场占有率。随着企业规模的不断扩大，生产量的增加，传统仓库管理方式已不适应企业现有需求，具体问题表现在:(1)因为品种规格种类繁多，靠仓管员人工记忆产品型号已不能满足要求，没有仓位管理，导致发错货的现象经常发生;(2)因为每日入库量大，时有发生在货物入仓时的丢失情况;(3)现有仓库管理系统数据不能反应库存的真实数据，影响企业生产、营销决策。

恒威科技在深入对企业的调研后，为顺德华强本邦电器有限公司制定了完善的条码仓库物流信息管理系统，从生产线下货生码、打码贴标开始，到入库、盘点、出库的整个流程实现条码信息化管理，并预留了和企业 *ERP* 系统接轨的接口。

项目在2005年10月正式启动，经过几个月的运行，从员工的初期不适应到渐渐掌握、接受这种新的管理系统，并得到公司上下高度认可。在一期工程完工后逐步会推广到企业的所有分厂和物流中心的仓库管理中去。该项目的优点共体现了以下八点：

(1) 条形码保证了检验用的包装与产品的一致性，数据清晰准确，消除人为因素造成的差错。

(2) 省略了人工抄写、核对数据等工作，节省了人力物力。

(3) 条形码数据不受人工因素干预，保证了数据的公正性。

(4) 管理软件根据部门的特点精心设计，操作简单，集管理、监督、查询、销售、各部门机构的数据传输于一体，实现了企业内部的信息化和未来电子商务的要求。

(5) 方便快速的查看库存情况，可直接下载库存数据，个分仓库可及时准确的将数据通过网络上传到公司。

(6) 针对产品种类多数量少的问题，系统提供了特殊类别扫描模式，可以采用零入整出或整入零出。

(7) 对现有问题的有效解决。例如发错货和数据不准确的问题，对后续工作造成更大的错误出现，现有系统完全解决了这个问题，并加快了发货时间和提高工作效率。

(8) 实现远距离的数据管理和查看，能够使生产和销售部门了解到现在的实时的库存和销售信息，更好的对产品进行跟踪和管理。

讨论问题：

1. 顺德华强本邦电器有限公司为什么要引进条码仓库管理系统？
2. 条码仓库管理系统为公司带来了哪些好处？

第8章 特殊商品仓储管理

八

＊本章主要内容

- 危险品仓储管理
- 粮食仓储管理
- 冷藏品仓储管理
- 冷冻品仓储管理
- 危险品包装管理

＊**引导案例**

小天鹅和科龙原有的仓储系统管理比较凌乱，主要体现在租用仓库分散不均匀，租用面积利用率低，仓库信息化程度低，仓库存货不合理。安泰达和快步公司整合仓储系统，建立一套物流中心、物流基地选址模式，根据两家企业的实际情况，分析规划、优化物流中心的分布。同时利用仓库存储模型，对仓库的高效利用、最佳库存量的确定、库存时间的确定、自动补货的设置等进行了科学规划，主要方面包括商品订货量的确定、盘点（循环盘点、总盘点），商品转库、调拨，脱销、断档商品分析，超过最大、小于最小库存预警，商品保质期预警等。

8.1 危险品仓储管理

8.1.1 危险品概述

1. 危险品的概述

危险品是指在流通中，由于本身具有的燃烧、爆炸、腐蚀、毒害及放射线等性能，或因摩擦、振动、撞击、曝晒或温湿度等外界因素的影响，能够发生燃烧、爆炸或人畜中毒、表皮灼伤，以至危及生命，造成财产损失等危险性的商品。

2. 危险品危险特性

危险化学品特征就是危害性，但各种危险品的危害具有不同的表现，根据危险品的首要危险特性共分为九大类，分别是：第一类是爆炸品、第二类是压缩气体和液化气体、第三类是易燃液体、第四类是易燃固体、第五类是自燃物品、第六类是氧化剂和有机过氧化剂、第七类是有毒品、第八类是腐蚀品、第九类是杂类。具体包括列入国家标准《危险货物品名表》（*GB*12268）和国务院经济贸易综合管理部门公布（会同公布）的剧毒化学品目录和其他危险化学品。危险品还包括未经彻底清洗的盛装过危险品的空容器、包装物。危险品除了具有分类的主要危险特性外，还可能具有其他危害特性，如爆炸品大都具有毒性、易燃性等。

3. 危险品的编号与分级

国家标准 *GB*6944《危险品分类和品名编号》规定，危险货物品名编号有五位阿拉伯数字组成。分别表示危险货物的所属类别、项号、和顺序号。如某危险品品名编号为 43025，表明该危险品属于第四类、第 4. 3 项的遇湿易燃物品，顺序号为 025。此外国际贸易和运输中的危险品，还需要有符合《国际海运危险货物规则》的联合国编号 *UN NO* 。

根据危险程度各类危险品划分为一级和二级危险品。危险性大的为一级危险品，危险性小的为二级危险品。危险品的分级在品名编号中由后三位数字的顺序号表示，顺序号小于 500 的为一级危险品，顺序号大于 500 的为二级危险品。前例中的 43025 则为一级危险品。其中爆炸品、压缩气体、液化气体、感染性物品和放射性物品均为一级危险品；其他可能为一级也可能为二级危险品。

4. 危险品包装标志

危险品的外包装上需要有明确的、完整的标志和标识。包括危险品的包装标志、储运图示标志、收发货标志、具体有包装容器的等级、编号，危险品发品名、收发货人、重量尺度、运输地点、操作指示，危险品的危险性质、等级的图示等。

5. 危险品的包装

包装是危险品安全的保障，它的作用是，保护危险品不受损害和外界的直接影响，保持危险品的使用价值；防止危险品对外界造成损害，避免发生重大危害事故；形状规则的包装方便作业和便于对方储存；固定标准的包装可确保危险品的单元数量的限定。危险品的包装完全根据法规和标准进行，如《危险货物运输包装通用技术条件》。

危险品的包装要经过规定的性能试验和具有检验标志，具有足够的强度，没有损害和变形、封口严密等。包装使用与危险品不相忌的材料，按包装容器所注明的使用类别盛装危险品。

危险品有上千种，按其危险性质确定包装，可分为通用包装和专用包装两类。通用包装适用于第 3 类、第 4 类、第 5 类、第 6.1 类中的大部分货物和第 1 类、第 8 类中的部分货物。其余货物由于其各自特殊危险性质，只能采用专用包装。

(1)危险品货物的通用包装 危险品运输规则将危险品的通用包装分为三个等级。在危险品运输规则的总索引表和物质明细表中，依据其危险程度指明了所列货物应采用的包装等级要求。很明显，根据所列的包装等级反过来即能判断出该危险货物的危险程度。三类包装等级的含义是：

Ⅰ类包装——能盛装高度危险性的货物

Ⅱ类包装——能盛装中度危险性的货物

Ⅲ类包装——能盛装低度危险性的货物

根据正常运输条件下可能遇到的撞击、挤压、摩擦等情况，对危险货物包装进行各总模拟试验，是检验其包装强度的方法。显然，对危险性越大的货物，其包装模拟试验的标准也应该越高。包装等级的划分由其包装模拟试验的标准确定。模拟试验的项目包括跌落试验、渗漏试验、液压试验、堆码试验等。每一类型的包装实验品只需按规定做其中的一项或几项试验。例如对满载固体拟装货物的铁桶包装进行的跌落试验，规定的试验标准是：Ⅰ类包装的跌落高度是 1.8m，Ⅱ类包装的跌落高度是 1.2m，Ⅲ类包装的跌落高度是 0.8m。实验品如在规定的高度跌落于试验平台后，无影响运输安全的损坏，则视为合格。

(2)危险货物的专用包装。第 1 类的部分爆炸品，因对防火、防震、防磁等有特别 要求，需要选用物质明细表中规定的或主管部门批准的包装材料、类型和规格的专用包装。除非明细表中有特别规定，第 1 类爆炸品中其余的物质和物品的包装均应满足上述通用包装要求。

第 2 类危险货物均需采用耐压容器的专用包装。根据 15℃时，容器所承受的压力不同，可进一步分为低压容器（$\leq 2MP_a$）、中压容器（$>2MPa$ 且 $\leq 7MP_a$）和高压容器（$>7MP_a$）三种。本类货物的包装及其试验标准，主要由各国有关的主管机关制定和监管。

第 7 类危险货物的包装，不但要能防护内装货物，而且要能起到将辐射减弱到容许强度并促进散热等作用。这类货物的包装设计及试验必须符合国际原子能机构（*IAEA*）有关文件的专门规定。按货物的运输指数（*TI*），这类货物的包装分为三个等级。Ⅰ类包装（*TI* 约为 0）、Ⅱ类包装（$TI>0$ 或 $TI<(1)$）、Ⅲ类包装（$TI>(1)$）。其中Ⅰ类包装的图案标志呈现白色，Ⅱ、Ⅲ类包装的图案标志均呈现黄色并须注明其 *TI* 数值。这种包装分类方法恰好与危险货物通用包装等级分类方法相反，即危险程度越大，包装等级号也越大。

第 3 类、第 4 类、第 5 类、第 8 类中一些特殊货物也必须采用专用包装，如：双氧水、黄磷、碳化钙等。应注意的是，曾盛装过危险货物的空容器，除清洗或处理外，均应保持其原危险货物标志，并视作所装过的危险货物对待。

对有毒商品的包装要明显地标明有毒的标志。防毒的主要措施是包装严密不漏、不透气，例如重铬酸钾（红矾钾）和重铬酸钠（红矾钠），为红色带透明结晶，有毒，应用坚固附桶包装，桶口要严密不漏，制桶的铁板厚度不能小于1.2*mm*。对有机农药一类的商品，应装入沥青麻袋，缝口严密不漏。如用塑料袋或沥青纸袋包装的，外面应再用麻袋或布袋包装。用作杀鼠剂的磷化锌有剧毒，应用塑料袋严封后再装入木箱中，箱内用层牛皮纸、防潮纸或塑料薄膜衬垫，使其与外界隔绝。

对有腐蚀性的商品，要注意商品和包装容器的材质发生化学变化。金属类的包装容器，要在容器壁涂上涂料，防止腐蚀性商品对容器的腐蚀。例如包装合成脂肪酸的铁桶内壁要涂有耐酸保护层，防止商品被铁桶腐蚀，从而商品也随之变质。再如氢氟酸是无机酸性腐蚀物品，有剧毒，能腐蚀玻璃，不能用玻璃瓶做包装容器，应装入金属桶或塑料桶，然后再装入木箱。甲酸易挥发，其气体有腐蚀性，应装入良好的耐酸坛、玻璃瓶或塑料桶中，严密封口，再装入坚固的木箱或金属桶中。

对黄磷等易自燃商品，宜将其装入壁厚不少于1*mm*的铁桶中，桶内壁须涂耐酸保护层，桶内盛水，并使水面浸没商品，桶口严密封闭，每桶净重不超过50*kg*。再如遇水燃烧的物品如碳化钙，遇水即分解并产生易燃乙炔气，对其应用坚固的铁桶包装，桶内充入氮气。如果桶内不充入氮气，则应装置放气活塞。

对于易燃、易爆商品，例如有强烈氧化性的，遇有微量不纯物或受热即急剧分解引起爆炸的产品，防爆炸包装的有效法是采用塑料桶包装，然后将塑料桶装入铁桶或木箱中，每件净重不超过50*kg*，并应有自动放气的安全阀，当桶内达到一定气体压力时，能自动放气。

8.1.2 危险品仓储基本要求

1. 危险品仓库

危险品仓库是指储存危险品的仓库，一般占地面积较大。在布局上，应区别各类物品的不同性能，以“安全第一”为原则，搞好区域规划。危险品的场所、罐区、棚架、库房。危险品仓库要根据危险品的危害特性。依据政府的市政总体规划，选择合适的地点建设。危险品仓库一般建在郊区较为空旷的地区，远离居民区、供水源、主要交通干线、农业保护区、河流、湖泊等，在当地常年主导风向的下风处。建设危险品仓库必须获得政府经济贸易部门的审批。其分类方法较多，这里仅介绍一下三种常见的分类方法：

（1）按其隶属和使用性质

我国把危险品仓库按其隶属和使用性质分为甲、乙两类。甲类是那些商业仓储业、交通运输业、物资管理部门的危险品仓库，这类仓库往往储量大、品种复杂且危险性较大。乙类是指那些企业自用的危险品仓库。

（2）按仓库规模

按仓库规模，分为是三级：库场面积大于9000m^2的为大型仓库，面积550 m^2 ~9000m^2 的为中型仓库，550 m^2 以下的为小型仓库。

(3) 火灾危险性

按储存物品的火灾危险性，可将仓库分为五类，如表 8－1 所示：

表 8－1　　按储存物品的火灾危险性分类

储存物品的仓库类别	火灾危险性的特征
甲	1. 闪点 <28℃的液体
	2. 爆炸下限 <10% 的气体，以及受到水或空气中水蒸气的作用，能产生爆炸下限 <10% 气体的固体物质
	3. 常温下自行分解或在空气中氧化能导致迅速自燃或爆炸的物质.
	4. 常温下受到水或空气中水蒸气的作用能产生可燃气体并引起燃烧或爆炸的物质
	5. 遇酸、受热、撞击、摩擦以及遇有有机物或硫酸等易燃的无机物，极易引起燃烧或爆炸的强氧化剂
	6. 受撞击、摩擦或与氧化剂、有机物接触时能引起燃烧或爆炸的物质。
乙	1. 闪点≥28℃至 <60℃的液体
	2. 爆炸下限≥10% 的气体
	3. 不属于甲类的氧化剂
	4. 不属于甲类的化学易燃危险固体
	5. 助燃气体
	6. 常温下与空气接触能缓慢氧化，积热不散能引起自燃物品
丙	1. 闪点≥60℃的液体
	2. 可燃固体
丁	难燃烧物品
戊	非燃烧物品

2. 危险品仓库的库区布局

由于危险品货物在性能上具有燃烧、爆炸、腐蚀、有毒、放射性等特点，并在一定的条件下能致人、畜以伤害，或造成财产损失。因而，在仓库类型、布局、结构和作业上有其特殊要求。库区布局应遵守《建筑设计防火规范 *GB*16－87(修订本)》。

(1) 建筑面积与耐火等级规定

遵守各级危险性建筑物的耐火等级不低于现行国家标准《建筑设计防火规范 *GB*16－87(修订本)》中二级耐火等级的规定；面积小于 $1000m^2$ 的 *A* 级建筑物或面积不超过 $300\ m^2$ 的 *C* 级建筑物的耐火等级可分为三级。

(2) 设置防火安全距离

在危险品仓库库区布置上应严格按照公安部颁布的《建筑设计防火规范 *GB*16－87(修订本)》要求，设置防火安全距离。大、中型甲类仓库和大型乙类仓库与临近居民点和公共设施的间距应大于 150*m*，与企业、铁路干线间距离大于 100*m*，与公路间距应保持大于 50*m*。在库区内库房内，库房间防火间距根据货物特性取 20*m*～40*m*，小型仓库的防火间距在 12*m*～40*m*。易燃商品最好储存在地势较低的位置，桶装易燃液体应存放在库房内。

3. 危险品仓库结构

(1)危险品库场具体建筑形式

危险品库场建筑形式有地面仓库、地下仓库和半地下仓库，还有窑洞以及露天堆场。在使用中应根据货物的性质采用不同的形式。

(2)危险品地面仓库的建筑结构

危险品仓库的建筑结构需要根据危险品的危险特性和发生危害的性质，采用妥善的建筑形式，并取得相应的许可。建筑和场所需根据危险化学品的种类、特性、设置相应的监测、通风、防晒、调温、防火、灭火、防暴、泄压、防毒、消毒、中和、防潮、防雷、防静电、防腐、防渗漏、防护围堤或者隔离操作等安全设施、设备。仓库和设施要符合国家安全、消防标准的要求，并设置明显标志。

具体要求如下：

大门的要求，危险品仓库的安全出口不应少于两个。当仓库面积小于150m^2，且长度小于18m时，可设一个。仓库内任意一点至安全出口的距离，不应大于15m。门应该向外平开，不得设门槛;门洞的宽度不宜小于1.2m。储存期较长的总仓库的门宜为双层，内层门的通风用门。两层门均应向外开启。

窗的要求:危险品仓库的窗应能开启，宜配置铁栅和金属网。

地面的要求：

◆对火花能引起危险品燃烧、爆炸的工作间，应采用不发生火花的地面;

◆当工作间内的危险品对撞击、摩擦特别敏感时，应采用不发生火花的柔性地面;

◆当工作间内的危险品对静电作用特别敏感时，应采用不发生火花的导静电地面。

屋顶的要求:危险品仓库可采用砖墙承重，屋顶宜于采用轻质易碎结构。

4. 库场使用

危险品必须储藏在专用仓库，专用场地或者专用储藏室内。对危险品专用仓库的要求，不仅包括专区专用，不能仓储普通货，还包括不同种类的危险品分类存放在不同的专用仓库，各仓库存放确定种类的危险品。与危险品仓储需经管理部门批准一样，危险品仓库改变用途，或改存放其他危险品，也需要相应的管理部门批准。

危险品的危害程度还和危险品的数量有关，仓库需要根据危险品的特性和仓库的条件，确定各仓库的库存量。例如，黄埔港务公司:第12仓楼下堆存限额为1078t，不能堆放一级易燃液体和一级有机过氧化物。

5. 对危险品从业人员的要求

从事危险化学品生产、经营、储存、运输、使用或者处置废弃危险化学品活动的人员，必须接受后观法律、法规、规章和安全知识、专业技术、职业卫生防护和应急救援知识的 培训，并考核合格，方可上岗作业。

8.1.3 危险品的保管作业

1. 严格和完善的管理制度

为了保证危险货物仓储的安全，仓库需要依据危险品管理的法律和法规的规定，根据仓库的具体实际和危险品的特性，指定严格的危险品仓储管理的各类安全制度、责任制度、安全操作规程，并在实践中不断完善。

仓库需要指定的管理制度主要有:《危险货物管理规则》、《岗位责任》、《安全防护措施》、《安全操作规程》、《装卸搬运方案》、《保管检查要求》、《垛形和堆积标准》、《验收标准》、《残损溢漏处理程序》、《应急措施》等。

保管单位还要根据法规规定和管理部门的要求,履行登记、备案、报告的法律和行政义务。危险品仓库实行专人管理。巨毒化学品实行双人保管制度。定期存放化学品时需向当地公安局部门登记 备案。

仓库管理人员应遵守库场秩序,监守岗位,根据制度规定定时、定线、定项目、定量的进行安全检查和测查,相应采取通风、降温、排水、排气、增湿等保管措施。

严格限制闲杂人员入库。接待委托人抽样时,详细检查证件和认真监督,严格按照操作规程操作。危险货物提离时,及时清扫库场,将货底、地脚货、垃圾于指定的地点且妥善处理,并进行必要的清洗,消毒处理。

2. 危险品仓库的作业

(1)落实消防安全责任制,积极做好消防组织管理

危险品储存物资大多具有易燃、易爆、毒害、腐蚀的危险特性,一旦发生火灾,能在较短时间内造成巨大的财产损失和人员伤亡。因此,做好危险品仓库消防安全防范工作,保障储存的危险品的安全,减少火灾损失,具有重要而深远的意义。

(2)危险品仓库及储存的安全管理

◆落实《建筑设计防火规范 *GB*16－87(修订本)》的有关规定

储存场所,包括库房、贮罐区、货台要符合《建筑设计防火规范 *GB*16－87(修订本)》的有关规定,经有关部门验收合格后方可投入使用,罐区设有环形消防通道,液体原料储罐呈两列摆放,避雷接地系统完善,排水通畅。装卸危险品的货台不低于1*m*,便于顺利装卸物品。

库房应保持通风、清洁、防潮,同时应备有防毒、防盗、消防等设备。仓储条件必须达到消防部门的要求,为危险品管理长治久安打下了坚实的基础。

◆ 危险品的储存

危险品的储存是指危险品离开生产领域,但尚未进入使用领域,在待使用过程中的停留过程。而此种停留也不是完全意义上的停顿,它包括物料的搬运、储存和交付,是一个动态过程。要求危险品在储存过程中应该分类储存,化学性能互相抵消能引起燃烧或爆炸的物品,使用不同灭火剂的物品不准同库储存;物资出入库前,供应部保管员应及时对即将出入库的货物进行严格的检查验收;危险品堆垛时,需要根据危险品的性质和包装来确定合适的堆垛形状和货垛大小。

◆危险品储存过程中的安全管理

危险品入库后,要及时记账、登卡,做到"三清"(规格清、型号清、数量清),"两齐"(库容整齐、摆放整齐),确保账、卡、物一致。仓库管理人员要严格把关,认真核查品名标志,检查包装、清点数量,细致作好核查登记工作。对于品名、性质不明或者包装、标志不符,包装不良的危险品,仓库员有权拒收,或者依据残损处理程序进行处理,未经处理的包装破损危险品不得进入仓库。剧毒化学品实行双人收发制度。送、提货车辆不得进入存货区,由仓库在收发货区接收和交付危险货物。

库存危险品按规定的储存期限和储存条件,做好"十防"(防火、防爆、防冻、防热、防潮、防水、防毒、防漏、防变质、防事故),对超过储存期的物资重新检验并做好记录。

保管员对危险品“一日三查”，即上班后、当班中、下班前检查。重点检查内容是:码垛是否牢固、包装是否渗漏、雨雪天库房是否进水等。罐储液体原料原罐专存，保管员及操作人员按《岗位操作法》对储罐压力、温度、液位、阀门的开度等进行检查，保证不发生串料、混料。做到不超温、不超压、不超液位。

根据危险品领料单所列名称、规格、等级、数量核对实物无误后，按物资出库“先进先出，后进后出”的原则，办理出库手续。在出库时，仓管员需要认真核对危险货物的品名和标志、数量，协同提货人、承运司机查验货物，确保按单发货，并作好出库登记，详细记录危险货物的流向、流量。

危险品搬运时，严格按照《危险品运输安全规程》执行，采取规定的安全防护措施，搬运现场杜绝明火，操作人员按劳动保护规定着装，应有防爆、防静电的防护措施。操作人员工作时必须做到轻拿轻放，严防震动、撞击、摩擦和倾倒。

3. 货位选择和堆垛

危险品的储存方式，方法与储存数量必须符合国家标准。仓库管理人员要根据国家标准、危险特性、包装，根据所制定的管理制度，合理选择存放位置，根据危险货物对保管的要求，妥善安排相应的通风、遮阳、防水、湿度、控温条件的仓库或堆场货位。根据危险品的习性和包装确定合适的堆放垛型和货垛大小，其中桶装危险货物不得超过三个桶高，袋装货不得超过4m。

库场内危险货物之间以及和其他设备之间需要保持的间距，其中:货垛顶距离灯具不小于1.5m，货垛距离墙距不小于0.5m ，货垛之间不小于1m，消防器材、配电箱周围内禁止堆货或防止其他物品;仓库内消防通道不小于4m，货场内的消防主通道不小于6m。

危险品的储存方式、方法与储存数量必须符合国家标准。危险货物堆叠时要整齐、堆垛稳固、标志在外，不得倒置。货堆头悬挂标有危险品编号、品名、性质、类别、级别、消防方法的标志牌。

4. 安全作业

危险品装卸作业前应详细了解所装卸危险货物的性质、危险程度、安全和医疗急救等措施，并严格按照有关操作规程和工艺方案作业。

根据货物性质选用合适的装卸机具。装卸易爆货物，装卸机械应安置熄火装置，禁止使用非防爆型电气设备。作业前应对装卸机械进行检查，装卸搬运爆炸品、有机过氧化物、一级毒害品、放射性物品，装卸搬运机具应按额定负荷降低25%使用，作业人员应穿戴相应的防护用品。夜间装卸作业危险货物，应有良好的照明，装卸易燃、易爆货物应使用防爆型的安全照明设备。作业现场需准备好必要的安全和应急设备和用具。

危险品包装破损或包装不符合要求的要暂停作业，待妥善处理后方可作业。

危险化学品只能委托危险化学品运输资质的运输企业承运。对不符合条件的运输工具不予作业。

5. 妥善处理

对于废弃的危险品、危险品废弃物，货底、地脚货、仓储停业时的存货、容器等，仓库要采取妥善的处置措施，如随货同行、移交、封存、销毁、中和、掩埋等无害处理措施，不得留有事故隐患。

且将处置方案在相应管理部门备案，并接受管理部门的监督。剧毒危险品发生被盗、丢失误用情况时，立即向当地公安部门报告。

8.1.4 危险品紧急处理

应急处理是指发生危险品事故时的处理安排。危险品仓储必须根据库存危险品特性，仓库的条件，以及法规规定和国家管理机关的要求，制定仓储危险品应急措施。

应急措施包括发生危害时的应急安排和人员的应急职责。具体包括危险判定，危险事故信号，汇报程序，现场紧急处理，人员撤离，封锁现场，人员分工等。

应急措施要作为仓库工作人员的专业知识，务必使每一位员工熟悉、且熟练掌握其分工的职责行为和操作技能。

仓库应该定期组织员工开展应急措施演习。当人员有一定变动时也要进行演习。

8.2 冷藏冷冻管理

8.2.1 冷藏冷冻保管的原理

冷藏是指在保持低温的条件下储存物品的方法。由于在低温环境中，细菌等微生物大大降低繁殖速度，生物体的新陈代谢速度降低，能够延长有机体的保鲜时间，因而对鱼肉食品、水果、蔬菜及其他易腐烂物品都采用冷藏的方式仓储。另外对于在低温时能凝固成固态的液体流质品，由于采取冷藏的方式有利于运输、作业和销售，也采用冷藏的方式储存。此外，在低温环境中一些混合的化学反应速度降低，对其也采用冷藏方式储藏。

冷藏保管根据控制温度的不同，分为冷藏和冷冻两种方式。冷藏是将温度控制在 0 ~ 5°C 进行保管，在该温度下水分不致冻结，不破坏食品的组织，具有保鲜作用，但是微生物仍然还有一定的繁殖能力，因而包藏时间较短；冷冻则是将温度控制在 0°C 以下，使水分冻结，微生物停止繁殖，新陈代谢基本停止，从而实现防腐。冷冻保管又分为一般冷冻和速冻。一般冷冻采取逐步降温的方式降低温度，达到控制温度后停止降温；速冻是在很短的时间内将温度降到控制温度以下，使水分在短时间内完全冻结，然后逐步恢复到控制温度。速冻一般不会破坏细胞组织，具有较好的保鲜作用，冷冻储藏能使货物保持较长的时间不腐烂变质。

8.2.2 冷库的结构

冷藏库是各冻结间及附属建筑物的总称，包括冷库库房（库房根据储存的货物不同，又可分高温度和低温度）、冻结间、穿堂、楼梯间、机器间及生活辅助建筑等。对于小型冷库，除必要的冷藏间外，还应设有过道、走道、平台、机器间等。库内过道的宽度不小于 2m，以便货物的进出。

冷库可以分为生产性冷库和周转性冷库，生产性冷库是指进行冷冻品生产的冷库，是生产的配套设施;周转性冷库是指维持冷货低温的流通仓库。冷库按控制的温度和制冷的方式不同分为冷冻仓库、冷藏仓库、气调仓库和流动的冷藏车、冷藏集装箱等。固定的冷库是由冷藏库房、冷冻库房、分发间、制冷设备机房等组成。库房采用封闭式的隔热保温结构，内装有冷却排管或冷风装置与制冷设备相接。库内装有温度，湿度测量设备，湿度控制设备，通风换气设备等，此外还有货位、货架、货物传输、作业设备等。

1. 冷却和结冻间

冷却和结冻间也称为预冷加工库间。货物在进入冷藏或者冷冻库房前。先在冷却或者结冻间进行冷处理，将货物均匀降温到预定的温度。对于冷藏货物，降温至2~4°C;冷冻货物则迅速的降至-20°C使货物冻结。因而冷却和结冻间具有较强的制冷能力。货物在冷却和结冻间以较为分散的状态存放，以便均匀降温。由于预冷作业只是短期的作业，货物不堆垛，一般处于较高的搬运活性状态，多数直接放置在搬运设备上，如放置在推车上或托盘上。

2. 冷冻库房

经预冷达到冷冻保存温度的冷冻货物较长期间地保存的库房。货物经预冷后，转入冷库堆垛存放。冷冻货物的货垛一般较小，以便降低内部温度，货垛底部采用货板或托盘垫高，货物不直接与地面接触，避免温度波动时水分再冻结后造成货物与地面粘连。库内以叉车作业为主，因而大都采用成组垛。冷却库房能保持冷冻温度，长期将温度控制在需要的保存温度范围内。

3. 冷藏库房

冷藏库房是存储冷藏货物的场所。货物在预冷后，达到均匀的保藏温度时，进入冷藏库房码垛存放，若是少量货物则直接存入冷藏间冷藏。冷藏货物仍具有新陈代谢和微生物活动，还会出现自升温现象，因而冷藏库还需要进行持续的冷处理。冷藏库一般采用风冷式制冷，用冷风机降温。为了防止货垛内升温，保持货物呼吸所需要的 新鲜空气流通，冷藏库一般采用行列垛的方式码垛存放，垛形较窄、较长，或者使用货架存放。由于冷藏存期较短，货物在库内搬运活性较高，托盘成组堆垛较为理想。

(1)冷藏仓库的组成

冷藏仓库是一组建筑物，主要由主体建筑、动力设施、生产设施和其他附属建筑物组成。

①主库

主库包括晾肉间、设备间、冻结间、再冻间、冷却物冷藏间(高温库)、冻结物冷藏间(低温度)、制冰间、冰库、穿堂、电梯间、站台以及整理间、更衣间等。

②动力设施

动力设施包括机器间、设备间、变配电间及锅炉房等。

③生产设施

生产设施有屠宰间、理货间、包装间、加工间、化验室、冷却塔、水泵房、铁路专用线、道路、停车场和污水处理场等。

④其他附属建筑物

其他附属建筑物包括办公室、医务室、宿舍、食堂、浴室、门卫、围墙以及危险品仓库等。

(2)冷藏仓库的重要功能空间

冷藏仓库中几个主要房间的功能各异，区分如下：

①高温冷藏间

高温冷藏间主要用来冷藏蛋类、水果和蔬菜等食品。库房内温度一般控制在0℃左右，温度变化保持在0.5～1℃。房间内冷却设备一般使用于干式冷风机，安装均匀送风道，下设回风道，风速控制在0.1～0.3m/s，相对湿度控制在85%～90%，以满足果菜的呼吸要求。

在生产性冷藏库中，库房容量可按冷却能力的3～5倍来计算。

②低温冷藏间

用以长期储存经过结冻的食品，如肉类、禽类、鱼等，一般要求在-18℃左右，温度波动控制在±1℃，相对湿度维持在95%～100%，以防止食品脂肪的氧化。同时在冷结货物冷藏间内需保持微风速循环，以减少含水货物的干缩损耗。

低温冷藏间的冷却设备，一般为顶排管和墙排管。排管内的蒸发温度一般为-23℃。在生产性冷藏库中，低温冷藏间容量可按冻结能力的20～50倍来计算。

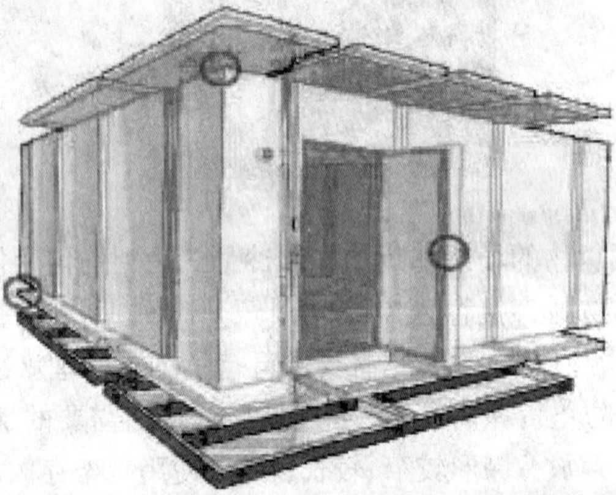

③冷冻间

冷冻间是为长期储存食品而预先进行冻结的房间。目前我国食品冷却加工工艺大都采用一次冻结的方式，要求新鲜肉类经过晾肉间，以除去表面浮水后既进入冷冻间速冻，并在20小时内使肉体温度达到-15℃或更低些。

冷冻间内温度一般控制在-23℃。排管内蒸发温度为-33℃。冻结间的冷却设备一般除配备有顶、墙蒸发排管外，还配有干式或湿式冷风机，以加速肉体冻结。冻结间的生产能力一般根据冷冻加工形式和结冻时间确定。

④冰库

冰库内的温度一般控制在-8℃～-4℃，冰库内墙壁及柱子需设防护装置，以防冰块对其的撞击。

⑤机器间

机器间是整个冷藏库制冷工艺的中心，机器间一般与变配电间、设备间、冷凝器联系在一起，通过外管网冻间、库房构成一个制冷循环系统。整个制冷用的压缩机及其辅助设备均分布在机房内或机房附近。机器间的总体布置原则是：设备布置应符合工艺流程及方便操作的要求，并要有适当的空隙，以便于设备部件充分利用机房空间，以节省建筑面积。

4. 分发间

冷库由于低温不便于货物分拣、成组、计量、检验等人工作业，另外为了冷冻库和冷藏库的温度、湿度控制，减少冷量耗损，需要尽量缩短开门时间和次数，以免造成库内温度波动太大。因而货物出库时迅速地将货物从冷藏或冷冻库移到分发间，在分发间进行作业，从分发间装运。分发间温度也低，但直接向库外作业，温度波动较大，因而分发间不能存放货物。

8.2.3 冷库的分类

冷藏库可按结构、容量、温度及使用性质等进行分类。

1. 按结构类别分类

(1)土建冷库

这是目前建造较多的一种冷库类型，可建成单层或多层。建筑物的主体一般为钢筋混凝土框架结构或者砖混结构。土建冷库的围护结构属重体性结构，热惰性较大，室外温度变化在围护结构中衰减较大、故围护结构内表面温度波动就较小，库温也就易于稳定。

(2)组合式冷库

这种冷库为单层形式，库板为钢框架轻质预制隔热板装配结构。其承重构件多采用薄壁型钢材制作。库板的内、外面板均用彩色钢板，库板的芯材为发泡硬质聚氨酯或粘贴聚苯乙烯泡沫板。除地面外，由于所有构件均是统一标准在专业工厂成套预制，在工地现场组装，所以施工进度快，建设周期短。

(3)覆土冷库

覆土冷库又称土窑洞冷库，洞体多为拱形结构，有单洞体式，也有连续形式。一般为砖石砌体，并以一定厚度的黄土覆盖层作为隔热层。用作低温的覆土冷库，洞体的基础应处在不易冻胀的砂石层或者基岩上。由于它具有因地制宜、就地取材、施工简单、造价较低、坚固耐用等优点，在我国西北地区得到较大的发展。

(4)山洞冷库

山洞冷库一般建造在石质较为坚硬、整体性好的岩层内，洞体内侧一般作衬砌或喷涂处理，洞体的岩层覆盖厚度一般不小于20m。这类冷库连续使用时间愈长，其隔热效果愈佳，热稳定性能愈好。

2. 按冷库容量规模分类

目前，我国商业系统冷藏库按容量可分为大型冷藏库、大中型冷藏库、中小型冷藏库和小型冷藏库四类。具体见表8－2。

表 8－2 冷藏库库容与称谓

称　谓	容　量
大型冷藏库	10000t 以上
大中型冷藏库	5000～10000t
中小型冷藏库	1000　～5000t
小型冷藏库	1000t 以下

3. 按冷藏设计温度分类

按冷藏设计温度可分高温冷藏库和低温冷藏库。高温冷藏库，指库温高于－2℃的冷库；低温冷藏库指库温低于－15℃的冷库。

装配式冷藏库生产者，有时把－5℃～－10℃的仓库叫做冷藏库，－25℃～－5℃的仓库叫冷冻库。对于室内装配式冷藏库，按我国的 *ZBX*99003－86 专业标准可分为三类，分类方法见表 8－3。

表 8－3 按我国的 *ZBX*99003－86 专业标准冷库分类

L 级冷库	指库内温度在－5～5℃内
D 级冷库	指库内温度在－18～－10℃内
J 级冷库	指库内温度在－23℃左右

4. 按使用性质分类

按使用性质可将冷库分为生产性冷库、分配性冷库、中转型冷库和零售型冷库。

(1)生产性冷藏库

这类主要建在食品产品附近、货源较集中的地区或渔业基地，作为肉类联合加工厂、鱼品加工厂、禽蛋加工厂、乳品加工厂等企业的重要组成部分。这类冷藏库配有相应的加工处理设备，有较大的冷却、冻结能力和冷藏容量，食品在此进行冷加工后经过短期储存即运往销售地区、直接出口或运至分配性冷库作较长期的储存。由于其生产方式是零进整出。故要求建在交通方便的地方。

(2)分配性冷库

这类冷库主要建在大中城市、人口较多的工矿区及水陆交通枢纽处，专门储存经过加工的食品，用以调节淡旺季节、保证市场供应、完成出口任务和做长期准备，它的特点是冷藏容量大、储存品种多，其冻结能力较小，仅用于外地调入冻结品的复冻及当地小批量生鲜品的冻结加工。由于这类冷库的容量大，进出货比较集中，因而要求库内运输，吞吐迅速。

(3)中转性冷库

这类冷库是指建在渔业基地的水产冷库，它能进行大批量的冷加工，并可在冷藏车船的配合下，起中间转运作用，向外地调拨或提供出口。

(4)零售性冷库

零售性冷库主要建在工矿企业或城市的大型副食品、菜场内，供临时储存零售食品之用，其特点是库容量小、储存期短。小型活动冷库亦属此类。

8.2.4 冷库仓储管理

作为专业存储仓库，冷库有较为特殊的布局、结构和用具，货物也较为特殊。冷库对管理技术、专业水平要较高。冷库大多存放食品，管理不善会造成货损事故，影响人民身体健康。

1. 冷库的使用

冷库分为冷冻库、冷藏库，应按库房的设计用途使用，两者不能混用，库房改变用途时，必须按照所改变的用途进行制冷能力、保温材料、设施设备改造，完全满足新的用途。

要按照货物的类别和保管温度的不同分类使用库房。食品库不得存放其他货物，食品也不能存放在非食品 库房。不同温度的货物不能存放在同一库房内。

冷库要保持清洁、干燥，经常清洁、清除残留物和结冰，库内不得出现积水。冷库在投入使用后，除非进行空仓维修保养，必须保持制冷状态。

2. 货物出入库

货物入库时，除了仓储通常所进行的查验、点数外，还要对送达货物的温度进行测定，查验货物内部状态，并详细记录，对于已经霉变的货物不接收入库。货物入库前要进行预冷，保证货物均匀地降到需要的温度。未经预冷冻结的货物不得直接进入冷冻库，以免高温货物大量吸冷造成库内温度升高，影响库内其他货物。

货物出库时应认真核对，由于冷库内储存的货物大都相同，所以要核对货物的标志、编号、所有人、批次等项目，防止错发、错取。对于出库时需要做升温处理的货物，应按照作业规程进行加热升温年，不得自然升温。

3. 冷货作业

为了减少冷耗，货物出入库作业应选择在气温比较低的时间段进行，如早晨、傍晚、夜间。出入库作业应集中仓库内的作业力量，尽可能缩短作业时间。要使装运车辆离库门距离最近，缩短货物露天搬运距离等要求；防止隔车搬运。若货物出入库时库温升高，应停止作业，封库降温。出入库应用推车、叉车、输送带等机械搬运，用托盘等成组作业，提高作业速度。作业中不得将货物散放在地坪，避免货物和货盘冲击地坪、内墙、冷管等，吊机悬挂重量不得超过设计负荷。

库内堆码严格按照仓库规章进行，合理选择货位。将存期长的货物存放在库里端，存期短的货物存放在库门附近，易升温的货物接近冷风口或排管附近。根据货物或包装形状合理采用垂直叠垛或交叉叠垛，如冻光猪要肉皮向下、头尾交错、腹背相连、长短对弯、码平码紧。货垛要求堆码整齐、货垛稳固、间距合适。货垛不能堵塞或者影响冷风的流动，避免出现冷风短路。堆垛完毕在垛头上悬挂货垛牌。

堆垛间距要求：①低温冷冻库货垛距顶棚 0. 2*m*；②高温冷藏库货垛距顶棚 0. 3*m*；③距顶排水管下侧 0. 3*m*；④距顶排水管横侧 0. 3*m*；⑤距末装设墙冷排管的墙壁 0. 2*m*；⑥在冷风机周围 1. 5*m*。

拆垛作业时应从上往下取货，禁止在垛中抽取。取货时要防止因货物冻结粘连强行取货而扯坏包装。

4. 冷货保管

冷库内要保持清洁干净，地面、墙、顶棚、门窗上无积水、结霜、挂冰，随有随扫除，特别是在作业以后，及时清扫。要及时清除制冷设备、管系上的结霜、结冰，以提高制冷功能。

定时、经常测试库内温度和湿度，严格按照货物保存所需的温度控制仓库内温度，尽可能减少温度波动，防止货物因变质或者解冻变软而倒垛。

按照货物所需要的通风要求，进行通风换气。其目的是为了保持库内合适的养分和湿度，冷库一般采用机械通风，要根据货物保管的需要控制通风次数和通风时间，如冷藏库每天2～4次，每次换气量为冷藏间体积的1～2倍，或者使库内二氧化碳含量达到适合的范围如表8－4所示，通风将外部的空气带入库内，因而要选择合适的时机通风换气。

表8－4　　部分货物二氧化碳含量百分比

品名	梨	青香蕉	柑椐	苹果	柿子	西红柿
二氧化碳百分比（%）	0.2～2	1.6	2～3	8～10	5～10	5～10

当货物存期届满、接近保存期到期、出现性质变化和变质等时，及时通知存货人处理。

8.2.5 冷库安全

冷库虽然说不会 发生爆炸、燃烧等恶性危险事故，但冷库低温、封闭的库房对人员还是产生伤害，低温会造成设备的材料设备的材料强度、性能降低，需要应给予足够的重视。

1. 防止冻伤

进入库房的人员，必须做好保温防护，穿戴手套、工作鞋。身体裸露部位不得接触冷冻库内的物品，包括货物、排管、货架、作业工具等。

2. 防止人员缺氧窒息

冷库特别是冷藏库内的植物和微生物的呼吸作用使二氧化碳浓度增加，使得库房内氧气不足，造成人员窒息，所以人员在进入库房，尤其是长期封闭的库房内，需进行通风，避免氧气不足。

3. 避免人员被封闭库内

库门应设专人开关，限制无关人员进库。人员入库，应在门外悬挂告示牌。作业工班要有核查人数的责任人，在确定人员都出库后，才能摘除告示牌。

4. 妥善使用设备

库内作业应使用抗冷设备，且进行必要的保温防护。不使用会发生低温损害的设备和用具。

8.3 粮仓管理

8.3.1 粮食储存

1. 粮食仓储

粮食存储是仓储最古老的项目，“仓”在古代就是表示粮食的储藏场所。粮食包括小麦、玉米、燕麦、大麦、大米、豆类和种子等。粮食仓储是实现粮食集中收成、分散消耗的手段，同时也是国家战略物资储备的方式之一。粮食作为大宗货物运输，需要较大规模的集中和仓储。

粮食储存的方式主要有库房、土圆仓（穴囤）等方式，不论采用何种储存方式，都要大量使用垫木、席、麻袋、油布、竹笆、芦席、稻草、麦秸等可燃材料围封覆盖。

2. 粮食仓库

粮食仓库是指国家或集体集中储存原粮、成品粮、油料作物的场所，它负担着接收储存和发送粮、油工作，是粮油商品流通的一个重要环节。粮食仓库遍布全国的城镇和农村。一般分为室内仓库和露天仓库两种。

近几年来，由于国家农业政策对头，风调雨顺，我国农业连年大丰收，粮食产量大大增加，为保证民食军需，国家要保持足够的粮食储备，因此近几年来我国粮食储存量增加较快，甚至有些地方出现了严重超库储存。

而粮库建设在选址时一般选在靠近城镇的边缘，且位于该地常年主导风向的上风或侧风向。不宜靠近易燃、易爆仓库和工厂的附近。

粮仓建设根据不同的要求采取不同的类型，主要是采用适合散粮进出的立筒仓、浅圆仓和钢板仓等。粮仓与运输设施之间衔接配套，技术先进，经济合理。

粮库应用围墙同其他区域隔开，围墙上设有一个以上出口。根据使用性质的不同而划分为储粮区、烘干区、加工区、器材区、化学药品储存区和办公生活区等，以防火灾时造成“火烧连营”的局面。各区之间必须设置防火间距、消防车道。库区内不可到处乱放易燃、可燃材料，库房外堆场内不留杂草、垃圾。库房上空不得架设电线，不得在库区内设置变压器。库区内应设置良好的防雷击设施。粮食仓库应单独建造，麻袋、木材、油布等应分类，分堆储存。库房与库房之间宜保持 10 ~ 14 米的间距，土圆仓之间保持 4 米的间距，席茓囤之间和堆垛之间保持 6 米的间距，库房、堆垛。席茓囤与围墙之间保持 6 米的间距。

为了降低粮食的储藏成本、运输成本，提高作业效率，粮食主要以集装的形式运输和仓储，进入消费市场流通的粮食才采用袋装包装。

3. 粮食的仓储特性

（1）呼吸性和自热性

粮食仍然有植物的新称代谢功能，能够吸收氧气和释放二氧化碳。通过呼吸作用，能产生和散发热量。当大量的粮食堆积时，释放的二氧化碳就会使空气的氧气含量减少，造成人体窒息；大量堆积的粮食所产生的热量不能散发会使粮堆内部温度升高。另外粮食中含有的微生物也具有呼吸和发热的能力。粮食的自热不能散发，在大量积聚后，会引起自燃。粮食的呼吸性和自热性与含水量有关，含水量越高，自热能力越强。

（2）吸湿性和散湿性

粮食本身也含有一定的水分，空气干燥时，水分会向外散发。当外界湿度大时，粮食又会吸收水分，在水分空气足时还会发芽，牙胚被破坏的粮食颗粒就会发霉。因吸湿性粮食在吸收水分后就不容易干燥。而储存在干燥环境中的粮食也会因为散湿而形成水分的局部集结而致霉。

(3)吸附性

粮食有吸收水分、呼吸的性能，能将外界环境中的气味、有害气体、液体等吸附在内部，不能除去。受异味沾污后，粮食就会因无法祛除异味而损毁。

(4)易受虫害

粮食本身就是众多昆虫幼虫和老鼠的食物。未经杀虫的粮食中含有大量的昆虫、虫卵和细菌，在湿度、温度合适时就会大量繁殖，形成虫害。经过杀虫的粮食，也会因为吸引虫鼠造成二次危害。

(5)散落流动性

散装粮食因为颗粒小，颗粒之间不会粘连，在外力作用下，具有自动松散流动的散落特性，当倾斜角足够大时就会出现流动性，根据粮食的流动习惯内可以采用流动的方式。

(6)扬尘爆炸性

干燥粮食的麸壳、粉碎的粮食粉末等在搬运、堆码、加工、筛分、输送过程中会产生粉尘，伤害人的呼吸系统；能燃烧的有机质粮食的扬尘达到一定浓度（一般为 50 ~ 65g/m^3），悬浮于密闭的空间并有足够的氧气时，遇有明火就会产生爆炸现象；据资料显示，美国 1958 ~ 1975 年发生的粮谷粉尘爆炸达 139 起。

8.3.2 粮食的质量指标

粮食的质量可以通过感官鉴定和实验分析的方法确定。感官鉴定是通过粮食的颜色、气味和滋味来判定质量；实验分析是通过测定容重、水分、感染度来确定质量。

1. 颜色

各种粮食变质都有自身的颜色特点，如玉米的金黄色、大米的透明色等。当粮食变质、陈旧时，颜色就会变得灰暗、浑浊。确定颜色的方法是在黑色的纸上铺一层粮食样品，在太阳的散射下，观察确定。

2. 气味和滋味

新鲜的粮食具有特有的清香和滋味，一般储粮的气味清淡或具有一定熏蒸气味。变质的粮食具有恶臭味或其他气味并且滋味发苦，鉴别气味除了直接嗅觉粮仓外，还可以用手捧一把粮食，通过体温温热，可感受其气味，将粮食在两只手上来回翻转几次，并吹风，如果气味很快减轻或消失，则认为粮食品质近于标准。也可以取样加热嗅味，确定气味。如果有异味的粮食在热水中浸泡两到三分钟，异味仍未消除，表明粮食质量不佳。

3. 容重

通过一定容积的粮食重量判定粮食质量的方法，容重是一项综合指标，水分、细度、形状、表面温度、杂质含量、颗粒完好程度影响容重。测定的容重要与标准容重进行比较以确定粮食的优劣。

4. 温度

对通过标准取样所取得的样品，通过测定其水分含量而确定其质量。水分含量包括粮食、杂质和其他水分在内。水分含量是粮食仓储保管中的最重要的指标之一，需要对湿度进行控制以防止粮食霉变、自热、干燥粉碎。粮食含水量标准见表 8 – 5。

思考题:

1. 危险品仓储作业内容是什么?

2. 危险品货物如何包装?危险品仓库怎样布局?

3. 什么是冷藏、冷冻、冷冻仓库的空间结构?如何实现冷库仓储管理?

4. 粮食质量指标有哪些?粮仓安全管理包括哪些内容?

参考阅读材料:

1. 秦龙有主编:《仓储与配送管理》,北京:机械工业出版社,2005. 7

2. 李永生、郑文玲主编:《仓储与配送管理》,北京:机械工业出版社,2004. 7

3. 姜大立主编:《物流仓储与配送管理实训》,北京:中国劳动与社会保障出版社,2006

4. 郑彬主编:《仓储作业实务》,北京:高等教育出版社,2005. 8

6. 劳动和社会保障部中国就业培训技术指导中心组织编写:《物流员》,北京:中国劳动社会保障出版社,2004

第9章 仓储包装技术

九

* 本章主要内容

- 包装概述
- 包装标志
- 包装类型

* **引导案例**

可口可乐(*Coca - Cola*)名字中的两个"*C*"来源于这种饮料的两种成分,它们是从可乐叶子和可乐果中提炼出的浓缩液。在广告中,这两个"*C*"看起来十分美观。彭伯顿的记账员富兰克·罗宾逊很善于玩弄文字,尤其是头韵法,他建议用"可口可乐"命名,并用流畅的斯宾塞字体书写——这一标识如今已闻名于世。

彭伯顿公司第一年就卖出了25加仑,用鲜亮的红色木制小桶运送可乐。1899年,大规模的瓶装生产成为现实,开启了可口可乐公司独立开创瓶装生产系统的先河,这一系统成为公司软饮料运作系统的基础。如今,用于软饮料生产的糖浆和浓缩液已卖到了世界各地的瓶装可乐销售商手中,他们在他们所在的地区对这一产品进行包装、营销和送货。1919年,以欧尼斯特·伍德洛夫为首的投资者们用2500万美元买下了这家公司,到了1923年,他的儿子罗伯特·伍德洛夫成为这家公司的总裁,他60多年的领导为这家公司赢来了新的曙光。多年来,伍德洛夫发明了六瓶装且上端开口的清凉饮料、售货机和运送设备,他还带领公司开展了一系列的展览宣传和促销活动,在他的领导下,商业成功的可口可乐公司最终成为世界一流企业。

可口可乐公司通过向外扩张,在加拿大、古巴设立分支机构,于19世纪90年代就迈出了它国际化的步伐,后来在1928年又与奥林匹克运动会挂上勾,在20世纪20年代,可口可乐公司开始向欧洲进军,甚至在第二次世界大战期间,可口可乐公司也能够在国外政府的帮助下,在国外建立了64家瓶装生产线。

广大消费者所熟悉的可口可乐外包装瓶,是由印第安纳州特尔豪特的卢特格拉斯公司于1916年设计的。

尽管可口可乐公司在美国只有10000名雇员,在其他国家也只有23000名雇员,但在世界范围内却有100万人从事着与可口可乐产品有关的工作。

如果说可口可乐的成功秘诀,除了产品本身配方,包装设计和创新也为它赢得了市场。

这一章我们就来学习包装的的相关知识,了解包装的概念;功能;物流包装的种类;包装标志、识别;包装技术。并在学习的基础上更好地体会包装在物流中的作用。

9.1 包装概述

9.1.1 包装的定义、功能

1. 包装的定义

从有产品的那一天起，就有了包装。不同时期，不同国家，对包装的理解与定义不尽相同。以前，很多人都认为，包装就是以转动流通物资为目的，是包裹、捆扎、容装物品的手段和工具，也是包扎与盛装物品时的操作活动。20 世纪 60 年代以来，随着各种自选超市与卖场的普及与发展，使包装由原来的保护产品的安全流通为主，一跃而转向销售员的作用，人们对包装也赋予了新的内涵和使命。

对于包装，在高级汉语大词典里对它的定义为：

（1）把东西打捆成包或装入箱等容器的动作或过程。

（2）包装商品的东西，即起覆盖作用的外表、封套或容器；特指储藏或运输商品时用的保护性的单元。

我国在 1983 年国家标准中，对包装的定义是：为在流通中保护产品、方便储运、促进销售，按一定的技术方法所采用的容器、材料和辅助物的过程中施加一定技术方法等操作活动。在其他版本的教材中，也有对包装定义为："为了保证商品的原有状及质量在运输、流动、交易、贮存及使用时不受到损害和影响，而对商品所采取的一系列技术手段叫包装。"

虽然每个国家和地区对包装的定义略有差异，但都是以包装的功能为核心内容的，基本意思大体一致。英国标准协会的定义是："包装是为货物的运输和销售所做的艺术、科学和技术上的准备工作。"加拿大包装协会的定义是："包装是将产品由供应者送到顾客或消费者，而能保持产品于完好状态的工具。"日本工业标准 *JISZ*0101 包装的定义是："包装是在商品的运输与保管过程中，为保护其价值及形态，以适当的材料、容器等对商品所施的技术处理，或施加技术处理后保持下来的状态。"而美国包装协会的定义是："包装是为产品的运出和销售的准备行为。"

包装是为了在流通过程中保护商品、方便储运和促进销售，而按照一定的技术方法使用容器、材料以及辅助物等将物品包封并予以适当的装饰和标志工作的总和。简言之，包装就是包装物和包装操作的总称。

2. 包装和物流的关系

包装为物流系统的构成要素之一，它既是生产的终点，又是物流的起点，与运输、保管、搬运、流通加工均有十分密切的关系，合理的包装能提高服务水平，降低费用，改善物料搬运和储运的效率，物流系统的所有构成因素均与包装有关，同时也受包装的影响。

3. 包装的主要功能

包装应使用适当的材料、容器和技术，使物品安全到达目的地。在物品运送过程中的每一阶段，不论遇到何种外在影响，都能保证产品完好，而且不影响物品价值。

包装具有以下几种功能：保护功能、定量功能、标识功能、跟踪功能、便利功能。

(1)保护功能

包装的第一项功能，就是对物品的保护作用。如避免搬运过程中的脱落、运输过程中的振动或冲击，避免保管过程中由于承受物重所造成的破损，避免异物的混入和污染，防湿、防水、防锈、防光、防止因为化学或细菌的污染而出现的腐烂变质，防霉变、防虫害等。

(2)定量功能

按单位定量，形成基本单件或与此目的相适应的单件。即为了材料搬运或运输的需要而将物品整理成适合搬动、运输的单元，如适合使用托盘、集装箱、货架或载重汽车、货运列车等运载的单元。这样能缩短作业时间，减轻劳动强度，提高机械化作业的效率。

(3)标识功能

使产品容易识别和计量。

(4)跟踪功能

良好的货物包装能使物流系统在收货、储存、取货、出运的各个过程中跟踪商品，如将印有时间、品种、货号、编组号等信息的条码标签贴在物品上供电子仪器识别，能使生产厂家、批发商和仓储企业迅速准确地采集、处理和交换有关信息，加强了对货物的控制，减少了物品在流通过程中的货损、货差，提高了跟踪管理的能力和效率。

(5)便利功能

良好的包装能有利于物流各个环节的处理方便。如对运输环节来说，包装尺寸、重量和形状，最好能配合运输、搬运设备的尺寸、重量，以便于搬运和保管；对仓储环节来说，包装则应方便保管、移动便利、标志鲜明、容易识别、具备充分的强度。

9.1.2 包装的分类

包装的分类就是把包装作为一定范围的集合总体，按照一定的分类标准或者特征，将其划分为不同的类别。

1. 按包装在物流中发挥的不同作用划分

(1)商业包装

商业包装，或称消费者包装或内包装，其主要目的就是为了吸引消费者、促进销售。一般来说，在物流过程中，商品越接近顾客，越要求包装起到促进销售的效果。因此，这种包装的特点是造型美观大方，拥有必要的修饰，包装上有对于商品详细的说明，包装的单位适合于顾客的购买以及商家柜台摆设的要求。

(2)工业包装

工业包装，或称运输包装或外包装，是指为了在商品的运输、存储和装卸的过程中保护商品所进行的包装。它更强调包装的实用性和费用的低廉性。

2. 按包装内外层次分类

可分为个体包装、内包装和外包装。

(1)个体包装

对每个物品进行的包装，即为了提高物品的商品价值，或为了保护每个物品，把适当的材料、容器等施加于物品的技术及施加后的状态。

(2)内包装

对包装货物进行的内部包装，即考虑水、潮气、光、热、冲击等对物品的影响。

(3)外包装

指包装货物的外部包装，即把物品装入箱、袋、桶、罐等容器内，或不用容器直接进行捆扎，并施加货运标志及其他标志的技术以及施加后的状态。

包装一般还包括个体包装之前的前处理，如物品的清洗、防锈等及外包装之后编制包装单。

3. 按包装的刚性分类

可分为软包装和硬包装

(1)软包装

指内装物充填或取出后，容器状况可发生变化的包装。通常是用纸、塑料薄膜、铝箔、复合膜等制成。

(2)硬包装

指内装物充填取出后，容器形状不易变化的包装。通常用金属、木材、胶合板、玻璃、陶瓷、硬质塑料等制成。

4. 按产品的危险程度分类

可分为普通包装和危险品包装。

危险品包装是指专门为易爆、易燃、有毒、有害物品设计的包装。

5. 按使用时间分类

可分为一次性包装和耐用包装。

一次性包装在消费产品时就可丢弃;而耐用包装则可反复使用。

6. 按包装材料分类

纸包装有纸板包装、瓦楞纸包装、蜂窝纸板包装;木材包装有木箱包装、木桶包装;玻璃包装;陶瓷包装;金属包装;塑料包装常用塑料薄膜包装、塑料容器包装;以及复合材料包装等。

7. 按内装物的类别分类

可分为食品包装，药品包装，家用电器包装，工艺品包装，杂品包装和机械产品包装等。

8. 按包装结构的特点分类

(1)可折叠包装:指内装物充填前或取出后，容器可以折叠存放的包装。

(2)可拆卸包装:指内装物充填前或取出后，能拆卸成若干部分，使用时再组装起来的包装。

(3)可携带包装:指有手提手或类似装置，便于携带的包装。

(4)局部包装:指对产品需要保护的部位所进行的包装。大多用于机电产品。

(5)敞开包装:指将产品固定于底座上，其余部分不包装或只包装局部的一种包装，多用于机电产品。

(6)透明包装:指使用透明材料的包装，能通过透明材料见到产品的部分或全部的包装。

(7)托盘包装:是将包装件或商品堆码在托盘上，再通过捆扎、裹包或粘结等方法加以固定，形成一单元，便于机械装卸。

(8)集合包装:是将若干包装件或商品包装在一起，形成适当搬运单元的包装。

9. 按包装功能分类

(1)防水包装:是指为防止水分侵入，保证内装物质量而采取相应保护措施的包装。

(2)防潮包装:是指为防止外界潮气侵入或含水物品水分散失，保证内装物质量而采取一定保护措施的包装。

(3)防锈包装:是指为防止金属内装物锈蚀而采取相应防护措施的包装。

(4)防霉包装:是指为防止内装物霉变而采取相应防护措施的包装。

(5)防腐保鲜包装:是指为防止食品或其他生物腐蚀变质，或为保持食品新鲜而采取相应保护措施的包装。

(6)防震缓冲包装:是指在遇到冲击和震动时，为使内装物免受损坏而采取相应保护措施的包装。

(7)防尘包装:是指为防止沙尘侵入、影响产品质量而采取相应保护措施的包装。

(8)防辐射包装:是指为防止内装物受外界射线影响使产品质量改变而采取相应保护措施的包装。

(9)防盗包装:是指内装物一但被盗后会留下明显被盗痕迹的包装。

(10)防伪包装:是指为防止假冒产品而采取相应保护措施的包装。

(11)防燃纺爆包装:是指为防止易燃、易爆物品而采取相应保护措施的包装。

(12)防虫包装:是指为使内装物免受虫害而采取相应保护措施的包装。

(13)隔热包装:是指为减少储运过程中包装内外热量传递而采取相应保护措施的包装。

10. 按包装技术方法分类

(1)泡罩包装(或吸塑包装):是指将产品封合在用透明塑料薄片形成的泡罩与底板之间的一种包装方法。

(2)贴体包装:是指将产品放在能透气的底板上，然后通过加热并在真空中将覆盖在其上的薄片紧密地包贴住产品，四周封合在底板上的一中包装方法。

(3)收缩包装:是指用收缩薄膜裹包产品或包装件，使薄膜收缩裹进商品或包装件的一种包装方法。

(4)真空包装:是指将产品装入气密性包装内，然后将空气抽出，使密闭后的包装达到预定的真空度的包装方法。

(5)气调包装(充气包装):是指将产品装入气密性包装内，然后用氮、氦或二氧化碳等气体置换原有空气的一种包装方法。

9.1.3 包装材料

1. 对包装材料的要求

包装材料是形成商品包装的物质基础，是商品包装各种功能的具体承担者，是构成商品包装使用价值最基本的要素。因此，了解包装材料对深入分析研究商品包装使用价值具有重要意义。

从现代商品包装具有的使用价值来看，包装材料应具有以下几个方面的性能:保护性能、加工操作性能、外观装饰性能、方便使用性能、节省费用性能、易处理性能等。

(1)保护性能

主要指保护内装物，防止其变质，保证其质量。对此应研究包装材料的机械强度、防潮防水性、耐腐蚀性、耐热耐寒性、透光性、透气性、防紫外线穿透性、耐油性、适应气温变化性、无毒、无异味等。

(2)加工操作性能

主要指易加工、易包装、易填充、易封合、且效率高而适应自动包装机械操作。对此应研究包装材料的刚性、挺力、光滑度、易开口性、热合性、防静电性等。

(3)外观装饰性能

主要指材料的形、色、纹理的美观性，能产生陈列效果，提高商品价值和激发购买欲望。对此应研究包装材料的透明度、表面光泽、印刷适应性、不因带静电而吸尘等。

(4)方便使用性能

主要是指便于开启包装和取出内装物，便于再封闭，对此应研究包装材料的开启性能、不易破裂等。

(5)节省费用性能

主要是指经济合理地使用包装材料，对此要研究节省包装材料费用、包装机械设备费用、劳动费用、包装效率、自身重量等。

(6)易处理性能

主要是指包装材料要有利于环保、有利于节省资源，对此要研究回收再生等。

物流窗口

日本的食品包装

在日本，经营食品的商人已放弃塑料包装，在食品界掀起“绿色”革命。在食品包装时尽量采用不污染环境的原料，如用纸袋包装取代塑料容器，减少了将用过后的包装集中到工厂再循环所面对的成本和技术困难，其他设计也本着绿色环保的原则，节省了材料并且安全、方便回收。如：三得利公司推出的啤酒易拉罐，喝完后只要按其罐体提示的方向，左右扭曲便可缩小体积，方便回收。

2. 包装材料的选用

常用的包装材料有金属、玻璃、木材、纸、塑料等。

(1)金属材料的选用

用于包装材料的金属材料有以下几种：

①镀锡薄板。是表面镀有锡层的薄钢板。由于锡层的作用，它除有一般薄钢板的优点以外，还有很强的耐腐蚀性。主要用做制造高档罐容器，如各种饮料罐、食品罐等。

②涂料铁。它是在镀锡薄板一面涂以涂料加工制成的，适于盛装各种食品，主要用于制造食品罐。

③铝合金。它是以铝为主要合金元素的各种铝合金。适于制成各种包装物，如牙膏皮、饮料罐、食品罐、航空集装箱等。

(2)玻璃、陶瓷

玻璃、陶瓷的主要特点是具有很强的耐腐蚀性能，强度较高，装潢、装饰性能好。因此广泛用于商业包装，玻璃也用于运输包装和销售包装。

(3)木材

木材是一种优良的结构材料，长期以来，一直用于制作运输包装，在包装材料中占有一定的比重。常用的一般包装木材有杉木、松木等。以木材为原料制成的胶合板、纤维板、刨花板也用于制作包装箱、桶等。

(4)纸及纸制品

纸及纸制品广泛用于运输包装和销售包装，常用的包装纸类制品有以下几种：

①牛皮纸

②玻璃纸

③植物羊皮纸

④沥青纸、油纸及蜡纸

⑤板纸

⑥瓦楞纸板

9.1.4 包装容器

常用的包装容器有：

1. 包装袋

包装袋是柔性包装中的重要技术，包装袋材料具有较高的韧性、抗拉强度和耐磨性。包装袋结构是筒管状结构，一端预先封死，在包装结束后再封装另一端，包装操作一般采用充填操作。包装袋广泛适用于运输包装、商业包装、内装、外装，因而使用较为广泛。包装袋一般分成下述三种类型：

(1)集装袋。这是一种大容积的运输包装袋，盛装重量在1吨以上。集装袋的顶部一般装有金属吊架或吊环等，便于铲车或起重机的吊装、搬运。卸货时可打开袋底的卸货孔，即行卸货，非常方便。适于装运颗粒状、粉状的货物。

集装袋一般多用聚丙烯、聚乙烯等聚酯纤维纺织而成。由于集装袋装卸货物、搬运都很方便，装卸效率明显提高，近年来发展很快。

(2)一般运输包装袋。这类包装袋的盛装重量是0.5－100公斤，大部分是由植物纤维或合成树脂纤维纺织而成的织物袋，或者由几层挠性材料构成的多层材料包装袋。例如麻袋、草袋、水泥袋等。主要包装粉状、粒状和个体小的货物。

(3)小型包装袋(或称普通包装袋)。这类包装袋盛装重量较少，通常用单层材料或双层材料制成。对某些具有特殊要求的包装袋也有用多层不同材料复合而成。包装范围较广，液状、粉状、块状和异型物等可采用这种包装。

上述几种包装袋中，集装袋适于运输包装，一般运输包装袋适于外包装及运输包装，小型包装袋适于内装、个装及商业包装。

2. 包装盒

包装盒是介于刚性和柔性包装两者之间的包装技术。包装材料有一定挠性，不易变形，有较高的抗压强度，刚性高于袋装材料。包装结构是规则几何形状的立方体，也可裁制成其他形状，如圆盒状、尖角状，一般容量较小，有开闭装置。包装操作一般采用码入或装填，然后将开闭装置闭合。包装盒整体强度不大，包装量也不大，不适合做运输包装，适合做商业包装、内包装，适合包装块状及各种异形物品。

3. 包装箱

包装箱是刚性包装技术中的重要一类。包装材料为刚性或半刚性材料，有较高强度且不易变形。包装结构和包装盒相同，只是容积、外形都大于包装盒，两者通常以l0升为分界。包装操作主要为码放，然后将开闭装置闭合或将一端固定封死。包装箱整体强度较高，抗变形能力强，包装量也较大，适合做运输包装、外包装，包装范围较广，主要用于固体杂货包装。主要包装箱有以下几种：

(1)瓦楞纸箱。瓦楞纸箱是用瓦楞纸板制成的箱形容器。技瓦楞纸箱的外型结构分类有折叠式瓦楞纸箱、固定式瓦楞纸箱和异形瓦楞纸箱三种。按构成瓦楞纸箱体的材料来分类，有瓦楞纸箱和钙塑瓦楞箱。

(2)木箱。木箱是流通领域中常用的一种包装容器，其用量仅次于瓦楞箱。木箱主要有木板箱、框板箱、框架箱三种。

①木板箱。木板箱一般用作小型运输包装容器，能装载多种性质不同的物品。木板箱作为运输包装容器具有很多优点，例如有抗拒碰裂、溃散、戳穿的性能，有较大的耐压强度，能承受较大负荷，制作方便等。但木板箱的箱体较重，体积也较大，其本身没有防水性。

②框板箱。框板箱是先由条木与人造板材制成之箱框板，再经钉合装配而成。

③框架箱。框架箱是由一定截面的条木构成箱体的骨架，根据需要也可在骨架外面加木板覆盖。这类框架箱有两种形式，无木板覆盖的称为敞开式框架箱，有木板覆盖的称为覆盖式框架箱。框架箱由于有坚固的骨架结构，因此具有较好的抗震和抗扭力，有较大的耐压能力，而且其装载量大。

(3)塑料箱。一般用做小型运输包装容器，其优点是，自重轻，耐蚀性好、可装载多种商品，整体性强，强度和耐用性能满足反复使用的要求，可制成多种色彩以对装载物分类，手握搬运方便，没有木刺，不易伤手。

(4)集装箱。由钢材或铝材制成的大容积物流装运设备，从包装角度看，也属一种大型包装箱，可归属于运输包装的类别之中，也是大型反复使用的周转型包装。

4. 包装瓶

包装瓶是瓶颈尺寸有较大差别的小型容器，是刚性包装中的一种，包装材料有较高的抗变形能力，刚性、韧性要求一般也较高，个别包装瓶介于刚性与柔性材料之间，瓶的形状在受外力时虽可发生一定程度变形，外力一旦撤除，仍可恢复原来瓶形。包装瓶结构是瓶颈口径远小于瓶身，且在瓶颈顶部开口；包装操作是填灌操作，然后将瓶口用瓶盖封闭。包装瓶包装量一般不大，适合美化装璜，主要做商业包装、内包装使用。主要包装液体、粉状货。包装瓶按外形可分为圆瓶、方瓶、高瓶、矮瓶、异形瓶等若干种。瓶口与瓶盖的封盖方式有螺纹式、凸耳式、齿冠式、包封式等。

5. 包装罐(筒)

包装罐是罐身各处横截面形状大致相同，罐颈短，罐颈内径比罐身内颈稍小或无罐颈的一种包装容器，是刚性包装的一种。包装材料强度较高，罐体抗变形能力强。包装操作是装填操作，然后将罐口封闭，可做运输包装、外包装，也可做商业包装、内包装用。包装罐(筒)主要有三种：

(1)小型包装罐。这是典型的罐体，可用金属材料或非金属材料制造，容量不大，一般是做销售包装、内包装，罐体可采用各种方式装饰美化。

(2)中型包装罐。外型也是典型罐体，容量较大，一般做化工原材料、土特产的外包装，起运输包装作用。

(3)集装罐。这是一种大型罐体，外形有圆柱形、圆球形、椭球形等，卧式、立式都有。集装罐往往是罐体大而罐颈小，采取灌填式作业，灌境作业和排出作业往往不在同一罐口进行。另设卸货出口。集装罐是典型的运输包装，适合包装液状、粉状及颗粒状货物。

9.1.5 包装标准化

1. 包装标准化的概念与内容

(1)概念

在生产技术活动中，对所有制作的运输包装和销售包装的品种、规格、尺寸、参数、工艺、成分、性能等所做的统一规定，称为产品包装标准。产品包装标准是包装设计、生产、制造和检验包装产品质量的技术依据。

(2)内容

包装标准化主要内容是使产品包装适用、牢固、美观，达到定型化、规格化和系列化。对同类或同种产品包装，需执行“七个统一”，即：统一材料、统一规格、统一容量、统一标记、统一结构、统一封装方法和统一捆扎方法等。目前，我国的产品包装标准主要包括建材、机械、电工、轻工、医疗器械、仪器仪表、中西药、食品、农畜水产、军工等14大类。

2. 包装标准化的作用

包装标准化工作是提高产品包装质量，减少消耗和降低成本的重要手段，主要作用表现在以下几个方面。

(1)包装标准化有利于包装工业的发展。

产品质量与包装设计、包装材料或容量、包装工艺、包装机械等有着密切关系。由于产品种类繁多，形状各一，为了保证产品质量，减少事故的发生，根据各方面的需要，制定出行业标准及互相衔接标准，逐步形成包装标准化体系，有利于产品运输、装卸和贮存；有利于各部门、各生产单位有机地联系起来，协调相互关系，促进包装工业的发展。

(2)包装标准化有利于提高生产效率，保证商品安全可靠。

根据不同产品的特点，制定出相应的标准，使产品包装在尺寸、重量、结构、用材等方面都有统一的标准。在运转过程中免受损失，也为产品贮存养护提供了良好条件。特别是运输危险品和有危险的产品时，由于包装比较适宜、妥当，减少了发热、撞击，因此运输安全也得到了保证。

(3)包装标准化有利于合理利用资源、减少材料损耗、降低商品包装成本。

包装标准化可使包装设计科学合理，包装型号规格统一。过去纸箱规格参差不齐，质量不好，实行包装标准化以来，纸箱统一简化为27种规格，降低半成品损耗千分之五。沪、津两市，仅针织内衣包装实行标准化，一年就可降低包装费上百万元。

(4)包装标准化有利于包装的回收复用，减少包装、运输、贮存费用。

包装标准的统一，使各厂各地的包装容器，可以互通互用，便于就地组织包装回收复用，节省了回收空包装容器在地区间的往返运费，降低了包装贮存费用。

(5)包装标准化便于识别和计量。

标准化包装，简化了包装容器的规格，统一包装的容量。明确规定了标志与标志书写的部位，便于从事商品流通的工作人员识别和分类。同时，整齐划一的包装，每箱中或者每个容器中的重量一样，数量相同，对于商品使用计量非常方便。

(6)包装标准化，对提高我国商品在国际市场上的竞争力，发展对外贸易有重要意义。

当前，包装标准化已成为发展国际贸易的重要组成部分，包装标准化已成为国际交往中互相遵循的技术准则。国际间贸易往来都要求加速实行商品包装标准化、通用化、系列化。

3. 包装标准化的内容

(1)包装材料标准化

包装材料应尽量选择标准材料，少用或不用非标准材料，以保证材料质量和材料来源的稳定。

(2)包装容器的标准化

包装容器的外形尺寸与运输车辆的内部尺寸和包装商品所占的有效仓库容积有关。因此应对包装外形尺寸作严格规定。运输包装的内尺寸和商品中包装的外尺寸也有类似的关系，因此对运输包装的内尺寸和商品中包装的外尺寸，也应作严格规定。为了节约包装材料和便于搬运、堆码，一般情况下，包装容器的长与宽之比为3 ：2，高与长相等。

(3)包装工艺标准化

凡是包装箱、桶等，必须规定内装商品数量、排列顺序、合适的衬垫材料，并防止包装箱、桶内空隙太大、商品游动。如木箱包装箱，必须规定箱板的木质、箱板的厚度、装箱钉子的规格、相邻钉子距离，包角的技术要求及钉子不得钉在夹缝里等。纸箱必须规定如何封口，腰箍的材料，腰箍的松紧及牢固度等。布包则要规定针距及捆绳的松紧度等。回收复用的木箱、纸箱及其他包装箱也都必须制定标准。

(4)装卸作业标准化

在车站、港口、码头、仓库等处装卸物时，都要制定装卸作业标准。要搞好文明操作。机械化装卸要根据商品包装特点选用合适的机具，如集装袋、托盘等。工业、商业、交通运输部门交接货物时，要实行验收责任制，以做到责任分明。

(5)集合包装标准化

集合包装即适合机械化装卸，又能保护商品安全。我国集合包装近几年有较快的发展，并制订了部分国家标准，其中，20 吨以上的集装箱采用国际标准。托盘的标准应和集装箱的标准规定的尺寸相配套合。

9.2 包装标志

为了便于商品的流通、销售、选购和使用，在商品包装上通常都印有某种特定的文字或图形，其内容包括：商品名称、牌号、规格、等级、计量单位、数量、重量、体积等；收货单位，发货单位，指示装卸、搬运、存放注意事项、图案和特定的代号，用以表示商品的性能、储运注意事项、质量水平等含义，这些具有特定含义的图形和文字称为商品包装标志。

包装的标识是判别商品特征、组织商品流转和维护商品质量的依据，对保障商品储运安全、加速流转、防止差错有着重要作用。

包装的标识，通常分为两种：一是包装的标记；二是包装的标志。

9.2.1 包装的标记

包装的标记是指根据包袋内装物商品的特征和商品收发事项，在外包装上用字和阿拉伯数字标明的规定记号。它包括：

1. 商品标记

这是注明包装内的商品特征的文字记号，反映的内容主 要是商品名称、规格、型号、计量单位、数量。

2. 重量体积标记

这是注明整体包装的重量和体积的文字记号，反映的内容主要是毛重、净重、皮重和长、宽、高尺寸。

3. 收发货地点和单位标记

这是注明商品起运、到达地点和收发货单位的文字记号，反映的内容是收发货的具体地点和收发货单位的全称。例如：国外进口商品在外包装表面刷上标记，标明订货年度、进口单位和要货单位的代号、商品类别代号、合同号码、贸易国代号以及进口港的地名等。

9.2.2 包装的标志

1. 包装的标志

包装的标志，是用来指明包装内容物的性质，为了运输、装卸、搬运、储存、堆码等的安全要求或理货分运的需要，在外包装上用图像或文字标明的规定记号。

2. 包装标志的类型：

(1)运输标志，即唛头。这是贸易合同、发货单据中有关标志事项的基本部分，一般由一个简单的几何图形以及字母、数字等组成。唛头的内容包括：目的地名称或代号，收货人或发货人的代用简字或代号、件号(即每件标明该批货物的总件数)，体积(长×宽×高)，重量(毛重、净重、皮重)以及生产国家或地区等。

(2)指示性标志。这是为了保证商品安全，指示运输、装卸、保管的作业人员如何进进行安全操作的图像、文字记号。它反映的内容，主要是指示商品性质、商品堆放、开启、吊运等的方法，按商品的特点，对于易碎、需防湿、防颠倒等商品，在包装上用醒目图形或文字，标明"小心轻放"、"防潮湿"、"此端向上"等等。

(3)危险品标志。用来表示该种危险品的物理、化学性质以及其危险的程度的图像和文字记号。反映的主要内容有：爆炸品、易燃品、有毒品、腐蚀品等。对于危险物品，在外包装上必须醒目标明，以示警告。

3. 标志的尺寸和使用方法

(1)标志的尺寸

一般分为以下三种，见表9-1。

表9-1　包装标志尺寸

尺寸 \ 号别	长(mm)	宽(mm)
1	105	74
2	148	105
3	210	148

(2)标志的使用方法

①用坚韧纸张、木板、塑料、布条或铁皮写描或印刷标志、拴挂、钉附或粘贴在包装上。

②用坚韧纸片、铁皮刻出标志漏板，刷在包装上。

③做标志模印，打印在包装上。

④在包装上直接写描标志。

⑤标志颜色与标底颜色要明显区别开，易于看清。

⑥标志位置一般应在包装两端或两侧上部。切忌在包装的顶盖上，以避免重迭高码时，看不见指示标志。特定的指示标志，如“由此吊起”、“重心点”的标志位置应在包装的实际位置上。标志图样举例如图9－1。

图9－1　常用包装标志图例

9.2.3 运输包装标志

1. 运输包装标志概念

运输包装标志主要是便于商品在运输和保管中的辨认识别，防止错发错运，及时、准确地将商品运到指定的地点或收货单位；便于商品装卸、堆码，保证商品质量安全，加速商品周转。

2. 运输包装标志类型

运输包装标志分为包装储运图示标志、运输包装收发货标志、危险货物包装标志三大类。

(1)包装储运图示标志

①概念：

包装储运图示标志又称指示标志或注意标志。它是根据商品的不同性能和特殊要求，采用图案或简易文字来表示的用以提示人们在装卸、运输和储存过程中应注意的事项的标志。如对一些易碎、易潮、易残损或变质的商品，在装卸、运输和保管中提出的要求和注意事项。如小心轻放，由此吊起、切忽倒置、禁用手钩、怕热、重心点、堆码限度等。

②标准：

◆1985年，我国参照国际标准*IS*0780－1983《包装——货物储运图示标志》，制定了我国《包装——货物储运图示标志》国家标准。该标准适用于铁路、水路、公路和航空储运中怕湿、怕震、怕热、怕冻等有特殊要求的货物的外包装上。该标准规定了10种货物储运图示标志，它们分别是：

ⅰ. 小心轻放标志。用于碰撞易碎，需轻拿轻放的货物。

ⅱ. 禁用手钩标志。用于不得用手钩搬运的货物。

ⅲ. 向上标志。用于指示不得倾倒的货物。

ⅳ. 怕热标志。用于怕热的货物。

ⅴ. 由此起吊标志。用于指示吊运时放链条或绳索的位置。

ⅵ. 伯湿标志。用于怕湿的货物。

ⅶ. 重心点标志。用于指示货物重心所在处。

ⅷ. 禁止滚翻标志。用于不得滚动搬运的货物。

ⅸ. 堆码极限标志。用于指示允许最大堆码重量的特殊货物。

ⅹ. 湿度极限标志。用于指示需要控制湿度的特殊货物。

◆2000 年 7 月 17 日，国家质量监督检验检疫总局（原国家质量技术监督局）批准发布了 *GB*191 – 2000（等效采用 *ISO*780 – 1997）《包装储运图示标志》强制性国家标准，并于 2000 年 12 月 1 日开始实施。

ⅰ. 标志的颜色

标志颜色应为黑色。

如果包装的颜色使得黑色标志显得不清晰，则应在印刷面上用适当的对比色，最好以白色作为图示标志的底色。

应避免采用易于同危险品标志相混淆的颜色。除非另有规定，一般应避免采用红色、橙色或黄色。

ⅱ. 标志的使用方法

A 标志的打印

可采用印刷、粘贴、拴挂、钉附及喷涂等方法打印标志。印刷时，外框线及标志名称都要印上；喷涂时，外框线及标志名称可省略。

B 标志的数目和位置

一个包装件上使用相同标志的数目，应根据包装件的尺寸和形状决定；而标志在各种包装件上的粘贴位置如下：

（*a*）箱类包装：位于包装端面或侧面；

（*b*）袋类包装：位于包装明显处；

（*c*）桶类包装：位于桶身或桶盖；

（*d*）集装单元体贴物，应位于四个侧面。

下列标志的使用应按如下规定：

（*a*）标志 1“易碎物品”应标在包装件所有四个侧面的左上角处。

（*b*）标志 3“向上”应标在与标志 1 相同的位置上。当标志 1 和标志 3 同时使用时，标志 3 应更接近包装箱角。

（*c*）标志“重心”应尽可能标在包装件所有六个面的重心位置上，否则至少也应标在包装件四个侧、端面的重心位置上。

（*d*）标志“由此夹起”只能用于可夹持的包装件；标志应标在包装件的两个相对面上，以确保作业时标志在叉车司机的视线范围内。

表 9－2　　标志名称和图形

1. 易碎物品 运输包装件内装易碎品，因此搬运时应小心轻放。		2. 禁用手钩 搬运运输包装时禁用手钩。	
3. 向上 表明运输包装件的正确位置是竖直向上。		4. 怕晒 表明运输包装件不能直接照射。	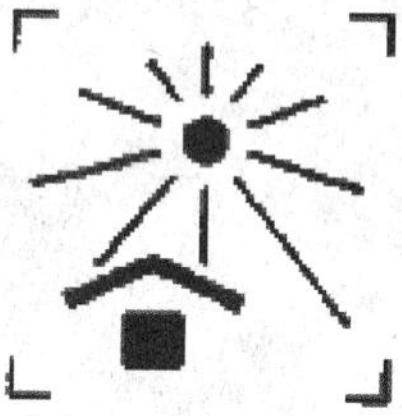
5. 怕辐射 包装物品一旦受辐射便会完全变质或损坏。		6. 怕雨 包装件怕雨淋。	
7. 重心 表明一个单元货物的重心	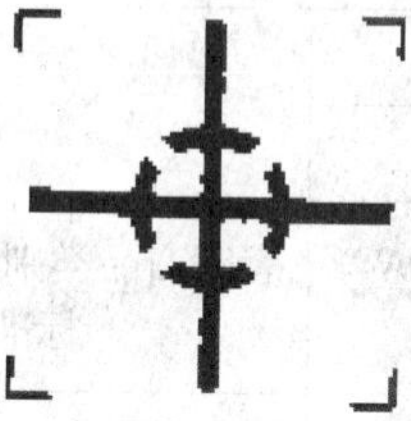	8. 禁止翻滚 不能翻滚运输包装。	
9. 此面禁用手推车 搬运货物时此面禁放手推车。		10. 堆码层数极限 相同包装的最大堆码层数，n 表示层数极限。	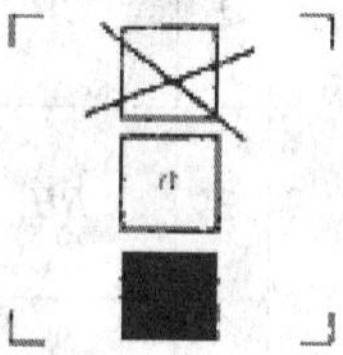
11. 堆码重量极限 表明该运输包装件所能承受的最大重量极限。		12. 禁止堆码 该包装件不能堆码并且其上也不能放置其他负载。	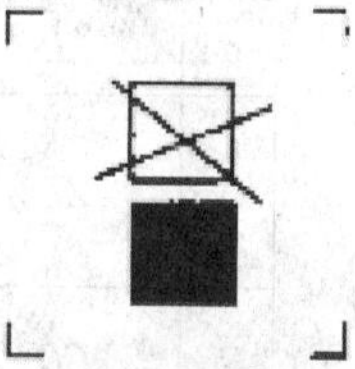

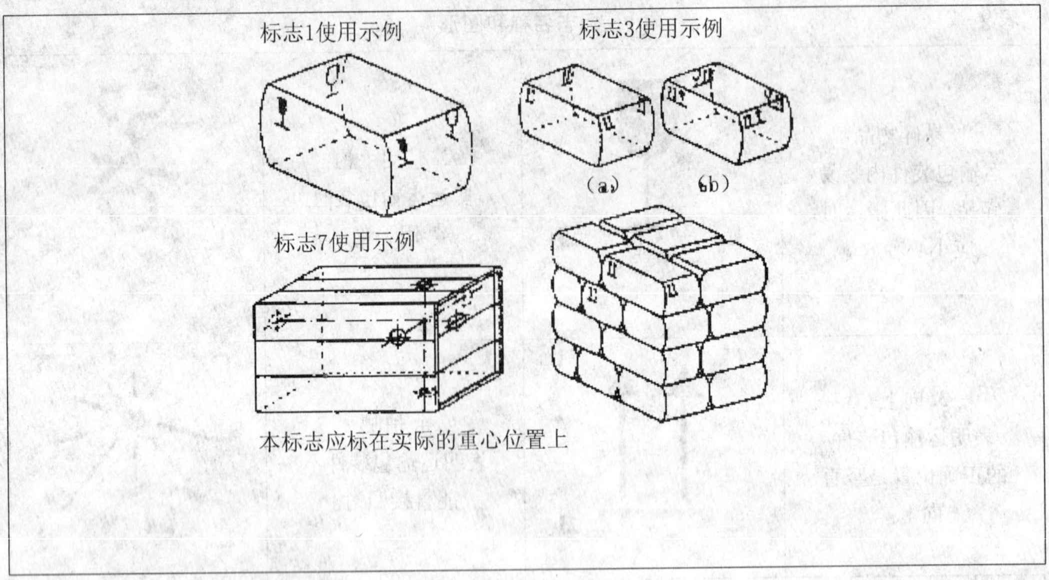

(2)运输包装收发货标志

①含义

外包装件上的商品分类图示标志及其他标志和其他的文字说明排列格式的总称为收发货标志。

②内容详见表9－3。

表9－3

序号	项目			含义
	代号	中文	英文	
1	*FL*	商品分类图示标志	*CLASSIFICATION MARKS*	表明商品类别的特定符号。见本标准第3章。
2	*GH*	供货号	*CONTRACT NO*	供应该批货物的供货清单号码（出口商品用合同号码）
3	*HH*	货号	*ART NO*	商品顺序编号。以便出入库，收发货登记和核定商品价格
4	*PG*	品名规格	*SPECIFICA TIONS*	商品名称或代号，标明单一商品的规格、型号、尺寸，花色等
5	*SL*	数量	*QUANTITY*	包装容器内含商品的数量
6	*ZL*	重量(毛重)（净重）	*GROSS WT* *NET WT*	包装件的重量(*kg*)包括毛重和净重
7	*CQ*	生产日期	*DATE OF PRODUCTION*	产品生产的年、月、日
8	*CC*	生产工厂	*MANUFACTURER*	生产该产品的工厂名称

序号	项目			含义
	代号	中文	英文	
9	*TJ*	体积	*VOLUME*	包装件的外径尺寸长×宽×高（*cm*）=体积（*m*3）
10	*XQ*	有效期限	*TERM OF VALIDITY*	商品有效期至×年×月
11	*SH*	收货地点和单位	*PLACE OF DESTINATION AND CONSIGNEE*	货物到达站，港和某单位（人）收（可用贴签或涂写）
12	*FH*	发货单位	*CONSIGNOR*	发货单位（人）
13	*YH*	运输号码	*SHIPPING No*	运输单号码
14	*JS*	发运件数	*SHIPPING PIECES*	发运的件数
说 明	①分类标志一定要有，其他各项合理选用。 ②外贸出口商品根据国外客户要求，以中、外文对照，印制相应的标志和附加标志。 ③国内销售的商品包装上不填英文项目。			

(3)商品分类图示标志

① 图示标志尺寸见表9-4。

表9-4

mm

包装件高度（袋按长度）	分类图案尺寸	图形的具体参数		备注
		外框线宽	内框线宽	
500及以下	50×50	1	2	平视距离5*m*，包装标志清晰可见
500~1000	80×80	1	2	
1000以上	100×100	1	2	平视距离10*m*，包装标志清晰可见

②图示标志图形

12 类图形，见图 1 ~ 图 12

1

2

3

4

5

6

7

8

9

10

11

12

(4)收发货标志的字体

标志的全部内容，中文都用仿宋体字，代号用汉语拼音大写字母；数码用阿拉伯数码，英文用大写的拉丁文字母。标志必须清晰、醒目，不脱落，不退色。

(5)收发货标志的颜色

①纸箱、纸袋、塑料袋、钙塑箱，按商品类别以表 3 规定的颜色用单色印刷。

表9－5

商品类别	颜色	商品类别	颜色
百货类	红色	医药类	红色
文化用品类	红色	食品类	绿色
五金类	黑色	农副产品类	绿色
交电类	黑色	农药	黑色
化工类	黑色	化肥	黑色
针纺类	绿色	机械	黑色

参考色样见表9－6。

表9－6

红色	
绿色	
黑色	

②麻袋，布袋用绿色或黑色印刷，木箱、木桶不分类别，一律用黑色印刷，铁桶用黑，红、绿、蓝底印白字，灰底印黑字，表内未包括的其他商品，包装标志的颜色按其属性归类。

(6)收发货标志的方式

①印刷

适用于纸箱、纸袋、钙塑箱、塑料袋。在包装容器制造过程中，将需要的项目按5.1规定印刷在包装容器上。有些不固定的文字和数字在商品出厂和发运时填写。

②刷写

适用于木箱、桶、麻袋、布袋、塑料编织袋。利用印模、镂模，按5.2规定涂写在包装容器上。要求醒目，牢固。

③粘贴

对于不固定的标志，如收货单位和到达站需要临时确定，所以先将需要的项目印刷在$60g/m^2$以上的白纸或牛皮纸上，然后粘贴在包装件有关栏目内。

④拴挂

对于不便印刷、刷写的运输包装件筐，篓，捆扎件，将需要的项目印刷在不低于$120g/m^2$的牛皮纸或布，塑料薄膜、金属片上，拴挂包装件上(不得用于出口商品包装)。

(7)标志位置

①六面体包装件的分类图示标志位置，按*GB* 3538－83《运输包装件各部位的标志方法》标志部位，放在包装件5、6两面的左上角。

②袋类包装件的分类图示标志放在两大面的左上角。

③桶类包装的分类图示标志放在左上方。

④筐，篓捆扎件等拴挂式收发货标志，应拴挂在包装件的两端，草包、麻袋拴挂在包装件的两上角。

⑤粘贴标志应贴在包装件的 5. 6 两个面的有关栏目内。

⑥其他的标志按 *GB* 190 – 85《危险货物包装标志》、*GB* 191 – 85《包装储运图示标志》等的规定执行。

(8)危险货物包装标志

危险货物包装标志又称危险品标志。是用来标明对人体和财产安全有严重威胁的货物的专用标志。由图形、文字、和数字组成。我国国家标准 *GB*6944 – 86《危险货物分类和名称编号》把危险货物分为九类:爆炸品、压缩气体和液化气体、易燃液体、易燃固体、氧化剂和有机过氧化物、毒害品和感染性物品、腐蚀品、杂品。不同类别的危险品，应使用不同的危险品标志。

危险品标志是警告性标志，必须严格遵照国内和国际的规定办理，稍有疏忽，就会造成意外事故 。因此，要保证标志清晰，并在货物贮运保存期内不脱落 。

危险品标志的图形共 21 种，19 个名称，其图形分别标示了 9 类危险货物的主要特性(见表)。

爆炸品标志　爆炸品标志　爆炸品标志　易燃气体标志

不燃气体标志　有毒气体标志　易燃液体标志　易燃固体标志

自然物品标志　遇湿易燃物品标志　氧化剂标志　有机过氧化物标志

剧毒品标志　有毒品标志　有害品标志　感染性物品标志　杂类标志

一级放射性物品标志　二级放射性物品标志　三级放射性物品标志　腐蚀品标志

(9)标志的尺寸、颜色

①标志的尺寸

标志的尺寸一般分为4种，见表。

单位：

尺寸 号别	长	宽
1	50	50
2	100	100
3	150	150
4	250	250

注：如遇特大或特小的运输包装件，标志的尺寸可按规定适当扩大或缩小。

②标志的颜色

标志的颜色按标志1～21规定。

（10）标志的使用方法

①标志的标打，可采用粘贴、钉附及喷涂等方法。

②标志的位置规定如下：

箱状包装：位于包装端面或侧面的明显处；

袋、捆包装：位于包装明显处；

桶形包装：位于桶身或桶盖；

集装箱、成组货物：粘贴四个侧面。

③每种危险品包装件应按其类别贴相应的标志。但如果某种物质或物品还有属于其他类别的危险性质，包装上除了粘贴该类标志作为主标志以外，还应粘贴表明其他危险性的标志作为副标志，副标志图形的下角不应标有危险货物的类项号。

④储运的各种危险货物性质的区分及其应标打的标志，应按*GB* 6944，*GB* 12268及有关国家运输主管部门规定的危险货物安全运输管理的具体办法执行，出口货物的标志应按我国执行的有关国际公约(规则)办理。

⑤标志应清晰，并保证在货物储运期内不脱落。

⑥标志应由生产单位在货物出厂前标打，出厂后如改换包装，其标志由改换包装单位标打。

9.3 包装技术

包装技术是指在包装作业过程中所采用的技术和方法。通过包装技术，可以将运输包装体和销售包装件形成一个有机的整体。

9.3.1 针对产品不同形态采用的包装技术

这是一般包装技术，是多数产品需要考虑的技术和方法。通常包括以下几个方面：

1. 对内装物的合理置放、固定和加固

在运输包装体中装进形态各异的产品，需要具备一定的技巧，只有对产品进行合理置放、固定和加固，才能达到缩小体积、节省材料和减少损失的目的。例如：对于外形有规则的产品，要注意套装；对于薄弱的部件，要注意加固；包装内物品要注意防窃；产品与产品之间要注意隔离和固定。

2. 对松泡产品进行压缩体积

对于一些松泡产品，包装时所占用容器的体积太大，相应地也就多占用了运输空间和储存空间，增加了运输储存费用，所以，对于松泡产品要压缩体积。一般采用真空包装技法。

3. 外包装形状尺寸的合理选择

有的商品运输包装件，还需要装入集装箱，这就存在包装件与集装箱之间的尺寸配合问题。如果配合的好，那么，就能在装箱时不出现空隙，有效地利用箱容，并有效地保护商品。包装尺寸的合理配合主要指容器底面尺寸的配合，即应采用包装模数系列。至于外包装高度的选择，则应由商品的特点来决定，松软商品可选择高一些，沉重的商品可选择低一些。包装件装入集装箱只能平放，不能立放或侧放。在外包装形状尺寸的选择中，要注意避免过高、过扁、过大和过重包装。过高的包装会重心不稳，不易堆码；过扁的包装则给标志刷字和标志的辨认带来困难；过大的包装量太多，不易于销售，而且体积大也给流通带来困难；过重的包装则纸箱容易破损。

4. 内包装形状尺寸的合理选择

内包装在选择尺寸时，要与外包装形状尺寸相配合，即内包装的底面尺寸必须与包装模数相协调。当然，内包装主要作为销售包装，更重要的考虑是要有利于商品的销售，有利于商品的展示、装潢、购买和携带。

5. 包装外的捆扎

外包装捆扎对包装起着重要作用，有时还能起到关键性作用。捆扎的直接目的是将单个物件或数个物件捆紧，以便于运输、储存和装卸。此外，捆扎还能防止失盗，保护内装物，能压缩容积而减少保管费用和运输费用，能够加固容器。一般合理捆扎能使容器的强度增加20% -40%。捆扎的方法有很多，一般根据包装形态、运输方式、容器强度和内装物重量等不同情况，分别采用井字、十字、双十字和平行捆扎等不同方法。对于体积不大的普通包装，捆扎一般在打包机上进行；而对于集合包装，用普通捆扎方法费工费力，一般采用收缩薄膜包装技术和拉伸薄膜包装技术。

收缩薄膜包装技术是用收缩薄膜裹包集装的物件，然后对裹包的物件进行适当的加热处理，使薄膜收缩而紧贴于物件上，使集装的物件固定为一体。收缩薄膜是一种经过特殊拉伸和冷处理的聚乙烯薄膜，当薄膜重新受热时，其横向和纵向产生急剧收缩，薄膜厚度增加，收缩率可达30% -70%。

拉伸薄膜包装技术是依靠机械装置，在常温下将弹性薄膜围绕包装件拉伸、裹紧，最后在其末端进行封合而成，薄膜的弹性也使集装的物件紧紧固定在一起。拉伸薄膜不需加热，所消耗的能量只有收缩薄膜包装技术的1/20。

9.3.2 针对产品的不同特性而采用的包装保护技术

1. 防震保护技术

防震包装又称缓冲包装，在各种包装方法中占有重要的地位。产品从生产出来到开始使用要经过一系列的运输、保管、堆码和装卸过程，置于一定的环境之中。在任何环境中都会有力作用在产品之上，并使产品发生机械性损坏。为了防止产品遭受损坏，就要设法减小外力的影响，所谓防震包装就是指为减缓内装物受到冲击和振动，保护其免受损坏所采取的一定防护措施的包装。防震包装主要有以下三种方法：

(1)全面防震包装方法。全面防震包装方法是指内装物和外包装之间全部用防震材料填满进行防震的包装方法。

(2)部分防震包装方法。对于整体性好的产品和有内装容器的产品，仅在产品或内包装的拐角或局部地方使用防震材料进行衬垫即可。所用包装材料主要有泡沫塑料防震垫、充气型塑料薄膜防震垫和橡胶弹簧等。

(3)悬浮式防震包装方法。对于某些贵重易损的的物品，为了有效地保证在流通过程中不被损坏，外包装容器比较坚固，然后用绳、带、弹簧等将被装物悬吊在包装容器内，在物流中，无论是什么操作环节，内装物都被稳定悬吊而不与包装容器发生碰撞，从而减少损坏。

2. 防破损保护技术

缓冲包装有较强的防破损能力，因而是防破损包装技术中有效的一类。此外还可以采取以下几种防破损保护技术：

(1)捆扎及裹紧技术。捆扎及裹紧技术的作用，是使杂货、散货形成一个牢固整体，以增加整体性，便于处理及防止散堆来减少破损。

(2)集装技术。利用集装，减少与货体的接触，从而防止破损。

(3)选择高强保护材料。通过外包装材料的高强度来防止内装物受外力作用破损。

3. 防锈包装技术

(1)防锈油防锈蚀包装技术。大气锈蚀是空气中的氧、水蒸气及其他有害气体等作用于金属表面引起电化学作用的结果。如果使金属表面与引起大气锈蚀的各种因素隔绝(即将金属表面保护起来)，就可以达到防止金属大气锈蚀的目的。防锈油包装技术就是根据这一原理将金属涂封防止锈蚀的。

用防锈油封装金属制品，要求油层要有一定厚度，油层的连续性好，涂层完整。不同类型的防锈油要采用不同的方法进行涂复。

(2)气相防锈包装技术。气相防锈包装技术就是用气相缓蚀剂(挥发性缓蚀剂)，在密封包装容器中对金属制品进行防锈处理的技术。气相缓蚀剂是一种能减慢或完全停止金属在侵蚀性介质中的破坏过程的物质，它在常温下即具有挥发性，它在密封包装容器中，在很短的时间内挥发或升华出的缓蚀气体就能充满整个包装容器内的每个角落和缝隙，同时吸附在金属制品的表面上，从而起到抑制大气对金属锈蚀的作用。

4. 防霉腐包装技术

在运输包装内装运食品和其他有机碳水化合物货物时，货物表面可能生长霉菌，在流通过程中如遇潮湿，霉菌生长繁殖极快，甚至伸延至货物内部，使其腐烂、发霉、变质，因此要采取特别防护措施。

包装防霉烂变质的措施，通常是采用冷冻包装、真空包装或高温灭菌方法。冷冻包装的原理是减慢细菌活动和化学变化的过程，以延长储存期，但不能完全消除食品的变质；高温杀菌法可消灭引起食品腐烂的微生物，可在包装过程中用高温处理防霉。有些经干燥处理的食品包装，应防止水汽浸入以防霉腐，可选择防水汽和气密性好的包装材料，采取真空和充气包装。

真空包装法也称减压包装法或排气包装法。这种包装可阻挡外界的水汽进入包装容器内，也可防止在密闭着的防潮包装内部存有潮湿空气，在气温下降时结露。采用真空包装法，要注意避免过高的真空度。以防损伤包装材料。

防止运输包装内货物发霉，还可使用防霉剂，防霉剂的种类甚多，用于食品的必须选用无毒防霉剂。

机电产品的大型封闭箱，可酌情开设通风孔或通风窗等相应的防霉措施。

5. 防虫包装技术

防虫包装技术，常用的是驱虫剂，即在包装中放入有一定毒性和嗅味的药物，利用药物在包装中挥发气体杀灭和驱除各种害虫。常用驱虫剂有萘、对位二氯化苯、樟脑精等。也可采用真空包装、充气包装、脱氧包装等技术，使害虫无生存环境，从而防止虫害。

6. 危险品包装技术

危险品有上千种，按其危险性质，交通运输及公安消防部门规定分为十大类，即爆炸性物品、氧化剂、压缩气体和液化气体、自燃物品、遇水燃烧物品、易燃液体、易燃固体、毒害品、腐蚀性物品、放射性物品等，有些物品同时具有两种以上危险性能。

对有毒商品的包装要明显地标明有毒的标志。防毒的主要措施是包装严密不漏、不透气。例如重铬酸钾（红矾钾）和重铬酸钠（红矾钠），为红色带透明结晶，有毒，应用坚固附桶包装，桶口要严密不漏，制桶的铁板厚度不能小于 1. 2 毫米。对有机农药一类的商品，应装入沥青麻袋，缝口严密不漏。如用塑料袋或沥青纸袋包装的，外面应再用麻袋或布袋包装。用作杀鼠剂的磷化锌有剧毒，应用塑料袋严封后再装入木箱中，箱内用两层牛皮纸、防潮纸或塑料薄膜衬垫，使其与外界隔绝。

对有腐蚀性的商品，要注意商品和包装容器的材质发生化学变化。金属类的包装容器，要在容器壁涂上涂料，防止腐蚀性商品对容器的腐蚀。例如包装合成脂肪酸的铁桶内壁要涂有耐酸保护层，防止铁桶被商品腐蚀，从而商品也随之变质。再如氢氟酸是无机酸性腐蚀物品，有剧毒，能腐蚀玻璃，不能用玻璃瓶作包装容器，应装入金属桶或塑料桶，然而再装入木箱。甲酸易挥发，其气体有腐蚀性，应装人良好的耐酸坛、玻璃瓶或塑料桶中，严密封口，再装入坚固的木箱或金属桶中。

对黄磷等易自燃商品的包装，宜将其装入壁厚不少于 1 毫米的铁桶中，捅内壁须涂耐酸保护层，桶内盛水，并使水面浸没商品，桶口严密封闭，每桶净重不超过 50 公斤。再如通水弓[起燃烧的物品如碳化钙，遇水即分解并产生易燃乙炔气，对其应用坚固的铁桶包装，桶内充入氮气。如果桶内不充氮气，则应装置放气活塞。

对于易燃、易爆商品，例如有强烈氧化性的，遇有微量不纯物或受热即急剧分解引起爆炸的产品。防爆炸包装的有效方法是采用塑料桶包装，然后将塑料桶装入铁桶或木箱中，每件净重不超过 50 公斤，并应有自动放气的安全阀，当桶内达到一定气体压力时，能自动放气。

7. 特种包装技术

(1)充气包装。充气包装是采用二氧化碳气体或氮气等不活泼气体置换包装容器中空气的一种包装技术方法，因此也称为气体置换包装。这种包装方法是根据好氧性微生物需氧代谢的特性，在密封的包装容器中改变气体的组成成分，降低氧气的浓度，抑制微生物的生理活动、酶的活性和鲜活商品的呼吸强度，达到防霉、防腐和保鲜的目的。

(2)真空包装。真空包装是将物品装入气密性容器后，在容器封口之前抽真空，使密封后的容器内基本没有空气的一种包装方法。

一般的肉类商品、谷物加工商品以及某些容易氧化变质的商品都可以采用真空包装，真空包装不但可以避免或减少脂肪氧化，而且抑制了某些霉菌和细菌的生长。同时在对其进行加热杀菌时，由于容器内部气体已排除，因此加速了热量的传导。提高了高温杀菌效率，也避免了加热杀菌时，由于气体的膨胀而使包装容器破裂。

(3)收缩包装。收缩包装就是用收缩薄膜裹包物品(或内包装件)，然后对薄膜进行适当加热处理，使薄膜收缩而紧贴于物品(或内包装件)的包装技术方法。

收缩薄膜是一种经过特殊拉伸和冷却处理的聚乙烯薄膜，由于薄膜在定向拉伸时产生残余收缩应力，这种应力受到一定热量后便会消除，从而使其横向和纵向均发生急剧收缩，同时使薄膜的厚度增加，收缩率通常为30～70%，收缩力在冷却阶段达到最大值，并能长期保持。

(4)拉伸包装。拉伸包装是20世纪70年代开始采用的一种新包装技术，它是由收缩包装发展而来的，拉伸包装是依靠机械装置在常温下将弹性薄膜围绕被包装件拉伸、紧裹，并在其末端进行封合的一种包装方法。由于拉伸包装不需进行加热，所以消耗的能源只有收缩包装的二十分之一。拉伸包装可以捆包单件物品，也可用于托盘包装之类的集合包装。

(5)脱氧包装。脱氧包装是继真空包装和充气包装之后出现的一种新型除氧包装方法。脱氧包装是在密封的包装容器中，使用能与氧气起化学作用的脱氧剂与之反应，从而除去包装容器中的氧气，以达到保护内装物的目的。脱氧包装方法适用于某些对氧气特别敏感的物品，使用于那些即使有微量氧气也会促使品质变坏的食品包装中。

9.3.3 包装机械

1. 包装机械的重要意义

近半个多世纪以来，随着生产与流通日益社会化、现代化，产品包装正以崭新的面貌崛起，受到人们普遍重视。一些科学技术发达的国家，在食品、医药、轻工、化工、纺织、电子、仪表和兵器等工业部门，已经程度不同地形成了由原料处理、中间加工和产品包装三大基本环节所组成的包装连续化和自动化的生产过程，有的还将包装材料加工、包装容器成型及包装成品储存系统都联系起来组成高效率的流水作业线。

实现包装的机械化和自动化，尤其是实现具有高度灵活性(或称柔性)的自动包装线，不仅体现了现代生产的发展方向，同时也可以获得巨大的经济效益。

(1)能增加花色品种，改善产品质量，加强市场竞争能力

现代包装机械所能完成的工作已远远超出了简单地模仿人的动作，甚至可以说在很多场合用巧妙的机械方法包装出来的成品，不论在式样、质地或精度等方面，大都是手工操作无法胜任和媲美的。随着商品的多样化，这一点越来越引起了人们的重视。另外，用机械手代替

人手,就足以最大限度地避免操作人员同产品直接接触时可能产生的感染,从而保证食品药物的清洁卫生和金属制品的防锈防蚀。

(2)能改善劳动条件,避免污染危害环境

对有剧毒、刺激性的,低温、潮湿性、爆炸、发射性的,以及必须放置在暗室的物品,实现了包装的机械化和自动化,便可大大改善操作条件,避免污染危害环境。至于对需要进行长期、频繁、重复的以及其他苯重的包装工作,如能实现机械化和自动化,则能大大减轻体力劳动强度,增进工人健康和提高生产效率。

(3)能节约原材料,减少浪费,降低成本

有些粉末、液体物料在手工包装过程中容易发生逸散、起泡、飞溅现象,若改善机械包装则会大大减轻损伤。

(4)能提高生产效率,加速产品的不断更新

机械包装的生产能力往往比手工包装提高几倍、十几倍甚至几十倍,无疑这将会更好地适应市场的实际需要,合理安排劳动力,为社会多创造财富。

2. 包装机械的作用

(1)大幅度地提高生产效率

机械包装要比手工包装速度快得多。例如，啤酒灌装机的生产率可高达36000瓶/小时，这是手工灌装无法比拟的;糖果包装机每分钟可包糖数百块甚至上千块，是手工包糖速度的数十倍。

(2)改善劳动条件，降低劳动强度

手工包装的劳动强度大，采用包装机械后，可以改善工人的劳动条件和环境，避免有毒产品、有刺激性、放射性产品危害工人身体健康，而且把包装工人从繁重的劳动中解放出来。

(3)节约原材料，降低产品成本

采用机械包装能防止产品的散失，保护环境，节约原材料。

(4)保证产品卫生，提高产品质量

采用机械包装，可以避免人手直接接触食品和药品，而且由于包装速度快，使得食品和药品在空中停留时间缩短，减少了污染机会，有利于产品保洁，保证了产品卫生质量。

(5)降低包装成本，节约储运费用。

对于松散产品，采用压缩包装机压缩包装，可以大大缩小体积，降低包装成本，节省仓容，减少保管费，有利于运输。

(6)延长保质期，方便产品流通

采用真空、无菌等包装机进行产品包装，可以延长食品和饮料的保质期，使产品的流通范围更加广泛。

(7)减少包装场地面积，节约基建投资

采用机械包装，产品和包装材料的供给比较集中，各包装工序安排紧凑，减少包装占地面积，节约基建投资。

3. 包装机械的分类

包装机械的种类繁多，分类方法很多，从不同的侧面考虑可有不同的分类方法。

(1)按包装机械的自动化程度分类

①全自动包装机。即自动供送包装材料和内装物，并自动完成其他包装工序的机器。

②半自动包装机。即又人工供送包装材料和内装物，但能自动完成其他包装工序的机器。

(2)按包装产品的类型分类

①专用包装机。即专门用于包装某一种产品的机器。

②多用包装机。即通过调整或更换有关工作部件，可以包装两种或两种以上产品的机器。

③通用包装机。即在指定范围内适应于包装两种或两种以上不同类型产品的机器。

(3)按包装机械功能分类

①充填机械。即把精确数量的包装品装入到各种容器内的机器。按计量方式不同可分为容积式充填机、称重式充填机、计数式充填机；按充填物的物理状态可分为粉料充填机、颗粒物料充填机、块状物料充填机，膏状物料充填机；按充填功能可分为制袋充填机、成型充填机、仅具有充填功能的充填机。

②灌装机械。将液体产品按预定的量充填到包装容器内的机器。按灌装方式不同可分为常压灌装机、负压力灌装机、压力法灌装机；按包装容器的传送形式可分为直线式灌装机、旋转式灌装机。

③裹包机械。用挠性材料全部或局部裹包产品的机器。按裹包方式可分为全裹式裹包机、半裹式裹包机、缠绕式裹包机、拉伸式裹包机、贴体包装机、收缩包装机。

④封口机械。将容器的开口部分封闭起来的机器。按其封口方式可分为无封口材料的封口机、有辅助封口材料的封口机。

⑤贴标机械。在产品或包装件上加贴标签的机器。按自动化、程度可分为半自动贴标机和全自动贴标机；按容器的运行方向可分为立式贴标机和卧式贴标机；按标签的种类可分为片式标签贴标机、卷筒状标签贴标机、热粘性标签贴标机和感压性标签贴标机及收缩筒形标签贴标机；按容器的运动形式可分为直通式贴标机和转盘式贴标机；按贴标机结构可分为龙门式贴标机、真空转鼓式贴标机、多标盒转鼓贴标机、拨杆贴标机、旋转形贴标机；按贴标工艺特征可分为压式贴标机、滚压式贴标式、搓滚式贴标机、刷抚式贴标机。

⑥清洗机械。清洗包装材料、包装件等，使其达到预期清洗程度的机器。按清洗方式不同可分为机械式、电解式、化学式、干式、湿式、超声波式、静电式；按使用的清洗剂不同可分为干式清洗机、湿式清洗机、机械式清洗机、电解式清洗机、电离式清洗机。

⑦干燥机械。减少包装材料、包装件的水分，使其达到预期干燥程度的机器。按干燥方式可分为机械式干燥机、加热式干燥机、化学式干燥机。

⑧杀菌机械。清除或杀死包装材料、产品或包装件上的微生物，使其降到允许范围的机器。按杀菌方式可分为热杀菌法、冷杀菌法；按操作性质不同可分为间歇式杀菌机、连续式杀菌机；按操作原理特征不同可分为静止式、回转式、摇动式、水封式、静水压式、热流层式、喷淋式；按结构特征不同可分为隧道式、滚筒刮面式、螺旋泵式、板式和管式。

⑨捆扎机械。通过捆扎或结扎封闭包装容器的机器。按自动化程度不同可分全自动捆扎机、半自动捆扎机、手提式捆扎机；按捆扎带材料不同可分为捆扎机、刚带捆扎机、塑料带捆扎机。

⑩集装机械。将若干个产品或包装件集合包装而形成的一个销售或搬运单元的机器。

此外，还具有两种或两种以上功能的包装机。主要种类有充填封口机、成型充填封口机、定型充填封口机、真空包装机、真空充气包装机。

吸塑包装封口机

半自动打包机

热收缩包装机

贴体包装机

塑料软管封口机

封口包装机

液体定量灌装机

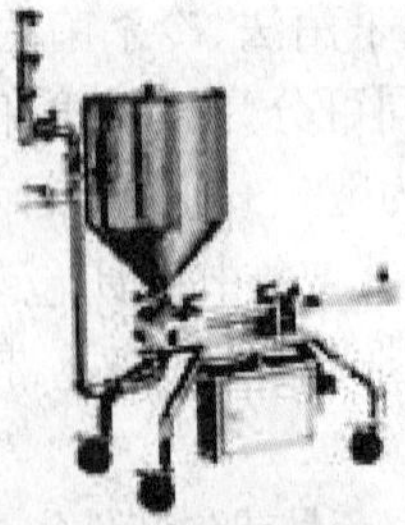

颗粒浆状灌装机

9.3.4 包装合理化

1. 影响包装的因素

在设计包装的对候，必须详细了解被包装物本身的一些性质以及物品流通运输过程中的一些详细的情况，并针对这些情况，做出有针对性的设计。一般来说，影响物品包装的主要因素如下：

（1）被包装物品本身的体积、重量以及它在物理和化学方面的特性

物品的形态可能各异，物品本身的性质也各不相同。所以，在设计物品包装的时候，必须根据物品本身的特点和国际通用的标准，设计出适合物品自身特有的包装。

（2）物品包装的保护性

被包装的物品是否害怕力的冲击、震动，是否害怕虫害或者动物的危害，是否对于气象环境、物理环境以及生物环境有特殊的要求。针对这些特点，在设计物品包装的时候，要做到有的放矢。

（3）消费者的易用性

物品包装设计的主要目的是为了使消费者能够更好的使用物品。因此，只有设计易于使用，才能从更深层次上吸引消费者，占领更广阔的市场。

（4）物品包装的经济性

物品包装虽然从安全性方面来说是做得越完美越好，但是，从整体的角度来说，也不得不考虑其经济性，争取能够做到够用就好，以降低产品的成本。一般来说．物品的工业包装在设计的时候，应该更加注重它保护的性质，不必太在意外在的美观。物品的商业包装的设计，则必须注意外观的魅力，以吸引顾客。所以，应该找到一个好的平衡点，使包装既能够达到要求，又能够节省成本。

2. 包装合理化的要点

包装合理化一方面包括包装总体的合理化，这种合理化往往用整体物流效益与微观包装效益统一来衡量；另一方面也包括包装材料、包装技术、包装方式的合理组合及运用。

从多个角度来考虑，包装合理化应满足多方面的要求。因此，在进行包装合理化的过程中应注意以下几个方面的问题。

（1）包装应妥善保护内装商品，使其质量不受损伤。

这就要制定相应的适宜标准，使包装物的强度恰到好处地保护商品质量免受损伤。除了要在运输装卸时经得住冲击、震动之外。还要具有防潮、防水、防霉、防锈等功能。

（2）包装材料和包装容器应当安全无害。

包装材料要避免有聚氯联苯之类的有害物质。包装容器的造型要避免对人引起伤害。

（3）包装容量要适当，便于装卸。

不同的装卸方式决定着包装的容量。在采用人工操作的装卸方式的情况下，包装的重量必须限制在手工装卸的允许能力下，包装的外形与尺寸也应适合于人工操作。

（4）对包装容器的内装物要有明确的标志或说明。

商品包装物上关于商品质量、规格的标志或说明，要能贴切地表示内装物的性状，进可能采用条形玛、以便于出入库管理、保管期间盘点及销售统计。

（5）包装内商品外围空闲容积不应过大。

(6)包装费用要与内装商品相适应。
(7)包装要便于回收利用或废弃物的治理。

3. 包装合理化的发展趋势

(1)包装尺寸标准化
(2)包装作业机械化
(3)包装轻薄化
(4)包装单位大型化
(5)包装成本低廉化
(6)包装材料资源节省化
(7)包装特色化

思考题:

1. 名词解释:包装 商业包装 工业包装 包装标记 包装标志 指示标志 危险品标志
2. 请结合实例说明包装的功能。
3. 包装的分类都有哪些?它们是如何分类的?
4. 谈谈包装材料应具备哪些性能?
5. 什么是包装标准化?包装标准化的内容是什么?
6. 包装标志主要有哪些内容?
7. 包装技术的主要内容是什么?
8. 包装机械的作用有哪些?
9. 包装机械是如何分类的?
10. 什么是包装合理化?包装合理化的发展趋势是什么?

参考阅读材料:

1. 赵萌:《物流实物》,浙江大学出版社, 2004
2. 刘华:《现代物流管理与实务》,北京:清华大学出版社, 2004
3. 秦文龙:《仓储与配送管理》,北京:北京机械工业出版社, 2005

案例讨论:

廊坊包装:争做中国液体灌装机的领头羊

廊坊包装设备制造总公司从20世纪80年代初开始生产液体饮料灌装设备,经过20多年的发展,成为国内液体饮料成套灌装设备的优秀供货商,拥有30多项专有技术,产品在国内被饮料生产厂家广泛使用,并出口到美国、日本、俄罗斯、东南亚、中东、非洲等国家和地区。廊坊包装设备制造总公司的发展历程是比较有代表性的,可以说是中国饮料工业和饮料灌装设备行业发展的一个缩影。

廊坊包装设备制造总公司20多年里经过了三个大的发展阶段,而且每个阶段都呈现出了不同的特点。

第一阶段:80年代起步阶段

20世纪80年代初,廊坊包装设备制造总公司抓住国民经济调整的政策契机,战略调整进入食品包装机械行业，1982年率先引进德国含气饮料灌装设备，进行消化、吸收，极大地提高了中小型含气饮料灌装设备的技术水平，被国家机械工业部定为替代进口产品。这一时期的特点是以单机生产和销售为主，80年代后期，以我公司为龙头组建了饮料设备服务集团，较好地弥补了配套的不足，解决了当时客户的技术难题。产品畅销国内30多个省市自治区。

第二阶段:90年代向多品种、成套化、高技术发展

80年代末90年代初，饮料消费市场日渐成熟，饮料品种由单一的碳酸饮料向瓶装水、茶饮料、果汁饮料等多样化发展，包装形式从单一的玻璃瓶向*PET*瓶、易拉罐、利乐包等多样化发展，适应这一市场变化，该公司开发了大中小型不含气饮料灌装生产线、高温灌装生产线，产品适应了不同灌装方式和包装形式的需要;这一时期，自主生产匹配良好的成套生产线成为发展重点，承接大型工程成为完善服务，提高市场占有率的突破口。通过与韩国、法国进行技术、生产合作不断提升产品的技术水平，品种更丰富，产品结构更加优化合理，生产能力更强，国内外市场占有率不断提高。

第三阶段:进入21世纪以来的自主创新阶段

21世纪，更多的品种、更有差异的包装形式成为饮料行业发展的趋势，给饮料灌装设备的发展提供了有力契机，同时也带来挑战。廊坊包装设备制造总公司从80年代的引进仿制到90年代的自主研发，为新世纪的技术创新打下了坚实的基础，进入21世纪以来，廊坊包装设备制造总公司在深入了解用户需求、全面调研市场走向的基础上，前瞻性地把握客户的需求，产品品种更丰富，产品的智能性、机电一体化程度、整线生产能力越来越高，可适应不同包装形式、不同工艺的要求。企业专有技术越来越多，特别是称重灌装是企业特有的专有技术，提高了无菌灌装的安全保证程度，逐步缩短了与欧美技术的差距，市场逐步扩大到世界各地。

无菌冷灌装技术是近几年兴起的一种灌装工艺，与传统的热灌装工艺相比因具有物料包装物成本低、最大限度地保持了饮料的营养与自然风味且保存期较长等特点，因此世界几大饮料及酿造设备生产商都在致力于无菌冷灌装设备的研发，虽然发展时间不长，但各自已具有了比较成熟的无菌冷灌装工艺。目前国内一些大型饮料生产企业从国外进口了无菌灌装生产线，成为他们极力宣传的卖点。

当然，与热灌装生产线相比，无菌冷灌装的设备在当前的形势下还是存在着一些需要解决的问题：

首先，传统热灌装工艺成熟，产品风险性小，操作比较简单，对员工的技术要求不是很高;而无菌灌装技术工艺复杂，如果技术不成 熟产品也具有极大的风险性，对设备的管道和阀门技术、材料、加工精度都有严格要求，对于操作人员的卫生水平有极高的要求，运行成本高，同时无菌冷灌装技术含量很高，要求有高水平的技术人员和高素质的管理人员进行规范化管理，才能保证所生产饮料的安全性。

其次，从设备成本来看，一条同样产能的无菌灌装生产线的投资大约是热灌装生产线的3倍左右，而欧美无菌灌装设备销售价格更昂贵，并且还有比热灌装更高的安装和使用成本。

最后，传统的热灌装技术成熟传统的热灌装技术成熟，而无菌灌装技术还处在不断的改进之中，质量上存在潜在的风险。并且从目前市场的反响来看，无菌冷灌装饮料的优势并没有得到国内消费者的明显认可。市场还要不断培育才能成熟。

无菌灌装适应了人们崇尚健康、自然的消费理念，所以被看作未来饮料包装的趋势。国内一些比较有实力的饮料设备生产企业紧跟国际技术发展的新趋势也都在积极开发无菌灌装设备，一些厂家已经开始投入设计、制造，但与欧美技术还有一定的差距，技术的成熟还有待时日。

不仅在中国，世界各国很多饮料生产企业对于是否采用无菌灌装工艺态度非常谨慎，许多采用了该工艺的厂家也在重新审视其投资回报率，无菌灌装工艺的广泛使用还有赖于技术的不断改进、成本的持续下降，并且饮料品种的多样性也决定了灌装方式的多样性，所以传统热灌装生产线和无菌灌装生产线在市场上很长一段时间内还是要共存的，饮料生产企业也不必盲目跟风。随着设备制造商对无菌灌装技术的持续改进，质量隐患逐渐消除，成本不断下降，才会有更多有能力的企业购买无菌灌装设备。

讨论：

1. 该案例对你有何启示？对于现代物流而言包装机械化的作用体现在何处？
2. 包装作业机械化
3. 包装轻薄化
4. 包装单位大型化
5. 包装成本低廉化
6. 包装材料资源节省化
7. 包装特色化

第10章 仓储管理人员管理

十

＊本章主要内容

- 仓储管理人员的分类、职责及管理内容
- 仓储管理人员的培训

Moore 公司如何经营

总部设在多伦多的加拿大公司——*Moore* 商务表格和系统公司(*Moore Business Forms and Systems*)生产定制的商务表格和文书。在1994年其销售额高达23亿美元。

为了占领美国市场,*Moore* 公司在美国设立了18个配送中心。尽管75%的产品是直接从工厂运至购买方的,但还是有25%的产品需要入库以待装运。

在保持较高的客户服务水平的同时,为了使仓储效率最大化,*Moore* 设计了6个关键指标。这6个指标是:

1. 安全性——无安全事故,报告事故的 *OSHA* 员工日志供评估使用。
2. 装运错误——在公司的拣选及包装过程中无装运错误,财务报表信息表示订单是否被完全履行。
3. 按时装运——由于客户实施 *JIT*,所以要在客户需要时准确递送产品;有关装运的仓储记录是用来进行评估的。
4. 客户问题——定期收到客户对每次货运的反馈意见,并汇总统计。
5. 每条货运线成本——以一段时间内的运送的产品数为基础,公司提出了货运线成本和达到预先设立的目标的方法;由财务报表和公司的计算机库存系统来衡量该项成本。
6. 总仓储支出——总成本衡量库存效率,用以判定工作人员是否将仓储成本保持在公司要求的水平上。

在每一季度末,*Moore* 公司评估每一个仓库的绩效是否达到标准,并给雇员、经理和主管发放奖金。在1994年,1/3以上的仓库符合所有6项指标。该年年末,*Moore* 公司99.6%的客户对 *Moore* 的服务水平的评级是好或很好。

10.1 仓储管理人员

10.1.1 仓储业务人员与管理人员

仓储业务人员是指从事仓储具体作业的各种人员，相当于管理学上的执行层的人员。比如仓库保管员、理货员、货检员、仓管文员等都属于仓储业务人员。这类人员大都是担当仓储作业中的进货、品质检验、商品养护、货物搬运、出库等具体操作事项，工作相对比较简单、重复性强、变动性不大。

仓储管理人员是指从事仓储各种作业的计划、执行、控制、组织、协调等职能的管理人员。在如今许多的企业岗位一般分为：仓储主管、库房工程师、仓储经理等。此类人员所从事的工作一般有仓储货物的储存计划，仓储作业流程的设计、仓库设备设施的选择、仓储系统的布局、仓库的选址与供应商的选择等，这类工作涉及环节比较多、动态性强，需要管理人员多方面的知识技能，并具备系统分析解决问题的思维能力（如图 10－1 所示）。

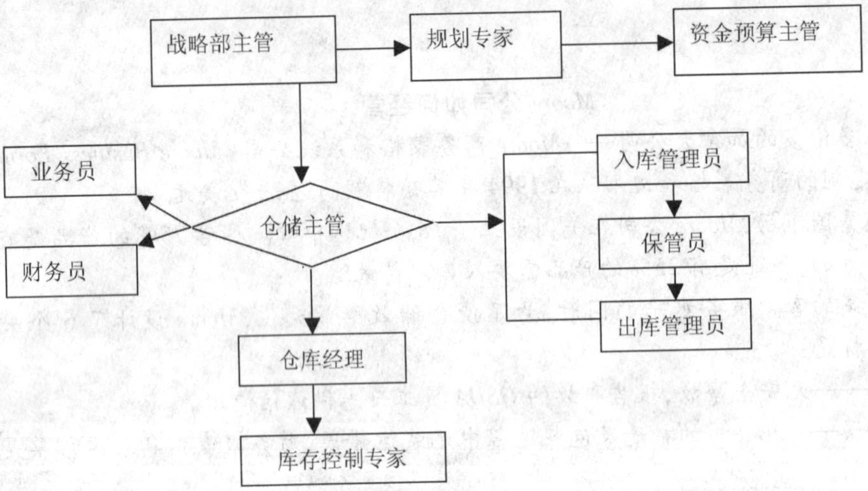

图 10－1　物流仓储业务人员工作关系图

10.1.2 仓储管理人员的分类

1. 按照仓储管理人员岗位不同分类

根据仓储管理人员岗位不同可以将仓储管理人员分为：仓储主管、仓储主管助理、仓储管理人员、仓储文员、搬运组长等。具体职责如下：

◆仓储主管：仓库的主要负责人，担负着仓库的全局工作。

◆仓储主管助理：负责仓储业务的计划落实，协助仓储主管进行方案的制定与完善的人员。

◆仓储管理人员：主要进行货仓日常管理事务的人员。

◆仓储文员：负责仓储作业记录与统计、单证流转管理的人员。

◆搬运组长：负责货物的搬运方案选择与实施的人员。

2. 按照仓储管理人员的部门不同分类

根据仓储管理人员的部门不同可以分为:营销管理人员、业务管理人员、财务管理人员、仓管人员和搬运人员。

◆营销管理人员:负责货仓的业务推广和客户管理。

◆业务管理人员:负责货仓的业务咨询、接洽和业务办理的人员。

◆财务管理人员:负责货仓的财务管理、业务结算、货仓经济活动分析,为企业管理者的业务决策提供财务信息支持等。

◆仓管员:负责货仓储存物资的接收、验收、入库、分拣、储存、保管和商品养护、货物的出库等仓储作业的人员。

◆搬运管理人员:负责仓储货物的移动搬运,其工作有搬运场所的布置、搬运路线的选择、搬运设备的配备以及搬运人员的组织等。搬运管理人员的工作效率直接影响其他管理水平好坏,因为货仓搬运是其他业务的保障,没有搬运部的货物搬运作业,货物在货仓内就不会实现移动,货物的接收、入库、储存、出库作业也就无从谈起。

10.1.3 仓储管理人员的职责

1. 仓储主管的职责范围

●职责范围

(1)根据自身的采购、生产与销售状况制定仓库物资最低库存量,做到库存合理,不积压资金。

(2)对仓库物资的保管和收发负有重要责任,加强控制、审查各部门物资审批手续和数量、严格把关、合理使用物料,降低消耗。

(3)督促、监督仓管人员严格把好物资进货的商品验收手续。

(4)切实贯彻物资管理制度,督促、部署、加强对库存的管理,检查、落实防火、防盗、防虫蛀、防鼠咬等安全和卫生措施。根据商品的特性制定相应的养护措施,保证库存物资完好无损,物资的存放井然有序。在对商品分类管理的基础上进行有效的储位管理,使物资进出有序。

(5)经常了解各种物资的使用情况,及时提出意见,供公司领导和职能部门参考使用。

(6)定期抽查、检查物品与登记是否相符,账卡是否相符,账账是否相符;制定盘点的方法与频率,根据盘点与抽查结果对储存中出现的问题给予一定的解决方案,并协调采购、生产等部门对一些库存问题共同加以解决。

(7)妥善管理好公司的财产物资,属于家具、用具或固定资产的物品要专账登记,做好物资的收、发、存、报损等手续,定期进行盘查。

(8)按制度要求及时填报、发、存月报表。

(9)加强仓库的财务填报、定期地进行财务分析,根据利润、成本、资金的合理使用进行业务调整,制定仓储经营方案,不断提高仓储企业的经济效益。

(10)对下属的业务素质和能力进行经常性的培训和指导,不断地提高下属的工作能力和业务水平。

●操作流程（如图 10－2 所示）

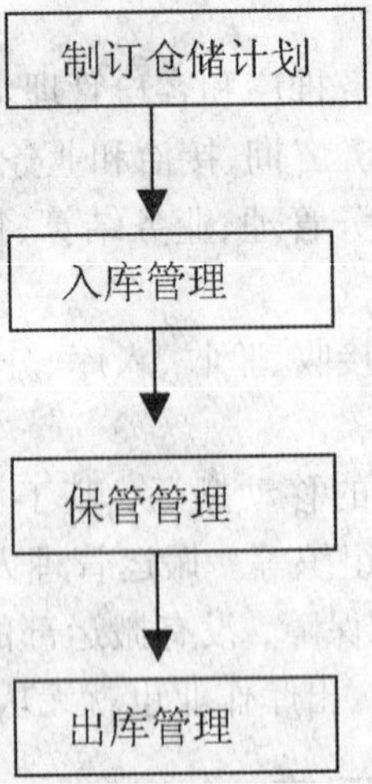

图 10－2　仓储主管岗位操作流程图

◀流程一　制订仓储计划。仓库主管应先了解仓库库场情况，包括在货物入库期间、保管期间仓库的库容、设备、人员的变动情况，必要时对仓库进行清查，清理归位，以便腾出仓容。然后收集以上信息加以数据处理，制订出合理的仓储计划，从而合理利用仓储资源。

◀流程二　建立货物入库台账，每日严格进行货物入库记录及统计，随时了解仓库、人员的实际情况，同时，监督指挥入库管理员工作，帮助其顺利完成货物入库前准备→ 验收→ 堆垛→ 办理手续的工作流程。并合理调派搬运工、理货员，达到组织协调工作，提高其工作效率。

◀流程三　监督、指挥保管员做好货物的养护，严格控制库内温湿度，注意货物的防潮、防霉、防腐蚀、防虫害等安全养护。同时还应注意仓库的清洁卫生。对一些特殊的货物除了正常的安全养护外，还需要特别照顾，比如对货物进行油漆，涂刷保护涂料，除锈、加固、封包、密封等。

◀流程四　建立货物出库台账，每日进行货物出库记录及统计，随时掌握仓库及人员的实际情况。同时，监督指挥入库管理员工作，帮助其顺利完成货物出库前准备→ 理货 → 出库交接→ 装载的工作流程。并合理调派搬运工、理货员，达到组织协调工作，提高其工作效率。

◀流程五　将每次货物入库的单账与财务部核对，以免出错。

2. 入库管理员

●职责范围

（1）主要负责在货物入库过程中选用搬运工具与调派工作人员，并安排工具使用时段与人员的工作时间、地点、班次等；

（2）制定相应的货物入库管理制度及工作流程；

（3）负责货物的合理及安全存放；

（4）建立货物入库台账，每日进行货物入库记录及统计；

（5）严格按照手续办理产品入库；

（6）对退货及换货产品进行另类统计。

●操作流程（如图 10－4 所示）

入库管理员的操作流程主要分为入库准备、确定货位、检验货物、入库交换等几大部分，如图 10－3 所示。

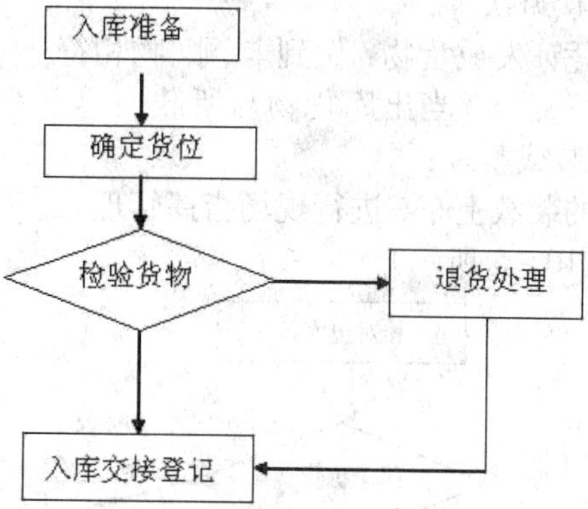

图 10－3　入库管理员岗位操作流程图

3. 保管员的岗位职责

●职责范围

（1）主要负责保管区内物资的保管工作，对保管区内的货物，做到账、卡清楚，账卡物相符；

（2）定期清扫保管区，保证保管区内清洁卫生，无虫害、鼠害；

（3）定期检查保管区内的通风设施、照明设施、防雨防潮设施的情况，保持库区内通风、干燥、温湿度适宜；

（4）定期检查保管的货物品种、数量、质量状况，定期或不定期地对保管货物进行盘点，及时掌握保管物资的动态；

（5）严格执行保管区的安全检查，包括消防器材的配备及其有效性，区内电器线路的使用情况，是否存在老化，破损等安全隐患；

（6）严格执行保管区内的劳动纪律，严禁非保管区人员擅自进入保管区。

●操作流程（如图 10－4 所示）

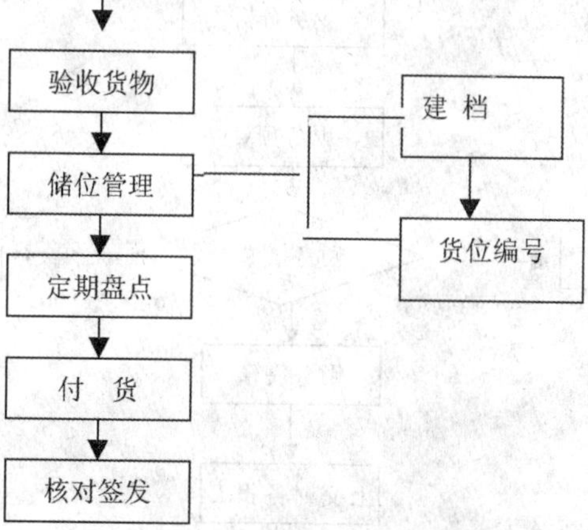

图 10－4　保管员岗位操作流程图

4. 出库管理员的岗位职责

●职责范围

(1)主要负责货物出库过程中选用搬运工具与调派工作人员，并安排工具使用时段，以及人员的工作时间、地点、班次等；

(2)严格按照出库凭证发放货物，做到卡、账、物相符；

(3)严格对货物进行复查，当出库货物与所载内容不符合时应及时处理，视具体情况，对出库货物进行加工包装或整理；

(4)严格监督货物的装载上车，进行现场指挥管理。

●操作流程（如图 10－5 所示）

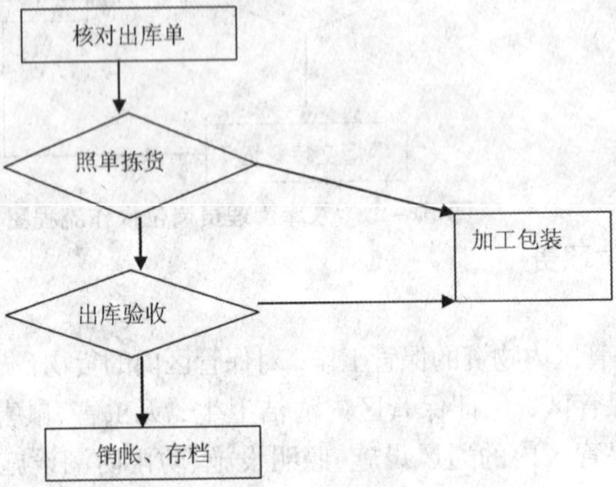

图 10－5　出库管理员岗位操作流程图

5. 仓管会计岗位职责

●职责范围

主要负责仓储企业的财务管理工作，具体说来有以下内容：

(1)负责仓库的财务核算，各种仓储业务的财务结算及工资的发放；

(2)负责员工报销费用的审核、凭证的编制和整账，负责编制财务报表，进行财务决算；

(3)对仓库经营进行财务分析和成本预测，为仓库主管进行决策提供财务依据；

(4)完成日常的财务工作。

●操作流程 如图 10－6 所示

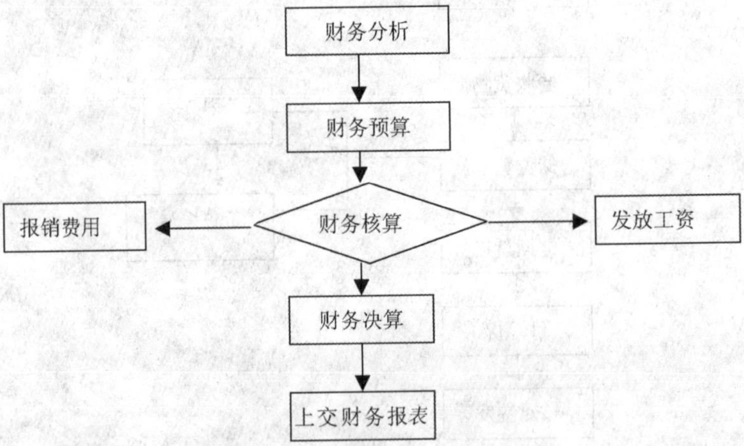

图 10－6　财务岗位操作流程图

6. 搬运员岗位职责

●职责范围

主要负责仓储货物的移动搬运工作：

(1)做好与上一道作业的衔接和配合，保证物资入库和出库的移动和搬运，不发生各种不合理的停顿；

(2)严格按照搬运业务规定进行，搬运货物时做到轻拿轻放，不野蛮搬运和装卸；

(3)根据货物的特性，合理选择和使用搬运作业设备和工具,做好日常维护和保养；

(4)根据特殊商品对搬运作业的要求，做出搬运作业设计，合理安排搬运人员和设备；

(5)加强搬运作业的安全生产管理，不发生各种安全事故。

●操作流程 如图10－7所示

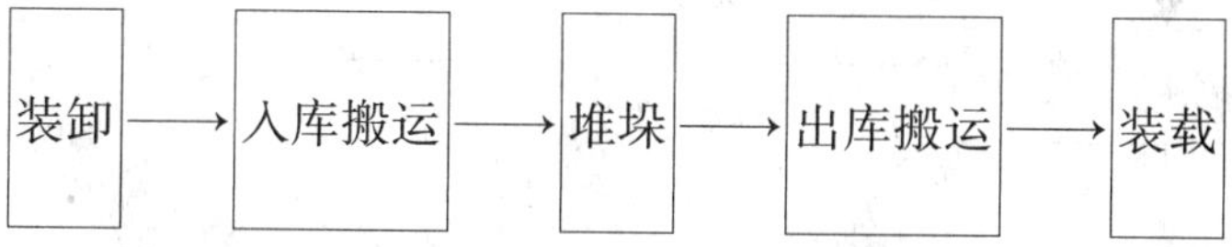

图10－7　搬运员岗位操作流程图

7. 理货员岗位职责

●职责范围

主要负责货物整理、拣选、配货、包装、复核、置换和货物交接、验收、整理、堆垛等。

(1)核对货物品种、数量、规格、等级、型号和重量；

(2)按照凭单拣选货物；

(3)对拣出的货物进行复核；

(4)检验货物的包装、标志，对出库待运的货物进行包装、拼装、改装或加固包装，对经拼装、改装和换装的货物填写装箱单；

(5)在出库货物的外包装上设置收货人的标记；

(6)按货物的运输方式、流向和收货地点将出库货物分类整理、分单集中，填写货物启运单，通知运输部门提货发运；

(7)对货物进行搬运、整理、堆垛；

(8)鉴定货运质量，分析货物残损原因，划分运输事故责任；

(9)办理货物交接手续。

●操作流程 如图10－8所示

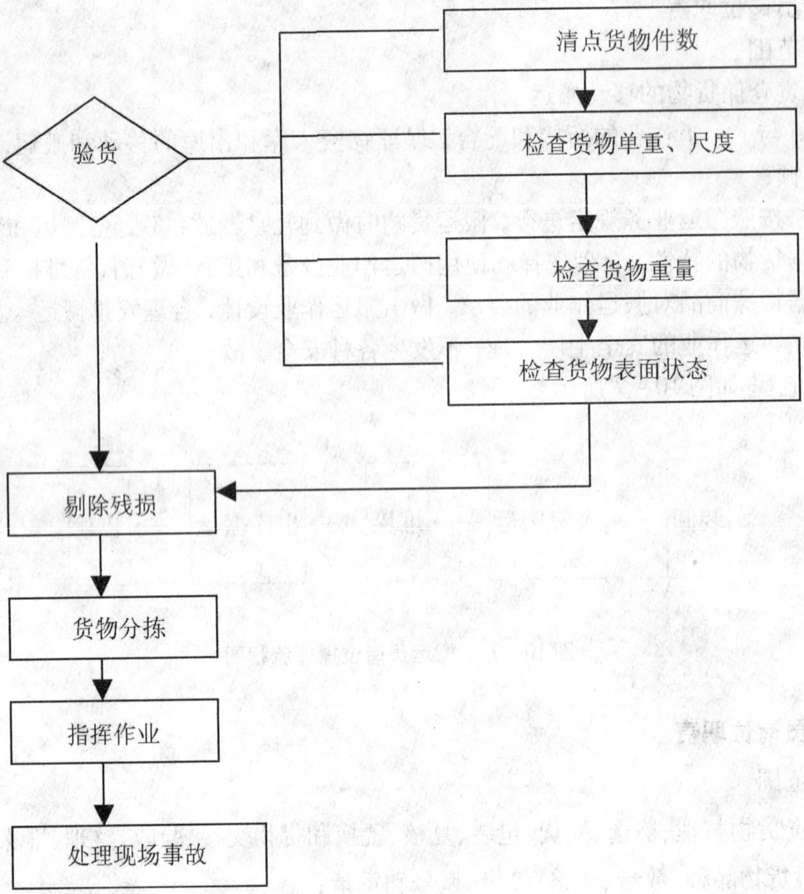

图 10－8　理货员岗位操作流程图

8. **养货员岗位职责**

●职责范围

（1）主要负责库存商品的养护工作；

（2）把好物资入库关，严格物资入库手续，防止不合格品入库；

（3）对入库物资进行合理堆垛、垫，做到堆垛合理，安全牢固；

（4）掌握库存物资的商品性能，适当安排储存场所；

（5）加强仓库的温湿度管理，保持物资储存的合理温湿度；

（6）采取适当的措施，防止库存商品的腐蚀和霉变；

（7）对库存的特殊商品，根据其商品特性要求，采取相应的措施，保证商品在库期间数量完整、质量完好；

（8）经常检查库容，保持仓库的卫生和清洁，防止鼠害和病虫害；

（9）经常检查仓库的设施设备的运转情况，保证库区的储存条件经常处于良好的状态。

●操作流程（如图 10－9 所示）

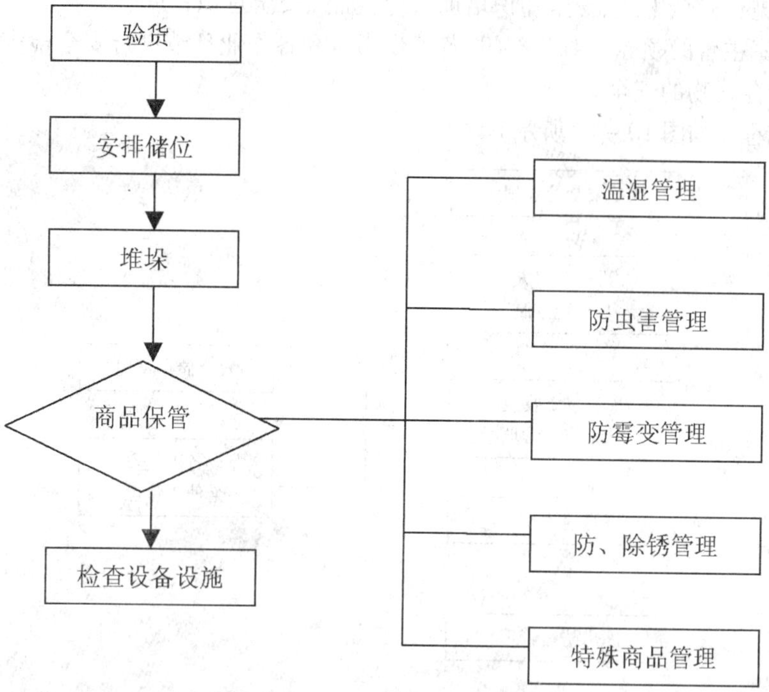

图 10－9　养护员岗位操作流程图

9. 机务员岗位职责

●职责范围

(1)主要负责仓库使用的各类仓储设施和设备、搬运装卸设施和设备、商品养护设施和设备、运送车辆等进行维护和保养，保证其经常处于正常使用状态；

(2)制订合理的设备和车辆的使用和维护保养计划，执行设备的预防保养制度；

(3)定期检查各种在用的仓储设施设备，及时发现设施设备使用的各种事故隐患，保证生产安全；

(4)加强技术改造，节约设备的运营费用，降低仓储成本；

(5)对机械设备操作员进行定期的技术培训。

●操作流程（如图 10－10 所示）

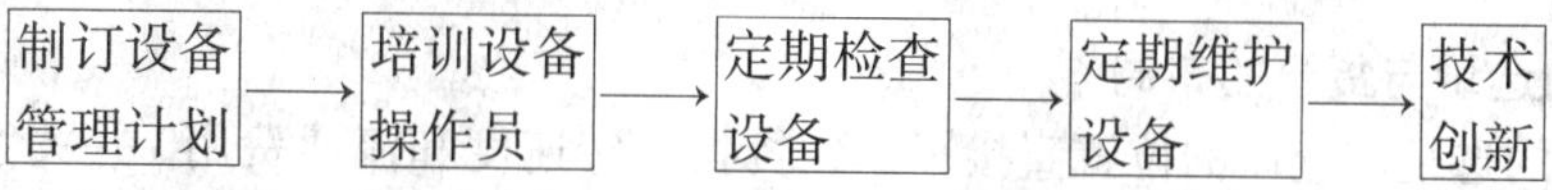

图 10－10　机务员岗位操作流程图

10. 仓库安全管理员岗位职责

●职责范围

主要负责仓库的安全工作：

(1)负责制定仓库安全管理规定，拟订各岗位安全生产管理制度；

(2)负责购置和配备安全生产所需的各种设施和设备，如消防器材、安全指示标牌、警示标牌等；

(3)制订消防安全计划和防范措施；

(4)定期进行安全生产检查、消防检查、安全生产责任制落实情况的检查；

(5)定期进行安全生产、安全知识培训教育，加强安全意识；

(6)在仓库主管的领导下对各部门、各工作岗位和各作业环节进行安全检查和监督，确保仓库生产和储存货物的安全。

●操作流程（如图 10－11 所示）

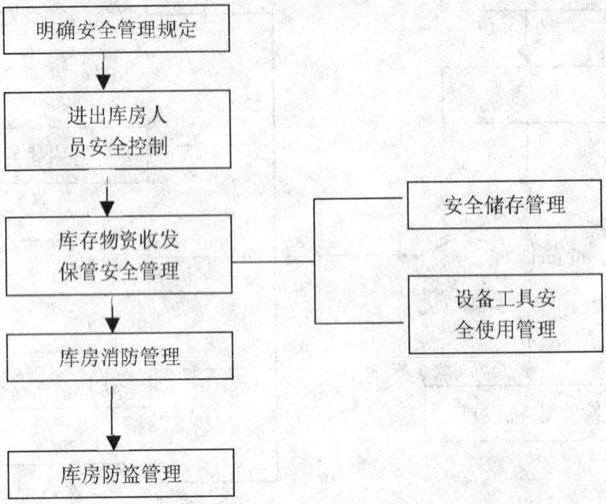

图 10－11　安全管理员岗位操作流程图

10.1.3 仓储管理人员的管理内容

仓储管理人员因岗位的不同而管理内容有所不同，每个企业也因各自业务不同而在仓储管理方面的内容也有所不同，但是仓储管理人员的管理内容大体上可以分为如下几个方面（如图 10－12 所示）。

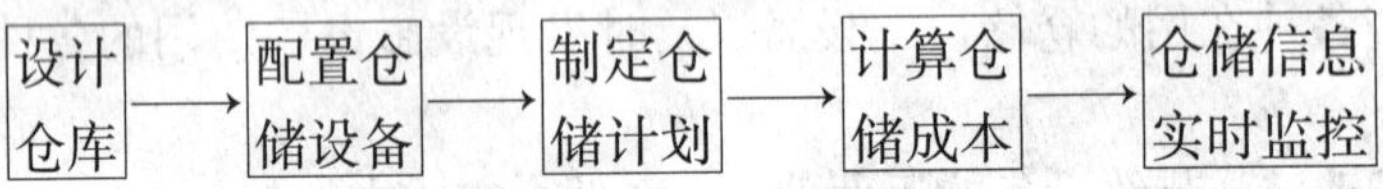

图 10－12　仓储管理人员的管理内容

1. 仓库的选址与货仓的布局

(1)仓库的选址。仓库的位置直接影响到货物流转速度和流通费用，并关系到企业对客户的服务水平和服务质量，最终影响到企业的利润。企业在仓库的实际选址中，应该综合考虑以下因素：

a)客户条件:客户需求情况及未来发生变化的可能情况。

b)自然条件:该地区有无特殊的阻碍仓库建设的自然条件。

c)运输条件:现有的交通设施及对各种运输方式是否许可。

d)用地条件:地价或地租是否高昂及是否有可以利用的旧库房。

e)法律政策条件:是否符合当地法律规定及当地的税收状况。

在对实际情况做出全面分析之后，企业应找出影响仓库位置的主要因素，然后针对这些因素，选择仓库布局的模式。

(2)货仓的布局。货仓的布局是指仓库内部的设施设备的分布与配备情况。货仓布局的好坏直接关系到仓库的作业效率、运营成本以及最终的利润情况。所以，货仓的布局是仓储管理人员管理的一个重要方面。在货仓规划时候要注意如下几个问题：

●仓区要与生产现场靠近，通道顺畅。

●每个仓库要有进货口与出货口，并做出明确标示。

● 根据有利单证流转和物料搬运的原则，在分析各场所相关性的基础上设置各作业场所的布置。

●按存储容器的规格，楼面的载重承受能力和叠放的限制高度，将仓区划分若干仓位，并用油漆或美纹胶在地面表明仓位名、通道和通道走向。

●货区内要留有必要的废次品存放区、物料暂存区、待验区、发货区等。

●货区设计，须将安全因素考虑在内，须明确规定消防器材所在位置，消防通道和消防门的位置，救生措施。

●每仓的进仓门外，要张贴《货仓平面图》，反映该仓所在的地理位置、周边环境、仓区仓位、仓门各类通道、门、窗、电梯等内容。

2. 仓库内物料的收发运作

仓库内物料一般来说有原材料、半成品、产成品这几种形态。收发作业是指仓库的进货与出库作业。

材料的入库作业，涉及到货仓、品质、物料控制、财务管理等许多部门，主要的管理工作内容有:确认供应厂商、确定交运日期与验收完工时间、确定物料名称与物料品质、清点数量、通知验收结果、退回不良物料、入库、记录。

物料的出库方面的作业主要包括出库信息的处理、货物拣选、出货检查、包装、货物交接、发货后的事物处理这几个方面。

物料的收发作业中还包括退货作业，在退货作业方面的管理内容是:退货原因分析、与退货方的交涉、退货商品的品质检验、退货品的储位安排、退货品的处理。与退货方交涉时首先要调查清楚退货的原因与责任，这样才能既维护企业的形象又能保证企业免受不必要的利益损失。

3. 货仓物料的保管和储存

在库的物料保管主要目的是保证物料在储存期间数量完整、质量完好，不发生各种损耗。物料保管的基础工作是要根据商品的特性控制好仓库的温湿度;其次，必须熟悉商品在储存期间的物理、化学与生理变化，熟悉影响商品发生这些变化的内界因素与外界因素，在此基础上采取相应的保管措施;再就是要保证商品的完好还要做好仓库安全方面的管理，主要表现为防火和防盗两个方面。

目前，随着商品在库周转速度的加快，在库商品品种的增多，要做好商品的保管工作，需要进行有效的储位管理。所谓储位管理就是使每个商品与仓库的储存位置建立起一一对应的关系，让工作人员能根据商品知道储存位置，看到储存位置就能反映出是什么商品。其有效方法是根据商品的特性、周转频率、用途等因素进行分类，在分类的基础上指派每个商品的集体储存位置。

储存本身是个服务行为，为了能给顾客创造更大的价值，为了能提升仓储业自身形象，在物料保管与储存中还要开展5S管理。5S是指整理（*Seiri*）、整顿（*Seiton*）、清扫（*seiso*）、清洁（*Seikestu*）、教养（*Shisuke*），5S是以上5个词语的日语罗马拼音的第一个字母“S”而组成的。整理就是将工作场所内的物品分类，并把不必要的物品坚决清理掉；整顿是把有用的物品按品质规定分类摆放好，并做好适当的标识，杜绝乱堆乱放、物品混淆不清，该找的东西找不到等无序现象发生；清扫是将工作场所内的所有地方，工作时使用仪器、设备、工具夹具、模具、材料等打扫干净，使工作场所保持一个干净、宽敞、明亮的环境；清洁是对以上3项进行定期与不定期的监督检查；教养则是指每个员工都养成良好的习惯，遵守规则，积极主动。仓储中的5S管理能够使员工工作效率提高、减少物料损耗、提升服务的形象。

4. 库存控制

商品的保管与储存是为了保证商品的数量与质量的完好，不发生各种不必要的损耗。而库存管理是在满足顾客（企业生产部门也是仓储部门的顾客）服务要求的前提下通过对企业的库存水平进行控制，力求尽可能降低库存水平、提高物流系统的效率，以强化企业的竞争力。库存管理主要包括：何时补充库存——订购点，必须补充多少库存——订购量，维持多少库存——库存基准这三个方面。

5. 设施设备管理

设施设备是一个仓库正常运转的物质基础，也是一个仓储服务效率高低的物质基础，所以，设施设备的管理对一个仓库正常运行是尤为重要的。设施设备管理主要有设施设备投资分析、设备的养护、设备的更新等方面。在设备投资方面要从本仓库服务的顾客需求以及业务状况进行，并根据企业的员工自身水平，不能认为所有高水平的设施设备就能给仓储带来利润。

6. 经营管理

我国仓库企业数量最多，服务质量偏低、成本较高。这种状况就决定了仓储服务在低水平的供给上已经供过于求，而在高水平的、增值性的仓储服务上还是远远不能够满足需求。这就要求仓储管理人员加强仓储服务意识，根据市场需求和自身水平提供具有自身竞争优势（信息提供、本土化、低成本、一体化）的服务。同时，改变传统的等货上门的思想意识，加强本企业自身的宣传，让营销人员加大企业的自身定位与市场推广活动。仓储中的经营管理一是要进行正确的市场定位，打造企业的竞争优势；二是要根据市场变化不断提高自身服务水平；三是要加强仓储服务的成本管理，在既定的服务水平上降低服务成本；最后就是要加强企业自身宣传，让企业积极主动走向市场。

7. 仓储人员的管理

目前，我国仓储管理人员素质普遍偏低。在沿海城市，一些仓储业注重培养并引进专业化仓储管理人员。但许多仓储员工不是仓储专业的，对物流理论与实务了解甚少。在我国一些传统的储运企业，仓储人员更是不能操作电脑、不懂成本管理、没有服务意识，这些都影响到仓储服务的升级。所以，仓储管理中对人的管理是一切管理的核心，只有不断提高仓储人员自身的业务水平，其他方面管理才能取得成效。因此，要对仓储人员进行不同岗位上的专业技能培训，管理思想的教育，服务意识的灌输，从多方面、多角度来提高仓储人员的管理水平。

10. 2 仓储管理人员的培训

10. 2. 1 有效提高仓储人员素质

1. 仓储人员的素质

仓储人员的素质是仓储人员所具有的专业知识、业务技能和精神面貌的总称。仓储人员的专业知识是衡量一个仓储人员素质的基础，包括储存商品的性质、商品保管的知识、商品进出的程序与单证的流转、财务会计知识、信息化知识等。业务技能则是指处理各项仓储作业时候的技术水平和实际能力。精神面貌是指仓储人员的思想道德水平、处理事物的气质、商务交往的礼仪、心理承受能力等，许多仓储企业现在越来越关注员工的精神面貌。因为，员工的精神面貌代表的是企业的精神面貌，而企业的精神面貌则是形成企业形象的关键。

2. 有效提高仓储人员素质的方法

有效提高仓储人员素质的通用方法就是教育和训练，这些过程包括：制定培训计划、实施专门培训、进行必要的考核、采取进一步措施等。培训计划的内容一般包括理论与实际两个方面，具体项目要按实际情况识别，一般有：

- 仓库管理技术培训
- 物料管理手法培训
- 物性知识培训
- 英语培训
- 工作素质与责任培训
- 应急能力培训
- 消防与安全培训

培训仓储人员的步骤：（如图 10 - 13 所示）

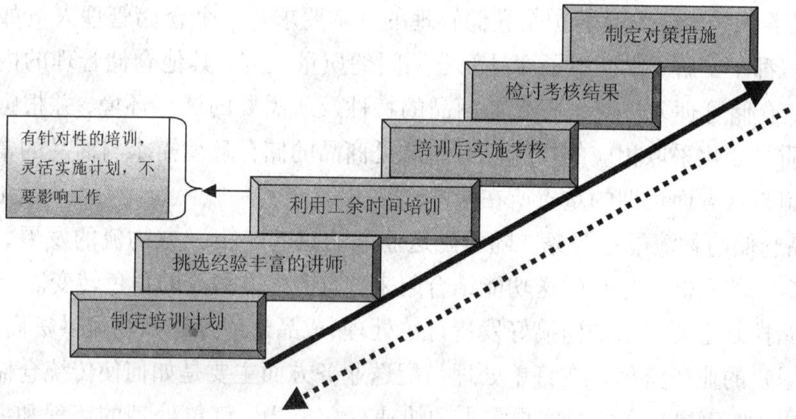

图 10 - 13　仓储人员培训步骤

10.2.2 仓储管理人员培训管理

1.仓储管理人员培训的内容

(1)仓储、物流与*ISO*9000。现代物流与传统物流的最大区别就在于现代物流强调系统的思维与服务的思想，对仓储管理人员的培训必须让其掌握现代物流的最基本思想。我国已经加入*WTO*，物流服务的质量标准也要与世界进行接轨，所以还要熟悉*ISO*9000的有关规定。所以，培训的重点应该是:如何由传统仓储功能向物流现场管理功能转化;如何发挥仓储部门的物料控制、库位规划利用、信息沟通与配送服务的作用，如何利用现代物流管理的要求与思想进行仓储管理职能的再定位;如何根据*ISO*9000认证的要求规范仓储业务流程。

(2)物料出入库的控制。物料的出入库是仓储管理过程中动态性最强、设计环节最多的一部分，做好物料的出入库的控制对仓储效益是非常重要的。在入库控制时，要让仓储人员树立同采购、*PMC*跨部门协作与沟通的意识;培训物料接运与交接的注意事项，物料验收入库的方法与程序、物料验收结果的处理与索赔程序。在出库业务控制中，培训的内容则是出库的基本要求、出库的规范程序、出库差错的预防、退料与外发加工业务的规范操作。

(3)仓储现场的管理。仓储现场管理的主要业务有仓容的规划安排，商品储位管理、商品的盘点等作业。现场管理的效率直接影响商品出库的速度、库存管理的成败、库存效益的好坏。

商品的编号是储位管理的基础，而储位管理又是仓库空间规划的基础。让仓储人员掌握商品编号的几种常见方法以及各自适合的条件、商品分类的原则、商品分类与编号之间的关系。在此基础上进行商品的有效分类与编号。

在仓储储位与仓库空间规划方面的主要内容有:储位管理的基本方法与规划、储位指派的原则(每个商品分配某一储位遵循的原则)、仓库内部区域划分与标识的知识、库存的合理利用与控制。

在盘点培训方面的主要内容有:盘点的目的、盘点的方法与适合条件、库存盘点盈亏的原因分析、盘点盈亏的预防与处理、料账盘点分析、呆料的防治与处理方法。

(4)商品养护技术。商品养护是仓储管理的基本要求。一个仓储管理人员如果连商品的基本养护知识都不了解，保证不了商品保管期间的质量完好，其他仓储管理的内容更将无从谈起。所以，仓储管理人员应了解仓储商品的特性及所需要的储存环境，并根据商品在储存期间发生的质量变化采取相应的措施。一些常见商品的储存环境需求与商品的常见质量变化以及应对措施是这方面培训的重点所在。

(5)成品仓储与物流配送服务。随着配送业务的兴起与第三方物流的发展，好多仓储企业开始向将自己的仓储业务与配送功能结合起来，向第三方物流的角色转变。

成品仓储控制主要包括如何搞好发货订单处理、成品出库操作及物流供货商的业务协调，成品发货与退货的业务流程。在订单处理与配送业务方面主要是如何使传统仓储向配送业务要求进行改进，如何提高仓储对客户需求的快速反应能力，订单处理的流程和要求，配送业务流程等。

(6)仓储管理业绩评价。任何管理的最终目的是追求利润，所以，仓储管理人员必须建立一个有效的衡量仓储管理业绩的评价体系，通过业绩的评价不断发现自身管理的不足，不断完善仓储管理的质量。管理业绩评价的内容与方法在仓储管理培训中也是一个不可缺少的内容。

2. 仓储部门员工培训的程序

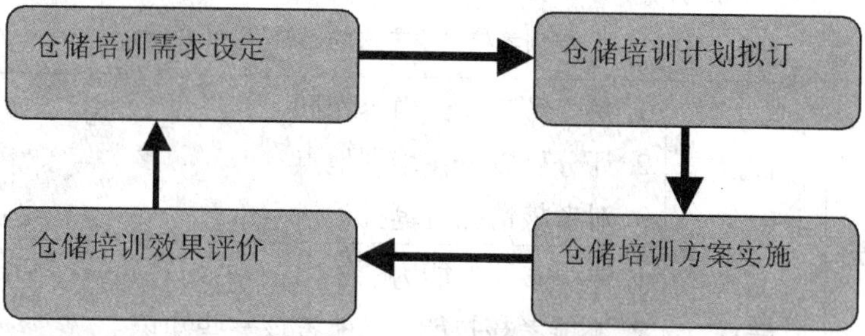

图10－14 仓储培训程序

仓储部门员工培训的程序（如图10－14 所示）。

（1）仓储培训需求设定。培训需求设定的目的是为了根据不同的仓储岗位、不同的员工进行相应的培训，从而能够使培训效果与企业发展、员工提高、工作改进相符合。培训需求可以通过对仓储员工的调查获得。

（2）仓储培训计划的拟订。为了培养高素质、高能力的仓储管理人才，必须制定出中长期的人才培养计划。在制定培训计划时一般要确定培训的目的、培训方针和培训体系，确定各个岗位人员所具备的知识、技术、技能等培训要求以及实施的办法。

培训的目的是如何培养仓储员工对仓储业务进行改进、改革及高效率完成任务，并使他们有信心、自豪地从事工作，通过仓储业务实现自己的人生价值。

根据仓储培训的方针要制定培训体系，培训体系一般包括长期职务培训、短期业务技能培训、脱产培训和自学等方式。

（3）培训的组织实施。仓储培训要求确定以后，接下来就是组织实施工作，这一阶段的工作包括培训的方式、培训方法、培训材料、培训设备、培训人员 5 个环节。

培训方式主要是在职培训、脱产培训、自学和岗位轮换 4 种。在职培训可以采用平时指导、会议、聚会、项目小组、集体活动等方式进行。脱产培训主要有本公司举办的培训班和公司以外举办的培训班，培训的内容要和仓储业务相结合。自学主要是让员工积极发现问题并通过改善、改革仓储业务，提高工作能力。岗位轮换可以让员工在一个时期内，熟悉仓储管理的各个具体岗位的工作，从而达到全面熟悉的状况。

培训方法主要有：讲授培训法、会议培训法、实例培训法和示范培训法。在进行仓储培训管理的时候，应根据培训的内容和受训人员水平采取相应的培训方法。

培训材料的准备应准确、完全，印刷要整齐、清晰，在材料的编写上要有趣味性、深入浅出、易懂易记。可采用现代化多媒体方式。

培训设备则要根据培训的材料和具体培训课程内容而定，比如，采用示范培训方式就必须有视听设备才能进行。

培训人员的水平和能力直接影响培训工作的效果，培训人员要具备与培训内容相关的丰富工作经验和理论水平，在培训的时候又能尊重受训人员，采取相应的培训方式来达到培训的效果。

(4)培训效果评价考核。培训效果评价考核主要包括监督指导、分析和修正评价标准、评价培训员工、培训效果3个步骤。员工培训考核的主要方法有笔试和口试。关于培训考核主要方法的比较如表10－1所示。

表10－1　培训考核主要方法的比较

笔试考核方法	优点	1. 每个员工笔试内容相同 2. 评分可以不在培训地点 3. 对考核情况有笔头记录
	缺点	1. 取决于写作能力 2. 不能考核技能，仅能考核一些知识 3. 参加考核的员工可能合格，但在实际工作中不一定熟练
口试考核方法	优点	1. 非正规考察，可以在培训现场进行，以检查员工理解水平 2. 使员工处于精力集中状态 3. 可以使员工积极参与
	缺点	1. 有些员工不适合这种考核方法 2. 员工培训的知识得不到完全反映

3. 仓储管理人员培训的注意事项

(1)针对不同管理层次的人员进行不同内容与方式的培训。通过前面分析，仓储管理人员在管理的层次上是有差别的。这种管理层次的差别表现在高层的管理人员侧重在战略制定上，中层管理人员注重系统的分析设计，基层管理人员则是具体业务的操作与执行上。所以，在对仓储人员进行培训，应按照管理层次的不同进行不同的要求。高层的管理人员需要进行仓储战略规划和仓储系统规划、库存控制策略的培训，培训以理论和案例为主，要求具备职业物流师或者高级物流师的水平；对中层管理人员进行仓库运作方案与管理、库存控制方案和管理方面的培训，形式兼顾理论与实务；对一线的管理人员则进行仓储业务执行与操作方面的培训，主要是实际操作技能的培训。

(2)针对不同类型的仓储岗位培训内容应有所侧重。仓储管理不但层次有所不同，而且岗位也不同。这些不同岗位的仓储管理人员在有些方面要求是相同的，但在具体技能，比如商品养护方法、设备操作技能、单证处理技能等在不同岗位上要求有所不同。所以，在培训时候，尤其是企业在培训内部员工方面要根据各自的岗位进行不同知识与技能的培训。

(3)针对不同类型的仓储企业培训的要求应有所不同。仓储管理人员因仓库的类型不同管理的一些具体思想也有所不同，生产企业的仓储管理是为了保持生产的正常进行与销售时候不断货；销售企业的仓储管理就是为了更好满足顾客的需求，有时需要与配送功能结合；而专业化物流公司(第三方物流)则是把仓储作为自己提供给顾客的某项服务。尽管在仓储管理的培训内容大体相同，但不同类型仓库的仓储管理决定了在培训时候不能按照统一的模式。销售企业的仓储管理对*MRP*，*ERP*要求不太高，但对配送方面要求高。培训人员要根据不同类型的仓储企业的人员进行不同的培训。

(4)针对不同基础的仓储管理人员进行不同的培训。我国相当多的企业仓储人员文化水平相对低、现代化计算机水平欠缺，但管理的经验丰富。与此同时，一些毕业不久的学生则是理论具备，经验不足。这就要求在培训的时候先了解接受培训人员的基础，接受能力，不能急于求成，要循序渐进，逐步提高仓储管理人员的素质。

思考题：

1. 仓储管理人员的分类有几种？
2. 不同岗位的仓储管理人员的工作职责是什么？
3. 如何进行仓储管理人员的培训？
4. 讨论：选择一家仓储企业讨论其仓储管理部门人员岗位设置与作业内容是否与现代物流要求相适应。

参考阅读材料：

1. 杨风祥：《仓储管理实务》,北京：电子工业出版社，2005
2. 王霄涵：《物流仓储业务管理模板与岗位操作流程》,北京：中国经济出版社，2005
3. 李广泰：《仓储与物料管控》,深圳：海天出版社，2005
4. 李永生、郑文岭：《仓储与配送管理》,北京机械工业出版社，2004
5. (美)兰伯特(*Lambert*,*D*)、(美)斯托克(*Stock*,*J*)、(美国)埃拉姆(*ELLram*,*L*)：《物流管理》北京：电子工业出版社，2003

案例分析：

职业通路之物流仓储管理人员

◆基础知识：

中国首家职业顾问咨询机构可锐职业顾问中心为帮助我们的在校大学生更好地应对职场竞争，为大家提供最具时效和实效性的职场信息，让毕业生在求职路上有个参考。

◆岗位性质及行业分布：

该岗位的性质主要是在物流环节中负责仓储一环节，主要行业分布：实物类型产品，如快速消费品等。

◆从业人员履行工作职责：

1. 组织指导材料、成品入库、仓储、出库等环节的工作，编制相应台帐，并报送财务部和生产部。
2. 根据公司的生产销售能力，确定原材料及产品的标准库存量。
3. 及时与生产部和市场部沟通，保证生产用原材料的库存供给和市场部发送产品所需的库存供给；
4. 定期编制采购物品的入货台账、退货台账及库存台账，报送财务部和生产部；
5. 定期编制产品入库、出库及库存台帐，送生产部和财务部；
6. 组织人员保证材料库及成品库的仓储环境，确保库存产品或材料的材质不变；

7. 制定并实施材料库及成品库的管理制度和管理方法；

8. 完成上级交办的其他工作。

◆物流仓储管理人员的任职要求：

1. 储运专业大专以上学历。

2. 受过物流管理、仓储管理等方面的培训。

3. 3 年以上仓储工作经验。

4. 熟悉物资采购程序。

5. 了解运输方式及其特征。

6. 熟悉物流管理业务流程。

7. 熟练操作办公软件。

8. 积极进取，责任心强。

9. 有很强的自我约束力，独立工作和承受压力的能力。

10. 具备高度的工作热情，良好的团队合作精神。

根据可锐职业测试研究，职业属性 *ESTJ* 者适合成为一名物流仓储管理人员：

ESTJ 者有以下性格特征；

待人友善，与人相处坦诚率直，精力旺盛、充沛；

富有成果，思路清晰、做事有条理，效率高；

能从实际情况出发思考问题，讲求实效性，对事物的感知力强，但对于新的或未证实的观点常表示怀疑；

做事果断、有较好的决断力，但有时也会因固持己见而使自己处于孤立的局面；

处事严谨，传统，富有责任感。办事能力强，喜欢出风头。

责任心强、诚心诚意、忠于职守。喜欢框架，能组织各种细节工作，能如期实现目标并力求高效。

◆做好该岗位工作的关键环节：

1. 根据公司的生产销售能力，确定原材料及产品的标准库存量；

2. 组织人员保证材料库及成品库的仓储环境，确保库存产品或材料的材质不变。制定并实施材料库及成品库的管理制度和管理方法。

◆求职成功攻略

实习问题：根据物流管理从业人员职责，要求候选人对物流管理流程有全面的认知，作为在校学生，我们应该在了解订单操作的基本内容的同时，更多注意在操作中关键的问题，要积累这些经历，第三方物流公司是我们实习的首选目标，其次是贸易公司和生产制造型企业等。应该从以下几个方面完善自己的理论知识和实践的积累：

1. 订单操作和要领。物流中心的交易起始于客户的咨询、业务部门的报表，而后由订单的接收，业务部门查询出货日的存货状况、装卸货能力、流通加工负荷、包装功能、配送负荷等来答复客户，而当订单无法依客户之要求交货时，业务部加以协调。

2. 采购作业知识和要领。自交易订单接受之后由于供应货品的要求，物流中心要由供货厂商或制造厂商订购商品，采购作业的内容包含由商品数量要求统计、对供货厂商查询交易条件，而后依据我们所制订的数量及供货厂商所提供较经济的订购批量，提出采购单。而于采购单发出之后则进行入库进货的跟踪运作。

3. 进货入库作业。当采购单开出之后，于采购人员进货入库跟踪催促的同时，入库进货管理员即可依据采购单上预定入库日期，做入库作业排程、入库站台排程，而后于商品入库当日，当货品进入时做入库资料查核、入库品检、查核入库货品是否与采购单内容一致，当品项或数量不符时即做适当的修正或处理，并将入库资料登录建档。入库管理员可依一定方式指定卸货及栈板堆叠。对于由客户处退回的商品，退货品的入库亦经过退货品检、分类处理而后登录入库。

4. 库存管理作业。库存管理作业包含仓库区的管理及库存数控制。仓库区的管理包括货品于仓库区域内摆放方式、区域大小、区域的分布等规划；货品进出仓库的控制遵循：先进先出或后进先出；进出货方式的制定包括：货品所用的搬运工具、搬运方式；仓储区储位的调整及变动。库存数量的控制则依照一般货品出库数量、入库所需时间等来制定采购数量及采购时点，并做采购时点预警系统。订定库存盘点方法，于一定期间印制盘点清册，并依据盘点清册内容清查库存数、修正库存账册并制作盘亏报表。仓库区的管理包含容器的使用与容器的保管维修。

5. 补货及拣货作业。由客户订单资料的统计，我们即可知道货品真正的需求量，而于出库日，当库存数足以供应出货需求量时，我们即可依据需求数印制出库拣货单及各项拣货指示，做拣货区域的规划布置、工具的选用及人员调派。出货拣取不只包含拣取作业，更应注意拣货架上商品的补充，使拣货作业得以流畅而不致于缺货，这中间包含了补货水准及补货时点的订定、补货作业排程、补货作业人员调派。

6. 流通加工作业。商品由物流中心送出之前可于物流中心做流通加工处理，在物流中心的各项作业中以流通加工最易提高货品的附加值，其中流通加工作业包含商品的分类、过磅、拆箱重包装、贴标签及商品的组合包装。而欲达成完善的流通加工，必须执行包装材料及容器的管理、组合包装规则的订定、流通加工包装工具的选用、流通加工作业的排程、作业人员的调派。

7. 出货作业处理。完成货品的拣取及流通加工作业之后，即可执行商品的出货作业，出货作业主要内容包含依据客户订单资料印制出货单据，订定出货排程，印制出货批次报表、出货商品上所需要的地址标签及出货检核表。由排程人员决定出货方式、选用集货工具、调派集货作业人员，并决定所需运送车辆的大小与数量。由仓库管理人员或出货管理人员决定出货区域的规划布置及出货商品的摆放方式。

8. 配送作业。配送商品的实体作业包含将货品装车并实时配送，而达成这些作业则须事先规划配送区域的划分或配送路线的安排，由配送路径选用的先后次序来决定商品装车的顺序，并于商品的配送途中做商品的追踪及控制、配送途中意外状况的处理。

9. 会计作业。商品出库后销售部门可依据出货资料制作应收账单，并将账单转入会计部门作为收款凭据。而于商品购入入库后，则由收货部门制作入库商品统计表以作为供货厂商请款稽核之用。并由会计部门制作各项财务报表以供营运政策制定及营运管理之参考。

10. 营运管理及绩效管理作业。除了上述物流中心的实体作业之外，良好的物流中心运作更要基于较上阶层的管理者通过各种考核评估来达成物流中心的效率管理，并制订良好的营运决策及方针。而营运管理和绩效管理可以由各个工作人员或中级管理阶层提供各种资讯与报表，包含出货销售的统计资料、客户对配送服务的反应报告、配送商品次数及所用时间的报告、配送商品的失误率、仓库缺货率分析、库存损失率报告、机具设备损坏及维修报告、燃料耗材等使用量分析、外雇人员、机具、设备成本分析、退货商品统计报表、作业人力的使用率分析等。

简历问题：首先，从简历格式上，要有：标题、个人资料、申请职位、事业目标、教育背景、实习经验、在职训练、曾获奖项、课外活动、技能、专业资格（如有）、个人兴趣 、要求待遇、上任时间、咨询人等。

从内容上讲要在教育背景、曾获奖项、技能、专业资格（如有）中巧妙的表达出所有相关的理论知识和对物流知识的了解。从实习经验和课外活动中表达出对物流流程的认知。

形式不太重要，最主要的是上面的内容。

讨论问题：

1. 如何根据企业对物流仓储管理人员要求学好专业知识？
2. 根据案例内容设计一份个人求职简历。

读者反馈意见

亲爱的读者：

感谢您对《物流仓储管理》的学习和热爱！为了今后能给您提供更优质的服务，请您抽出宝贵时间填写下面意见反馈表，以便我们更好地对本教材做进一步的改进。同时如果您在使用本教材的过程中遇到了什么问题，或者有什么好的建议，也请您来信、来电告诉我们。

地址：北京市丰台区科学城南极星大厦108室

电话：010－83794590 /83794403

电子邮箱：caikai6223@263.net　　QQ：1694299827　　649319527

网址：WWW.KFHWH.CN

教材名称：《物流仓储管理》

个人资料：

姓名：＿＿＿＿＿＿ 年龄：＿＿＿＿＿ 所在院校/专业＿＿＿＿＿＿＿＿

文化程度：＿＿＿＿＿＿＿ 通讯地址：＿＿＿＿＿＿＿＿＿＿＿＿＿＿

联系电话：＿＿＿＿＿＿＿ 电子信箱：＿＿＿＿＿＿＿＿＿＿＿＿＿＿

您使用本书是作为：□指定教材、□选用教材、□辅导教材

您对封面设计的满意度：

□很满意、□满意、□一般、□不满意　改进建议＿＿＿＿＿＿＿＿＿＿

您对本书印刷质量的满意度：

□很满意、□满意、□一般、□不满意　改进建议＿＿＿＿＿＿＿＿＿＿

您对本书的总体满意度：

从语言质量角度看：□很满意、□满意、□一般、□不满意

从科技含量角度看：□很满意、□满意、□一般、□不满意

本书最令您满意的是：

□指导明确 □内容充实 □讲解详尽 □实例丰富

您认为本书在哪些地方应进行修改？（可附页）

＿＿＿＿＿＿＿＿＿＿＿＿＿＿＿＿＿＿＿＿＿＿＿＿＿＿＿＿＿＿＿＿

＿＿＿＿＿＿＿＿＿＿＿＿＿＿＿＿＿＿＿＿＿＿＿＿＿＿＿＿＿＿＿＿

您希望本书在哪些方面需进行改进？（可附页）

＿＿＿＿＿＿＿＿＿＿＿＿＿＿＿＿＿＿＿＿＿＿＿＿＿＿＿＿＿＿＿＿

＿＿＿＿＿＿＿＿＿＿＿＿＿＿＿＿＿＿＿＿＿＿＿＿＿＿＿＿＿＿＿＿